DIREITO ADMINISTRATIVO
DE POLÍCIA JUDICIÁRIA

Curso de Direito de Polícia Judiciária

CURSO DE DIREITO DE POLÍCIA JUDICIÁRIA

Sandro Lúcio Dezan

DIREITO ADMINISTRATIVO DE POLÍCIA JUDICIÁRIA

3

Belo Horizonte

FÓRUM
CONHECIMENTO JURÍDICO

2019

Curso de Direito de Polícia Judiciária
Coordenador: Eliomar da Silva Pereira

© 2019 Editora Fórum Ltda.

É proibida a reprodução total ou parcial desta obra, por qualquer meio eletrônico, inclusive por processos xerográficos, sem autorização expressa do Editor.

Conselho Editorial

Adilson Abreu Dallari
Alécia Paolucci Nogueira Bicalho
Alexandre Coutinho Pagliarini
André Ramos Tavares
Carlos Ayres Britto
Carlos Mário da Silva Velloso
Cármen Lúcia Antunes Rocha
Cesar Augusto Guimarães Pereira
Clovis Beznos
Cristiana Fortini
Dinorá Adelaide Musetti Grotti
Diogo de Figueiredo Moreira Neto (*in memoriam*)
Egon Bockmann Moreira
Emerson Gabardo
Fabrício Motta
Fernando Rossi
Flávio Henrique Unes Pereira

Floriano de Azevedo Marques Neto
Gustavo Justino de Oliveira
Inês Virgínia Prado Soares
Jorge Ulisses Jacoby Fernandes
Juarez Freitas
Luciano Ferraz
Lúcio Delfino
Marcia Carla Pereira Ribeiro
Márcio Cammarosano
Marcos Ehrhardt Jr.
Maria Sylvia Zanella Di Pietro
Ney José de Freitas
Oswaldo Othon de Pontes Saraiva Filho
Paulo Modesto
Romeu Felipe Bacellar Filho
Sérgio Guerra
Walber de Moura Agra

Luís Cláudio Rodrigues Ferreira
Presidente e Editor

Coordenação editorial: Leonardo Eustáquio Siqueira Araújo
Aline Sobreira de Oliveira

Av. Afonso Pena, 2770 – 15º andar – Savassi – CEP 30130-012
Belo Horizonte – Minas Gerais – Tel.: (31) 2121.4900 / 2121.4949
www.editoraforum.com.br – editoraforum@editoraforum.com.br

Técnica. Empenho. Zelo. Esses foram alguns dos cuidados aplicados na edição desta obra. No entanto, podem ocorrer erros de impressão, digitação ou mesmo restar alguma dúvida conceitual. Caso se constate algo assim, solicitamos a gentileza de nos comunicar através do *e-mail* editorial@editoraforum.com.br para que possamos esclarecer, no que couber. A sua contribuição é muito importante para mantermos a excelência editorial. A Editora Fórum agradece a sua contribuição.

Dados Internacionais de Catalogação na Publicação (CIP) de acordo com a AACR2

D532d	Dezan, Sandro Lúcio
	    Direito Administrativo de Polícia Judiciária / Sandro Lúcio Dezan. – Belo Horizonte : Fórum, 2019.
	    218p.; 14,5 cm x 21,5 cm
	
	    Coleção Curso de direito de polícia judiciária. Volume 3. Coordenador: Eliomar da Silva Pereira.
	
	    ISBN da coleção: 978-85-450-0615-2
	    ISBN da obra: 978-85-450-0618-3
	
	    1. Direito Administrativo. 2. Direito Processual Penal. I. Título.
	
	<div style="text-align:center">CDD: 341.3
	CDU: 342.9</div>

Elaborado por Daniela Lopes Duarte – CRB-6/3500

Informação bibliográfica deste livro, conforme a NBR 6023:2018 da Associação Brasileira de Normas Técnicas (ABNT):

DEZAN, Sandro Lúcio. *Direito Administrativo de Polícia Judiciária*. Belo Horizonte: Fórum, 2019. 218p. (Curso de Direito de Polícia Judiciária, v. 3). ISBN 978-85-450-0618-3.

Aos meus alunos do curso de pós-graduação em Direito de Polícia Judiciária da Escola Superior de Polícia (Polícia Federal), cujos debates propiciaram o amadurecimento das percepções dos fenômenos jurídicos afetos ao tema para a concretização desta obra.

SUMÁRIO

APRESENTAÇÃO GERAL DO CURSO 11

INTRODUÇÃO 19

CAPÍTULO 1
O REGIME JURÍDICO-ADMINISTRATIVO DA POLÍCIA
FEDERAL E DO CARGO DE DELEGADO DE POLÍCIA FEDERAL
À LUZ DA NOVA REDAÇÃO DA LEI 9.266/96 29

1.1	Linhas gerais do Regime Jurídico-Administrativo da Polícia Federal	30
1.1.1	O estatuto mínimo da Lei 9.266/96 (nova redação da Lei 13.034/2014)	33
1.1.2	Agentes públicos	33
1.2	Espécies de agentes públicos	34
1.2.1	Agentes políticos	34
1.2.2	Servidores públicos	35
1.3	A relação especial de sujeição do servidor público com o Estado	37
1.4	Cargos públicos e provimento	40

CAPÍTULO 2
PODERES DA ADMINISTRAÇÃO: A ESTRUTURA DOS PODERES
HIERÁRQUICO, DISCIPLINAR, REGULAMENTAR E DE
POLÍCIA 49

2.1	A autoridade policial e a sua caracterização como membro da estrutura da Polícia Judiciária	49
2.2	Poderes da Administração, em espécie	50
2.3	As linhas gerais sobre os atributos do cargo de delegado de Polícia Federal	56
2.4	As modalidades de responsabilização do delegado de polícia	57
2.4.1	As responsabilidades civil, criminal e administrativa dos agentes públicos e do delegado de polícia	58

| 2.4.2 | Os erros *in procedendo* e *in judicando* e a responsabilidade do delegado de polícia | 61 |

CAPÍTULO 3
DIREITO ADMINISTRATIVO E INVESTIGAÇÃO CRIMINAL: UMA RELAÇÃO POSSÍVEL? ... 63

3.1	Em busca do regime Jurídico-Administrativo de Polícia Judiciária	63
3.1.1	O equivocado foco apenas no regime jurídico de direito penal e de direito processual penal	65
3.1.2	Os problemas resultantes da concentração penal e processual penal e as mazelas de um viés esquecido: o direito administrativo como fundamento	66
3.2	O direito administrativo como fundamento do ato jurídico-processual penal na investigação criminal	73
3.2.1	O direito administrativo como fundamento do ato administrativo-processual penal de interrogatório do investigado	74
3.2.2	O direito administrativo como fundamento do ato administrativo-processual penal de indiciamento do investigado	75
3.2.3	O direito administrativo como fundamento do ato administrativo-processual penal de relatório da investigação criminal conduzida por delegado de polícia	76

CAPÍTULO 4
A NECESSIDADE DE RETORNO À ORIGEM: O DIREITO ADMINISTRATIVO COMO FUNDAMENTO DO PROCEDIMENTO OU PROCESSO DE INVESTIGAÇÃO CRIMINAL ... 79

4.1	A relação jurídica, os atos administrativos estruturantes e a cronologia procedimental do processo administrativo: os predeterminantes da concepção de investigação criminal e de nulidades jurídicas processuais	79
4.2	A processualidade administrativa (aplicada à investigação criminal da polícia judiciária) e a atuação conforme a lei e o Direito	92
4.2.1	Processualidade jurídica e processo administrativo e a aplicabilidade no Regime Jurídico-Administrativo da Investigação Criminal Conduzida por Delegado de Polícia (RJAIC)	94
4.2.2	Da legalidade administrativa aos mecanismos para a gestão das ilegalidades dos atos administrativos	

	processuais e a sua repercussão na Investigação Criminal Conduzida por Delegado de Polícia (ICDP)............................	101
4.2.2.1	A legalidade administrativa aplicada à Investigação Criminal Conduzida por Delegado de Polícia (ICDP)...........	104
4.2.2.2	A juridicidade administrativa, corolário do conceito de processualidade ampla, para abarcar os processos da Administração Pública e a Investigação Criminal Conduzida por Delegado de Polícia (ICDP)........................	111
4.3	Mecanismo de gestão da ilegalidade administrativa processual e a correlação com a Investigação Criminal Conduzida por Delegado de Polícia (ICDP)........................	115
4.3.1	O princípio *pas de nullité sans grief* e a necessidade de releitura de seus contornos para a Investigação Criminal Conduzida por Delegado de Polícia (ICDP)........................	116
4.3.2	*Pas de nullité sans grief* e o dever de convalidação dos atos administrativos processuais e a correlação com a Investigação Criminal Conduzida por Delegado de Polícia (ICDP)..	123

CAPÍTULO 5
A INTERAÇÃO DE NORMAS MATERIAIS E PROCESSUAIS EM SENTIDO LATO DO DIREITO PUNITIVO E PERSECUTÓRIO ESTATAL, PELA ÓPTICA DO PARADIGMA DA COMPLEXIDADE E DA ÉTICA DA ALTERIDADE: UMA CORRELAÇÃO COM A INVESTIGAÇÃO CRIMINAL CONDUZIDA POR DELEGADO DE POLÍCIA (ICDP).. 139

5.1	Ética, alteridade e juridicidade na investigação criminal......	139
5.2	A ilusória amorfia do processo administrativo e os reflexos na Investigação Criminal Conduzida Por Delegado De Polícia (ICDP)..	156
5.2.1	O princípio do formalismo moderado (instrumentalidade das formas) vs. as finalidades do processo, sob o amparo da ética, da moral e da complexidade (*o princípio da tipicidade das formas processuais e a investigação criminal*).........	158
5.2.2	A investigação criminal sob os efeitos do princípio do formalismo moderado e da ética da alteridade – para uma Polícia Judiciária consentânea com o atual Estado Democrático e Constitucional de Direito..............................	174
5.3	O propósito teleológico da Investigação Criminal Conduzida por Delegado de Polícia (ICDP): fim, função e finalidade	183

5.4 A "dessubstancialização" do princípio *in dubio pro reo*. A vinculação temperada das formas processuais, no sistema administrativo-processual investigativo..................................... 189

5.5 Ato material investigativo ou ato processual investigativo, no bojo da Investigação Criminal Conduzida por Delegado de Polícia (ICDP)? Ato administrativo ou ato processual penal? O ato híbrido administrativo-processual penal da Investigação Criminal Conduzida por Delegado de Polícia (ICDP)... 191

CAPÍTULO 6
EXTINÇÃO DOS EFEITOS JURÍDICOS DO ATO ADMINISTRATIVO-PROCESSUAL PENAL DA INVESTIGAÇÃO CRIMINAL: NULIDADES EM RAZÃO DE AUSÊNCIA DE PRESSUPOSTO DE EXISTÊNCIA E DE VALIDADE........................... 197

CONSIDERAÇÕES FINAIS 203

REFERÊNCIAS.. 205

APRESENTAÇÃO GERAL DO CURSO

1. O CURSO DE DIREITO DE POLÍCIA JUDICIÁRIA (CDPJ) se estrutura a partir de dois postulados fundamentais que se assumem pela coordenação da obra, quais sejam, (i) *a Polícia Judiciária como instituição essencial à função jurisdicional do Estado*; e (ii) *o inquérito policial como processo penal*, visando a consolidação de um devido processo penal para o Estado de Direito.[1]

Esses postulados se podem remeter a "direitos a organização e procedimento", exigíveis a título de direitos a ações positivas, oponíveis ao legislador, como condições de efetividade prática de direitos fundamentais,[2] pois a proteção desses direitos depende de que o poder punitivo esteja organizado com uma divisão de funções intraprocessuais, que viabilize uma efetiva proporcionalidade no exercício da função jurisdicional.[3]

A considerar tudo que vem implicado nessa concepção, apenas uma dogmática jurídica compartimentada em disciplinas estanques, que já não é possível no atual estágio da ciência jurídica nacional, poderia remeter as matérias de Polícia Judiciária e inquérito policial exclusivamente ao direito administrativo, sem perceber o que há de constitucionalmente relevante e processualmente inevitável na atividade de investigação criminal, além da necessária incursão no campo do direito internacional em virtude da criminalidade organizada transnacional.

Daí a exigência metodológica de estruturar essa obra em volumes de direito constitucional, administrativo, processual (I e II) e internacional de Polícia Judiciária, além do volume dedicado às disciplinas

---

[1] Postulados que defendemos desde o nosso PEREIRA, Eliomar da Silva. Introdução: investigação criminal, inquérito policial e Polícia Judiciária. In: PEREIRA, Eliomar da Silva; DEZAN, Sandro Lúcio. *Investigação Criminal conduzida por Delegado de Polícia*: comentários à Lei 12.830/2013. Porto Alegre: Juruá, 2013. p. 21-34 – embora tenhamos usado inicialmente a expressão "função essencial à Justiça", segundo a linguagem constitucional positiva que agora tentamos explicar melhor na perspectiva do Direito de Polícia Judiciária.

[2] Cf. ALEXY, Robert. *Teoria dos direitos fundamentais*. 2. ed, 4. tiragem. São Paulo: Malheiros, 2015. p. 470 *et seq.*

[3] Cf. GÖSSEL, Karl Heinz. *El derecho procesal penal en el Estado de Derecho*. Buenos Aires: Rubinzal, 2007. p. 20 *et seq.*

extrajurídicas (teoria da investigação criminal, sistemas comparados de investigação criminal, gestão estratégica da investigação criminal, gestão pública da Polícia Judiciária), tudo precedido de uma introdução ao Direito de Polícia Judiciária, buscando cobrir a totalidade das disciplinas do curso de especialização em Direito de Polícia Judiciária do Programa de Pós-Graduação da Escola Superior de Polícia, que tem entre seus professores os coordenadores dessa obra.

2. A ideia de uma Polícia Judiciária como instituição essencial à função jurisdicional do Estado, distinta rigidamente de uma polícia de segurança pública, vem acrescida de sua necessária autonomia institucional e funcional, bem como de um controle externo democrático e uma fiscalização interna no inquérito policial, não apenas pelo órgão oficial de acusação, assumido pelo Ministério Público, mas também por um órgão oficial de defesa que se deveria assumir pela Defensoria Pública.

Embora ao pensador jurídico dogmático esse postulado pareça estar em desconformidade com o constitucionalismo formal nacional, em verdade ele está, em perspectiva jurídica zetética, em conformidade material com o Estado (constitucional e democrático) de Direito, segundo a concepção de Luigi Ferrajoli, para quem:

> Na lógica do Estado de direito, as funções de polícia deveriam ser limitadas a apenas três atividades: a atividade investigativa, com respeito aos crimes e aos ilícitos administrativos, a atividade de prevenção de uns e de outros, e aquelas executivas e auxiliares da jurisdição e da administração. Nenhuma destas atividades deveria comportar o exercício de poderes autônomos sobre as liberdades civis e sobre os outros direitos fundamentais. As diversas atribuições, por fim, deveriam estar destinadas a corpos de polícia separados entre eles e organizados de forma independente não apenas funcional, mas também, hierárquica e administrativamente dos diversos poderes aos quais auxiliam. Em particular, a polícia judiciária, destinada à investigação dos crimes e à execução dos provimentos jurisdicionais, deveria ser separada rigidamente dos outros corpos de polícia e dotada, em relação ao Executivo, das mesmas garantias de independência que são asseguradas ao Poder Judiciário do qual deveria, exclusivamente, depender.[4]

Ademais, com essa ideia, pretende-se corrigir uma equivocada concepção do constituinte, que já Fábio Konder Comparato havia

---

[4] FERRAJOLI, L. *Direito e razão*: teoria do garantismo penal. São Paulo: RT, 2002. p. 617.

observado, ao propor ao Conselho Federal da Ordem dos Advogados do Brasil que se fizesse uma PEC para separar rigidamente as funções de polícia de prevenção e polícia de investigação, atribuindo a um Conselho Nacional de Polícia Judiciária o seu controle externo de forma mais democrática, retirando o controle exclusivo do órgão oficial de acusação.[5]

3. A ideia de inquérito policial como processo penal, por sua vez, vem acrescida da sua indispensabilidade como fase prejudicial, opondo-se à doutrina tradicional que reivindica a investigação criminal como procedimento exclusivamente preparatório da ação penal, reduzido a mera peça informativa que se pode dispensar e, consequentemente, nunca transmite nulidades ao processo, em flagrante ofensa a direitos fundamentais ao devido processo penal.

A considerar a quantidade de provas que efetivamente se produzem no inquérito policial – numa distinção entre provas repetíveis e provas irrepetíveis, sob a perspectiva do que é efetivamente utilizado nas motivações de sentenças –, parece-nos que a ciência jurídico-processual brasileira já não se pode contentar com a tradição de obstruir a efetividade dos princípios jurídico-processuais na fase em que eles mais se fazem necessários ao devido processo. Trata-se, em última análise, de uma questão de justiça, que requer levar a sério os princípios garantistas do direito processual penal desde a fase de inquérito.

O fato de que a Polícia Judiciária atua mediante um aparelho administrativo, à semelhança de qualquer outra atividade estatal, não nos pode levar à confusão de considerar a investigação criminal como matéria exclusiva de direito administrativo, a considerar seus efeitos irremediavelmente processuais penais, bem como a função judicial que exsurge materialmente de parte essencial de seus atos.

Considerado como fase do processo penal, que produz irremediavelmente prova, o inquérito policial precisa passar a entender-se como fase obrigatória, imprescindível,[6] sem a qual não é possível a efetividade material da jurisdição que requer uma legitimidade cognitiva, trazendo a maior contrariedade possível no juízo de proporcionalidade de medidas restritivas de direito, chamando a Defensoria Pública ao inquérito,

---

[5] Cf., a respeito dessa proposta, COUTINHO, Jacinto Nelson de Miranda. Da autonomia funcional e institucional da Polícia Judiciária. *Revista de Direito de Polícia Judiciária*, Brasília, v. 1, n. 1, p. 13-23, jan.-jul. 2017.

[6] Como se compreende a fase de inquérito no processo penal português, cf. SILVA, Germano Marques. *Processo penal preliminar*. Lisboa: Universidade Católica Portuguesa, 1990. p. 137 *et seq.*

como órgão oficial de defesa, investida na função de fiscalização da efetividade da proteção aos direitos fundamentais, no interesse do indivíduo (proibição de excesso de poder), em igualdade de condições com a fiscalização do Ministério Público, como órgão oficial de acusação, investido na função de fiscalização da efetividade da persecução penal, no interesse da coletividade (proibição de omissão de poder).

Essa nova arquitetura da divisão do poder intraprocessual está em conformidade com a concepção de um direito penal mínimo, cujo objetivo duplo justificante é tanto a prevenção dos delitos quanto a prevenção das penas informais, a exigirem necessariamente um espelhamento na estrutura do processo e na distinção dos interesses,[7] o que se deve observar desde a fase de inquérito, como processo de investigação penal.

4. Trata-se, aqui, de efetivamente distinguir, numa divisão profunda de poder intraprocessual, não apenas o órgão oficial de acusação do órgão de julgamento, mas também do órgão oficial de investigação, bem como de um órgão oficial de defesa,[8] como forma de assegurar uma acusatoriedade não meramente formal ao processo, instituindo assim uma igualdade efetiva de armas, com a limitação dos poderes do Ministério Público, a ser considerado como "parte (naturalmente) parcial",[9] enterrando em definitivo o discurso legitimador de poder punitivo que ainda insiste na ideia de uma acusação que também zela pelos direitos de defesa, ao mesmo tempo em que é o titular da investigação criminal.[10]

É preciso, em definitivo, no direito brasileiro, entender-se que o sistema acusatório, ao separar as funções de acusar e julgar, não consente que a acusação possa ter sobre a defesa qualquer proeminência,[11] tampouco que possa produzir provas que serão utilizadas em julgamento, sem controle recíproco das partes, pois isso nos leva

---

[7] Cf. a respeito, FERRAJOLI, Luigi. *Direito e razão*: teoria do garantismo penal. São Paulo: RT, 2002. p. 267 *et seq.*

[8] GÖSSEL, Karl Heinz. *El derecho procesal penal en el Estado de Derecho*. Buenos Aires: Rubinzal, 2007. p. 39 *et seq.*

[9] Cf. expressão de MONTERO AROCA, Juan. *Proceso penal y libertad*: ensayo polémico sobre el nuevo proceso penal. Madrid: Civitas, 2008. p. 122 *et seq.*

[10] A chamar atenção para o criptoautoritarismo desse discurso, presente no Código Rocco, mas incompatível com um "giusto processo", cf. RICCIO, Giuseppe. *La procedura penale*. Napoli: Editoriale Scientifica, 2010. p. 27 *et seq.* A considerar isso um mito, cf. CASARA, Rubens R. R. *Mitologia processual penal*. São Paulo: Saraiva, 2015. p. 152 *et seq.*

[11] Nesse sentido, cf. FERRAJOLI, Luigi. *Direito e razão*: teoria do garantismo penal. São Paulo: RT, 2002. p. 450 *et seq.*

irremediavelmente de volta ao inquisitório, como o advertia Francesco Carrara.[12]

Em suma, é com esse espírito que se desenvolve todo o *Curso de Direito de Polícia Judiciária*, em sete volumes, no objetivo de estabelecer um novo marco à compreensão da Polícia Judiciária, ao mesmo tempo em que tenta atribuir-lhe o primeiro esboço sistemático de uma disciplina negligenciada pela dogmática jurídica nacional.

5. Contudo, embora se trate de um primeiro passo na sistematização doutrinária do Direito de Polícia Judiciária, que para evoluir dependerá de discussões mais constantes e aprofundadas em torno das diversas questões jurídicas que se levantam, é importante que se reconheçam as diversas ações acadêmicas que lhe antecederam e viabilizaram essa nossa iniciativa, que possui débito com muitos colaboradores aos quais deixamos aqui nossos agradecimentos.

Em especial, registramos nossos agradecimentos aos componentes do Grupo de Pesquisa sobre Direito de Polícia Judiciária (2016-2017),[13] aos participantes do I Congresso de Direito de Polícia Judiciária (2017),[14] aos Membros do Conselho Científico da *Revista de Direito de Polícia Judiciária* (2017-)[15] e aos professores do Curso de Especialização em Direito de Polícia Judiciária (2017-),[16] pela adesão ao projeto geral de construção e discussão sobre o Direito de Polícia Judiciária. Nomeadamente, pedindo desculpas se tiver esquecido alguém: Alexandre Moraes da Rosa; Américo Bedê Freire Júnior; Anthony W. Pereira; Carlos Roberto Bacila; Célio Jacinto dos Santos; Diana Calazans Mann; Elisângela Mello Reghelin; Francisco Sannini Neto; Franco Perazzoni; Guilherme Cunha Werner; Henrique Hoffmann Monteiro de Castro; Jacinto Nelson de Miranda Coutinho; Jaime Pimentel Júnior; José Pedro Zaccariotto; Luiz Roberto Ungaretti de Godoy; Manuel Monteiro Guedes Valente; Márcio Adriano Anselmo; Mart Saad; Milton Fornazari Júnior; Octavio Luiz Motta Ferraz; Paulo Henrique de Godoy Sumariva; Rafael Francisco Marcondes de Moraes; Rodrigo Carneiro Gomes; Ruschester Marreiros Barbosa; Sandro Lucio Dezan; Vinicius Mariano de Carvalho; Wellington Clay Porcino.

---

[12] CARRARA, Francesco. *Programa do curso de direito criminal*: parte geral. São Paulo: Saraiva, 1957. v. 2, p. 319.

[13] Cf. http://dgp.cnpq.br/dgp/espelhogrupo/4940013669176426.

[14] Cf. https://www.conjur.com.br/2017-mar-30/delegados-reunem-brasilia-congresso-policia-judiciaria.

[15] Cf. https://periodicos.pf.gov.br/index.php/RDPJ.

[16] Cf. http://www.pf.gov.br/anp/educacional/pos-graduacao/.

Não poderíamos, ainda, deixar de manifestar nosso agradecimento ao apoio e incentivo que recebemos do coordenador da Escola Superior de Polícia, Dr. Júlio Cesar dos Santos Fernandes, quem por primeira vez suscitou a ideia da necessidade de uma disciplina especificamente orientada à discussão das questões de interesse da Polícia Judiciária.

É a todos que entregamos essa publicação, esperando ter atendido às expectativas geradas, desde o primeiro passo dado em 2016, quando anunciamos a criação de uma nova disciplina jurídica nacional: *Direito de Polícia Judiciária*.

Eliomar da Silva Pereira
Coordenador do Curso

PLANO GERAL DO CURSO
COORD. ELIOMAR DA SILVA PEREIRA

VOLUME 1
Introdução ao Direito de Polícia Judiciária
Eliomar da Silva Pereira

VOLUME 2
Direito Constitucional de Polícia Judiciária
Guilherme Cunha Werner

VOLUME 3
Direito Administrativo de Polícia Judiciária
Sandro Lucio Dezan

VOLUME 4
Direito Processual de Polícia Judiciária I
Eliomar da Silva Pereira e Márcio Adriano Anselmo (Org.)

VOLUME 5
Direito Processual de Polícia Judiciária II
Eliomar da Silva Pereira e Márcio Adriano Anselmo (Org.)

VOLUME 6
Direito Internacional de Polícia Judiciária
Eliomar da Silva Pereira e Milton Fornazari Junior (Org.)

VOLUME 7
Disciplinas Extrajurídicas de Polícia Judiciária
Eliomar da Silva Pereira (Org.)

INTRODUÇÃO

A pesquisa que se expõe é de certa forma um desafio ao seu subscritor. Não tem a pretensão de buscar uma teoria completamente nova, mas tomará a liberdade de encadear os pontos epistemológicos estanques do Direito – esses pontos que formataram rígidas divisas entre as disciplinas jurídicas – que, por estudos cindidos por uma necessidade exagerada de compartimentação do saber científico, repartiu-se em demasiado. A divisão epistemológica do Direito não deve servir de barreira à complementariedade entre os seus ramos.[1][2] Para Norberto Bobbio, o Direito, sob a concepção de ordenamento jurídico, apresenta-se caracterizado pela coerência, pela unidade e pela completude[3][4] e as suas disciplinas autonomamente estudadas; por

---

[1] LUHMANN, N. *Introducción a la teoría de sistemas*. México: Universidad Iberoamericana, 1980.

[2] Consoante assinala Eliomar da Silva Pereira, há de haver uma interação sistêmica entre ramos jurídicos, com vistas às necessárias adequações normativas e ao acompanhamento do evoluir sociocultural. Com efeito, "é certo, não estávamos ainda, pelo menos no contexto da ideologia positivista reducionista no Brasil, preparados para enfrentar todas essas questões que exsurgem no âmbito de uma sociedade complexa e global, que exige uma ciência jurídica igualmente apta a conciliar todos esses elementos em um sistema coerente, aberto à corrigibilidade por autoridades muito diversas, tanto em âmbito interno, quanto em âmbito externo. A abertura do sistema jurídico, nesse sentido, precisa ser compreendida tanto no sistema objetivo, do direito como manifestação institucional do poder, quanto no sistema científico, do direito como realização teórica da doutrina, segundo aquela distinção fundamental que se encontra na história do pensamento jurídico e nos serve nesta introdução, para entender a ciência jurídica como correção do direito institucional" (PEREIRA, E. S. *Introdução ao Direito de Polícia Judiciária*. Belo Horizonte: Fórum, 2019. p. 24-25).

[3] BOBBIO, N. *O positivismo jurídico*. São Paulo: Ícone, 2006. p. 197-2010.

[4] Por outro lado, em uma visão pessimista quanto à possibilidade de completude desse ramo do direito público, Carlos Ari Sundfeld tece severas críticas à pretensão de concepção de unidade lógica para o direito administrativo. Assinala o autor que "essas normas [de direito administrativo] nunca chegarão à unidade absoluta, ao círculo perfeito, coerente e lógico. As normas administrativas, tomadas assim em seu imenso todo, serão sempre um conjunto

isso, são interativamente complexas.[5] Essa pseudoepistemologia, que se afigura hiperpartida, quiçá por obra de um positivismo jurídico de profundas raízes ainda aferradas aos seus ideais iniciais de segurança jurídica confiada na onisciência da descrição textual do Direito,[6] fez perder-se o "fio da meada", o "fio de Ariadne" nesse "labirinto" de compreensão moderna das Ciências Jurídicas, para sustentá-las como ciência aplicada a objetos delimitados de pesquisa, incidente de modo hiperfocado, quer seja ele o direito-texto, quer tenha o Direito como o objeto de estudo.[7] Parece tratar-se ainda de resquícios da teoria dualista da interpretação do Direito, arrimada no fundamento dicotômico sujeito-objeto.[8]

---

experimental, em fluxo constante, um saco de incoerências, uma coisa torta. As normas vêm das soluções possíveis nos contextos. Não são deduzidas de idealizações, princípios gerais; nem cabem encaixadas neles" (SUNDFELD, C. A. *Direito administrativo para céticos*. 2. ed. São Paulo: Malheiros, 2014. p. 179). Em que pese ao posicionamento de Carlos Ari Sundfeld, há de se anotar que nem todas as disciplinas se comportam de uma mesma forma à vista dos efeitos normativos que buscam dar os seus contornos na ordem jurídica. Daí a necessidade de olhar caso a caso, regime jurídico por regime jurídico, e o Direito de Polícia Judiciária é um desses casos excepcionais. Eliomar da Silva Pereira apresenta os fundamentos dessa necessidade de colmatação normativa para a formação do regime jurídico afeto às funções de Polícia Judiciária, ao escrever que "a ciência do Direito de Polícia Judiciária, nesse quadro de abertura do sistema objetivo, precisa atuar sob o paradigma da autocorrigibilidade do conhecimento, que tem marcado a epistemologia das ciências dos últimos tempos, apoiando-se numa ciência jurídica de princípios. A ciência em geral avança historicamente da ideia racional de demonstração, passando pela noção positivista de descrição e chegando à noção de autocorrigibilidade própria da ciência falseacionista contemporânea, que corresponde no direito a uma noção de sistema aberto científico. A ideia de sistema aberto, segundo uma ciência jurídica autocorrigível, exige uma metodologia jurídica integral, que reconheça uma ligação com uma filosofia especificamente jurídica, pela qual o direito constitui uma dimensão autônoma da filosofia prática, cuja ética própria é uma ética de justiça" (PEREIRA, E. S. *Introdução ao Direito de Polícia Judiciária*. Belo Horizonte: Fórum, 2019. p. 33).

[5] MORIN, E. *Introdução ao pensamento complexo*. 5. ed. Tradução de Eliane Lisboa. Porto Alegre: Editora Sulina, 2015; e _____. *O método 6*: ética. 4. ed. Trad. Juremir Machado da Silva. Porto Alegre: Editora Sulina, 2011.

[6] Cf. CUNHA, R. A. V. *Segurança jurídica e crise no direito*. Belo horizonte: Arraes Editores, 2011; _____. Técnica, liberdade e direito. *Cadernos da EMARF, Fenomenologia e Direito*, Rio de Janeiro, v. 4, n. 1, p.49-63, abr./set.2011; _____. Fenomenologia e ciências naturais: a origem comum dos pensamentos de Husserl e Heidegger. *Cadernos da EMARF, Fenomenologia e Direito*, Rio de Janeiro, v. 5, n. 2, p. 77-96, out. 2012/mar. 2013; _____. *Hermenêutica e argumentação no direito*. Curitiba: CRV, 2014; _____. Ética e decisão judicial: o papel da prudência na concretização do direito. Curitiba: CRV, 2015.

[7] Cf. VILANOVA, L. *As estruturas lógicas e o sistema do direito positivo*. 2 ed. São Paulo: Max Limonad, 1997; _____. *Causalidade e relação no direito*. 4. ed. São Paulo: Revista dos Tribunais, 2000; _____. *Escritos jurídicos e filosóficos*. São Paulo: AXIS MVNDI IBEST, 2003. v. 1-2.

[8] GUIBOURG, R. *et al. Introducción al conocimiento científico*. Buenos Aires: Eudeba, 1993. p. 48 *et seq.*

INTRODUÇÃO | 21

Queremos dizer com isso que, por vezes, ramos epistemológicos do Direito são naturalmente interconectados[9] – ou assim deveriam ser vistos[10] – (mas não sob aquele conhecido viés de que o Direito é uno, porém subdividido epistemologicamente em ramos, para facilitar o seu estudo,[11] não. Sem embargo disso, há de haver uma espécie de interconexão complexiva dos caminhos epistêmicos afins: a subdivisão porta-se de modo relativo, não é algo rígido, instransponível), para dar sentido às atuais múltiplas e profundas relações socioculturais que passam a requerer, cada vez mais, um *Direito* menos abstrato *e*, assim, *mais real, mais perto do povo, mais próximo dos conflitos intersubjetivos concretos.*[12]

E essa necessidade de *interação complexiva*, sociocultural, ocorre sem a menor percepção, pelo coletivo social, por ironia e, sem embargo, pelos juristas e intérpretes, aplicadores do Direito, ou seja, opera-se paulatinamente, sem que se deem conta do fenômeno a própria coletividade e os estudiosos do Direito, ao passo que permanecem ocupados com os ramos estanques do direito positivo-dogmático e com suas rasas, imediatas, céleres como a ordem do dia o requer, interpretações jurídicas, doutrinárias e jurisprudenciais, que têm o condão de – a par da *não pacificação social* de modo efetivo, ou, nas palavras de Souto de Moura, a não entrega da "paz jurídica"[13] – aplicar o *Direito* ao caso concreto sob um vértice de produtividade ofuscada, inacabada, e, destarte, *fordista*, legado da modernidade: há uma troca quiçá involuntária da efetividade pela eficiência; do real pelo aparente, do concreto pelo abstrato; do literal pelo simbólico.

---

[9] Cf. VICO, G. *Ciência nova*. Trad. José Vaz de Carvalho. Lisboa: Calouste Gulbenkian, 2005.

[10] E aqui adotamos uma visão distinta da esposada por Carlos Ari Sundfeld, em que o autor, ao analisar as estruturas do direito administrativo, reconhece haver vários direitos da Administração Pública, não formadores de um sistema unitário, mas sim de uma "confederação de normas". Nesses termos, cf. SUNDFELD, C. A. *Direito administrativo para céticos*. 2. ed. São Paulo: Malheiros, 2014. p. 161-164.

[11] RADBRUCH, G. *Introducción a la ciencia del derecho*. Trad. Luis Recanses Siches. Madrid: Librería General de Victoriano Suárez, 1930.

[12] GADAMER, H-G. *Verdade e método*. Petrópolis: Vozes, 2014. v. 1-2.

[13] MOURA, José Souto de. Inquérito e instrução. In: CENTRO DE ESTUDOS JUDICIÁRIOS. *Jornadas de direito processual penal*: o novo código de processo penal. Coimbra: Almedina, 1995. p. 92.

Sustentamos, à vista dessas premissas, um olhar sob a teoria do raciocínio complexo[14] e intimamente conjugado com o sentido de alteridade[15] entre o direito processual penal e o direito administrativo. Nesse contexto surge o *Direito de Polícia Judiciária*,[16] disciplina que nos propomos a estudar, sob a óptica de inter-relação entre direito processual penal e direito administrativo,[17] a formar o *Direito Administrativo de Polícia Judiciária*, que buscará quebrar esse paradigma por três motivos, ou melhor, por três *frentes* distintas de premissas indiretamente incutidas nos textos: primeiro, porque os estudos desenvolvidos são fruto de décadas de experiência profissional

---

[14] MORIN, E. *Introdução ao pensamento complexo*. 5. ed. Trad. Eliane Lisboa. Porto Alegre: Editora Sulina, 2015; e _____. *O método 6*: ética. 4. ed. Trad. Juremir Machado da Silva. Porto Alegre: Editora Sulina, 2011.

[15] LÉVINAS, E. *Entre nós*: ensaios sobre a alteridade. Trad. Pergentino Stefano Pivatto (Coord.), Evaldo Antônio Kuiava, José Nedel, Luiz Pedro Wagner e Marcelo Luiz Pelizolli. Petrópolis: Vozes, 2009.

[16] O Conceito de *Direito de Polícia Judiciária*, segundo Eliomar da Silva Pereira, pode ser aferido dos seguintes termos: *"A Polícia Judiciária é, antes e sobretudo, uma instituição jurídica que pressupõe tanto uma organização específica quanto um procedimento próprio, cuja função de investigação criminal é essencial ao exercício da jurisdição penal.* Essa definição pressupõe uma distinção entre a instituição (Polícia Judiciária) e sua função (investigação criminal), seus órgãos (Polícia Federal, Polícia Civil) e seu procedimento penal (inquérito policial). Essa distinção é necessária à compreensão de que não se pode dissociar Polícia Judiciária e investigação criminal como se tratasse de atividades que se podem separar. É, ademais, necessária à devida compreensão de que estamos tratando de uma instituição que se orienta à realização da jurisdição. (…) A instituição jurídica é, nesse sentido, um complexo de regras que se destina a tratar de um conjunto de situações jurídicas, segundo uma certa finalidade. E essas regras se referem tanto a órgãos que se estruturam em torno de competências a serem realizadas quantos a procedimentos, mas tudo segundo uma ideia que congrega o conjunto normativo que compõe o complexo do que é a instituição como um todo estruturado juridicamente. Assim, é preciso entender que a Polícia Judiciária, como instituição jurídica que se funda na história da cultura ocidental e persiste em vários sistemas contemporâneos, se corporifica por órgãos específicos – no Brasil, representados pelas Polícias Civis dos Estados e Distrito Federal e pela Polícia Federal – e exerce sua atividade por procedimento processual próprio – o inquérito policial como instrumento que tem como conteúdo a investigação criminal, sendo esta uma função essencial à jurisdição penal. É em torno dessa ideia de instituição, com sua função específica, seus órgãos e procedimentos, que o Direito de Polícia Judiciária se deve constituir com seus princípios próprios"* (PEREIRA, E. S. *Introdução ao Direito de Polícia Judiciária*. Belo Horizonte: Fórum, 2019. p. 75-77).

[17] Cumpre ressaltar que as pesquisas ora desenvolvidas fincam raízes também no direito administrativo sancionador, mormente no direito administrativo disciplinar, laboratório teórico-acadêmico e prático que propiciou a compreensão da profunda e complexa inter-relação entre os diversos ramos epistemológicos do Direito, que se moldam para a formação de uma concepção de direito sancionador ou punitivo geral do Estado. Nesse arcabouço, formam-se teorias interdisciplinares, ou teorias gerais para esses ramos do Direito, e, nada obstante, valer-nos-emos dessas concepções, advindas do direito administrativo sancionador, para a conformação, ou para a formatação, dos institutos jurídicos da *investigação criminal conduzida por delegado de polícia*.

do autor na função de autoridade de Polícia Judiciária da União e, não obstante, de autoridade administrativa, atuando, assim, em procedimentos e processos penais e administrativos da União Federal; segundo, pelo fato de pesquisar, por todos esses anos, a interação complexa e a relação de alteridade entre o direito administrativo, o direito penal e o direito processual penal, aplicados à formação dos atos jurídicos de valoração e de formação da vontade jurídica, procedimentais e processuais, inclusive em pesquisas científicas em grau de doutoramento; e, por fim, por ter aplicado todo esse arcabouço e o aprimorado na especialização em Direito de Polícia Judiciária da Escola Superior de Polícia – Academia Nacional de Polícia, Polícia Federal, onde é professor titular da disciplina Direito Administrativo de Polícia Judiciária.

Na docência desse conteúdo pôde trocar experiências com docentes e discentes, profissionais atuantes do Direito de Polícia Judiciária de todo o Brasil e do exterior, a ponto de formular a hipótese inicial de que há, verossimilmente, uma inter-relação imbricada, complexa, entre esses ramos do Direito, para a atuação da Polícia Judiciária à luz qualificada do Estado Democrático de Direito e dos direitos fundamentais plasmados na Constituição Federal (*Estado Democrático e Constitucional de Direito*), o que denomino de *hibridismo epistemológico* do Direito de Polícia Judiciária, ou melhor, do *Direito Administrativo de Polícia Judiciária*.

De fato, uma teoria mais acurada, alinhada à prática, assim tem demonstrado o fenômeno. Por outro lado, incontornáveis são as constatações na doutrina e na jurisprudência – em que pese ao não deslinde e compreensão por completo do alcance dos efeitos dessas afirmações referidas – de referências ao inquérito policial como procedimento administrativo, sem qualquer fase que contenha atos jurídicos cujo conteúdo se afirme em juízos jurídicos de valor realizados pela autoridade de Polícia Judiciária.[18] Isso mesmo: afirmam que o inquérito policial, a investigação criminal sob a presidência e a responsabilidade de condução da autoridade de Polícia Judiciária, são um *procedimento* de natureza *administrativa* e, em muitos casos, ainda o adjetivam como "meramente administrativo" e "dispensável",

---

[18] Nesse sentido, ao menos de forma indireta, Cf.: ALBUQUERQUE, P. P. *Comentários do código de processo penal*: à luz da Constituição da República e da Convenção Europeia dos Direitos do Homem. Lisboa: Universidade Católica Editora, 2011; e VALENTE, M. M. G. *Processo penal*. 2. ed. Coimbra: Almedina, 2009. t. 1.

sem maiores digressões sobre o tema[19] e, assim, sem adentrarem no complexo regime jurídico do sistema brasileiro de investigação criminal, tão complexo, por tramitar, de forma *híbrida*, em dois *mundos* jurídicos: o direito processual penal e o direito administrativo, invertendo ainda, de forma reflexiva a atração do direito penal e do direito processual administrativo.[20]

É de se reparar a dissonância da complexidade sistêmica que uma investigação científica do assunto requer diante do trato reducionista do tema formulado pela doutrina e jurisprudência tradicionais.

O *Direito Administrativo de Polícia Judiciária* (esse novo olhar sobre a função de investigação criminal e sobre sua estrutura relacional estatutária, da Polícia Judiciária), assim como o Direito de Polícia Judiciária como um todo, encontram-se *rizomaticamente*[21] entrelaçados em ordens diametrais e circulares e, do mesmo modo, transversais, com o seguinte aspecto ilustrativo: o direito processual penal (sede inicialmente de contato com a disciplina propedêutica) faz inferir diretamente a atração de elementos do direito administrativo que, por sua vez, atrai elementos do direito processual administrativo para ambos reagirem com elementos de direito penal e surtirem efeitos, em um movimento circular, no próprio processo penal inicial.

Com efeito, ilustrativamente, tem-se o seguinte gráfico de inter-relação complexa entre os ramos epistemológicos do direito penal, do direito processual penal, do direito administrativo e do direito processual administrativo, que declinam os influxos de correlações de normas, destinadas ao preenchimento de necessidades contextuais e sociais que, apesar de novas dentro do bojo das relações intersubjetivas, não demandam atividades normativas legiferantes inaugurais, mas, sim, uma nova forma de olhar o sistema jurídico:

---

[19] Cf. TUCCI, R. L. *Teoria do direito processual penal*: jurisdição, ação e processo penal (estudo sistemático). São Paulo: Editora Revista dos Tribunais, 2002; e TOURINHO FILHO, F. C. *Manual de processo penal*. 16. ed. São Paulo: Saraiva, 2013.

[20] A função de realização, como ressalta Guedes Valente, da "paz jurídica" pelas vias do processo penal e aqui, a nosso sentir, a se estender ao processo administrativo, reforça essa concepção de óbice à não surpresa. (Sobre a finalidade e função do processo penal, Cf. VALENTE, *op. cit.*, p. 19-24.)

[21] DELEUZE, G.; GUATTARI, F. *Mil platôs*: capitalismo e esquizofrenia. Trad. Guerra Neto e Célia Pinto Costa. Rio de Janeiro: Editora 34. v. 1.

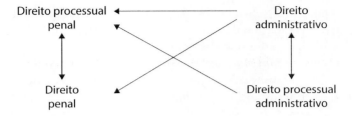

Na figura acima – que será desenvolvida em sua linha racional ao longo do livro – nota-se que há uma relação entrelaçada ou complexa entre os quatro ramos do Direito – penal, processual penal, administrativo e processual administrativo –, em que o direito processual penal, por se tratar do tema do Direito de Polícia Judiciária e de investigação criminal, recebe *input* de informação de elementos jurídicos dos demais ramos, sem óbice de os demais ramos comunicarem entre si em maior ou em menor medida. Nesses termos, o direito processual penal e o direito penal fornecem elementos e institutos jurídicos entre si para a operacionalização do *ius persequendi* e do *ius puniendi* estatais, e isso é o que mais se estuda em uma espécie de senso comum entre os intérpretes e aplicadores do direito penal e processual penal. Todavia, na investigação criminal conduzida pela Polícia Judiciária o direito administrativo, que é formado por atos jurídicos, com efeitos jurídicos próprios e peculiares, relaciona-se com o procedimento e com o processo administrativo, também formado por atos jurídicos próprios e de efeitos próprios e peculiares, formando uma teoria geral constitucionalmente qualificada e obrigatoriamente extensível, possuindo natureza jurídica de verdadeiras normas *cogentes* por força do atual Estado Democrático de Direito que já caminha a verter-se em Estado Constitucional de Direito.

Diante desse panorama inicialmente traçado e à vista do problema exposto, indaga-se: quais os contornos jurídico-normativos do Direito de Polícia Judiciária, a ponto de conformarem uma nova disciplina jurídica classificada como *Direito Administrativo de Polícia Judiciária*, à vista da inserção do direito administrativo e do direito processual administrativo e de seus efeitos próprios e peculiares de seus regimes jurídicos a irradiarem normatividade *extramuros* de seus sistemas?

Consideramos que o direito administrativo, alinhavado ao direito processual penal e sob essa óptica envolta a complexidade das relações culturais aplicadas às relações jurídicas, para uma célere e dinâmica resposta estatal às demandas sociais, impõe reconhecer dois regimes jurídicos comunicantes para a autoridade policial e a Polícia Judiciária:[22] o *Regime Jurídico-Administrativo do Cargo de Delegado de Polícia (RJADP)* – fundamentado sob a teoria do exercício das funções típicas dos Poderes; e o *Regime Jurídico-Administrativo da Investigação Criminal Conduzida por Delegado de Polícia (RJAIC)* – fundamentado sob a teoria do exercício das funções atípicas dos Poderes da República, no caso, a função executiva atípica de aplicação do Direito ao caso concreto, a exemplo, porém sem jurisdição, do Poder Judiciário. A conjugação de ambos forma o *Regime Jurídico-Administrativo de Polícia Judiciária (RJAPJ)*.

Com efeito, há de se assinalar o seguinte fluxograma, para se conferir um sentido de gênero e espécies:

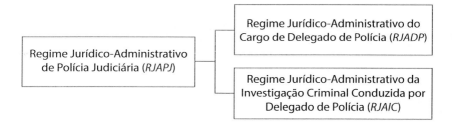

O RJADP é formado de normas de caráter estruturante da carreira do cargo, de suas funções, deveres e prerrogativas ou deveres-poderes, e das regras e princípios normativos de envergadura estatutária que regem a atuação do delegado de polícia como gestor do órgão como um todo. O RJADP possui como fonte a Constituição Federal de 1988 e, para as polícias civis dos estados, também a Constituição Estadual e a legislação ordinária de cada ente da Federação. Para a Polícia Federal, *v.g.*, o RJADP é formado pela Constituição Federal de 1988 e pelas Leis 4.878/65, 8.112/90, 9.266/96, 13.034/2014 e 13.047/2014. No caso da Polícia Federal, esses referidos diplomas legais apresentam, a

---

[22] Com efeito, Eliomar da Silva Pereira escreve que, "no conjunto, leis, jurisprudência e resoluções compõem o Direito de Polícia Judiciária, segundo uma 'teoria pluralista das fontes de direito', mas de uma forma desordenada, cada um tomando para si competências originariamente atribuídas ao Poder Legislativo, criando um fenômeno de feudalização do direito" (PEREIRA, E. S. *Introdução ao Direito de Polícia Judiciária*. Belo Horizonte: Fórum, 2019. p. 26).

par de matérias afetas ao processo penal, temas destinados a compor o estatuto do policial federal e, destarte, do delegado de polícia federal.

O RJAIC é formado pela interconexão entre o direito administrativo e o direito processual penal, para inserir a autoridade policial, na função de Polícia Judiciária, todavia sem perder de vista a sua origem notadamente de autoridade também administrativa, no âmbito dos procedimentos dedicados à persecução criminal a cargo do Estado, valendo-se de normas, regras, princípios e valores axiomáticos de direito administrativo, modulados ao amparo de normas, regras, princípios e valores axiomáticos de direito processual penal. Desta feita, apenas à guisa de exemplo, o RJAIC é formado pela Constituição Federal de 1988, pela legislação afeta ao processo penal e com conotação com a investigação criminal, a exemplo da Lei 12.850/2013 e da Lei 12.830/2013, e demais outras correlatas, assim como, agora pela óptica do direito administrativo, pela Lei 9.784/99, combinando-as com as Leis, para a Polícia Federal na qualidade de Polícia Judiciária, 4.878/65, 8.112/90, 9.266/96, 13.034/2014, 13.047/2014, entre outras.

Consoante à hipótese dada, abordaremos os seguintes capítulos, para, ao final tecer as conclusões necessárias: "O Regime Jurídico-Administrativo da Polícia Federal e do Cargo de Delegado de Polícia Federal à luz da nova redação da Lei 9.266/96"; "Poderes da Administração: a estrutura dos poderes hierárquico, disciplinar, regulamentar e de polícia"; "Direito administrativo e investigação criminal: uma relação possível?"; "A necessidade de retorno à origem: o direito administrativo como fundamento do procedimento ou processo de investigação criminal"; "A interação de normas materiais e processuais em sentido lato do direito punitivo e persecutório estatal, pela óptica do paradigma da complexidade e da ética da alteridade: uma correlação com a Investigação Criminal Conduzida por Delegado de Polícia (ICDP)"; "Extinção dos efeitos jurídicos do ato administrativo-processual penal da investigação criminal: nulidades em razão de ausência de pressuposto de existência e de validade". Os dois primeiros capítulos são afetos ao Regime Jurídico-Administrativo do Cargo de Delegado de Polícia (RJADP) e os quatro capítulos seguintes discorrem sobre o Regime Jurídico-Administrativo da Investigação Criminal Conduzida por Delegado de Polícia (RJAIC).

CAPÍTULO 1

O REGIME JURÍDICO-ADMINISTRATIVO DA POLÍCIA FEDERAL E DO CARGO DE DELEGADO DE POLÍCIA FEDERAL À LUZ DA NOVA REDAÇÃO DA LEI 9.266/96

Como enfrentamento inicial das temáticas propostas, quais sejam, o *Regime Jurídico-Administrativo do Cargo de Delegado de Polícia* (RJADP) e o *Regime Jurídico-Administrativo da Investigação Criminal Conduzida por Delegado de Polícia* (RJAIC), os capítulos 1 e 2 desta obra, dando ênfase ao primeiro tema, RJADP, têm por finalidade abordar, em linhas gerais, as mudanças trazidas pela Lei 9.266/96, com alguns pontos dados pela nova redação da Lei 13.034/2014, no que diz respeito ao regime jurídico de atributos do cargo de delegado de Polícia Federal, na qualidade de gestor teleológico das ações administrativas e de Polícia Judiciária do órgão. Com efeito, apresentaremos o Regime Jurídico-Administrativo do Cargo de Delegado de Polícia (RJADP).

Constatar-se-á ao final que a responsabilidade de direção da Polícia Federal, prevista na Lei 9.266/96, recebe uma abrangência de sentido muito maior que a inicial intenção legislativa de deferir a função de direção "geral" da Polícia Federal a um ocupante do cargo de delegado de Polícia Federal, para inferir, pela sistematicidade do sistema normativo a modular os sentidos da expressão normativa referida, tratar-se de direção do órgão como um todo, em suas menores peculiaridades finalísticas, a ponto de diferenciar a regulação regente do cargo de delegado dos demais cargos policiais e administrativos da Polícia Federal. Nessas balizas, permitir-se-á falar em membros da Polícia Judiciária e seus agentes.

1.1 Linhas gerais do Regime Jurídico-Administrativo da Polícia Federal

O conjunto de normas jurídicas sobre os diversos temas do convívio social, das relações sociais, não passa ao largo de uma regulação positivada e se dá por intermédio do poder normativo do Estado, como reflexo do contrato social.

As "ordenações" dotadas de unidade e de coesão, postas por uma ordem maior e fundamental, formam o ordenamento jurídico e este, quando composto de normas e princípios logicamente dispostos e inter-relacionados, permeados pela realização de determinado fim e em razão do conteúdo abordado, dá ensejo a um plexo de normas coerentes, coordenadas sistematicamente em uma relação de codependência, a inferir a existência de um sistema, no caso, o sistema jurídico. Com base nesses fundamentos é que se pode falar em sistemas de direito, a exemplo dos sistemas de direito civil, de direito penal e processual penal, de direito administrativo, dentre outros tantos quanto forem as relações intersubjetivas reconhecidas sob a óptica normativa pelo Estado.

Assim também se pode falar em sistema constitucional, referente à unidade dogmática do direito constitucional. Possível também se referir a um grande sistema, qual seja o sistema do Direito (e aqui se perfaz a noção de ordenamento jurídico), denotando a unicidade e indivisibilidade do Direito, composto por normas coerentemente postas, a formar um todo que somente se divide para se tornar didático (afere--se aqui, considerando o Direito como um grande sistema de normas, a classificação de sistema em Kelsen, que divide o ordenamento em sistemas estáticos e sistemas dinâmicos). Com efeito, o ordenamento jurídico é analisado sob a óptica dos sistemas estático e dinâmico: se analisado quanto à hierarquia das normas, apresenta-se o ordenamento fundado no sistema dinâmico, ao passo que se analisado quanto ao conteúdo das normas em si, apresenta-se o ordenamento baseado no sistema estático, aproximando-se mais do conceito de sistema moral, por agrupar conjunto de normas em razão de seu conteúdo.

Surge, assim, a noção de Direito como uno e indivisível, porém fragmentado para a sua melhor apreensão, o seu melhor estudo, interpretação e aplicação, conquanto formado por ramos apenas didaticamente, epistemologicamente, autônomos.

Dessa noção, conclui-se que as concepções de "ordenamento jurídico", "sistema jurídico" e "regime jurídico" se completam, ao passo que individualmente compõem subdivisões do todo, para a formação de uma das facetas do conceito de Direito, no caso, como instrumento de normatização positiva de condutas.

Nesse contexto, sob essa óptica ora apresentada, todos os entes públicos, órgãos e instituições do Estado possuem um regime jurídico, regente de suas atuações. Não se concebe, *e.g.*, o atuar administrativo sem as balizas da lei e aqui nos referimos à ordem normativa como um todo.

A Polícia Federal, como a principal instituição de segurança pública federal brasileira, recebe acento constitucional que delineia a instituição de normativa infraconstitucional, com fundamental previsão de suas atribuições no artigo 144.

Esse dispositivo estabelece em seu *caput* e inciso I que "A segurança pública, dever do Estado, direito e responsabilidade de todos, é exercida para a preservação da ordem pública e da incolumidade das pessoas e do patrimônio, através dos seguintes órgãos: (...) I – polícia federal".

No §1º e incisos I a IV do mesmo texto constitucional inclui-se o que podemos denominar de "fonte" ou ápice do "regime jurídico policial federal", ao se prescrever que "a polícia federal, instituída por lei como órgão permanente, organizado e mantido pela União e estruturado em carreira, destina-se a: 'I – apurar infrações penais contra a ordem política e social ou em detrimento de bens, serviços e interesses da União ou de suas entidades autárquicas e empresas públicas, assim como outras infrações cuja prática tenha repercussão interestadual ou internacional e exija repressão uniforme, segundo se dispuser em lei; II – prevenir e reprimir o tráfico ilícito de entorpecentes e drogas afins, o contrabando e o descaminho, sem prejuízo da ação fazendária e de outros órgãos públicos nas respectivas áreas de competência; III – exercer as funções de polícia marítima, aeroportuária e de fronteiras; e IV – exercer, com exclusividade, as funções de polícia judiciária da União".

Com efeito, há de se constatar que o artigo 144, inciso I, parágrafo 1º e incisos fazem parte do ordenamento jurídico brasileiro, mormente afetos aos interesses da segurança pública do país, e, todavia, dão início ao regime jurídico policial federal. Não perfaz sistema jurídico, pois não regula e tão pouco dá início ao regramento *completo* de uma disciplina epistemológico-jurídica, mas, por outro lado, normatiza o agir estatal da instituição Polícia Federal.

À vista dessa explanação inicial, conclui-se que o *sistema jurídico*, quando reduzido em sua unidade mínima, porém mantendo a coerência lógica e associações materiais (de conteúdo) internas, identifica a noção de *regime jurídico*, ou seja, o conjunto de normas, *regras* e *princípios*, postas de modo a delinear o grupo de institutos jurídicos relacionados e com um fim específico, dentro do sistema jurídico originário. Assim, podemos identificar o regime jurídico das sucessões, derivado do sistema de direito civil, ou o regime jurídico do direito das coisas, também dentro do sistema de direito civil brasileiro, ou ainda o regime jurídico da prescrição penal, decorrente do sistema jurídico de direito penal.

Dessa concepção afere-se um conjunto de normas que forma o direito positivo e o direito objetivo, bem como o direito subjetivo, todos dispersos em vários diplomas normativos e envolvidos por leis e princípios informativos ou gerais, que tratam, *e.g.*, dos assuntos internos da Administração Pública, no que tange ao seu relacionamento com os seus servidores públicos, vinculados por relação jurídica estatutária, assim como com os particulares administrados. Nesse ambiente, apresentam-se, por exemplo, o poder hierárquico, o poder de polícia administrativa, o poder disciplinar, assente em direitos, deveres, obrigações e proibições, aplicáveis ao agente público, bem como o dever-poder disciplinar (apurar e sancionar), com os instrumentos necessários ao regular exercício das funções administrativas.

Podemos aferir que os diversos diplomas normativos coerentes entre si, com coesão, unidade e objetivos, dão azo ao conceito de *regime jurídico*. Tomemos como exemplo a seara disciplinar da Polícia Federal. O regime jurídico afeto a ela, conquanto vinculado à finalidade de prestação dos serviços públicos de segurança de manutenção da ordem interna e eficiência do serviço público, compõe-se de modo não exauriente das Leis 4.878/65, 8.112/90 e 9.784/99, *para formar o regime jurídico disciplinar*. Nessas linhas, apresenta o cariz de garantia de eficiência da instituição, com vistas à eficiente prestação dos serviços públicos. Sob esses vértices, assenta Marcello Caetano que *"para realizar eficientemente os fins de que é instrumento, torna-se necessário que na vida interna do serviço sejam observadas certas normas de comportamento dos agentes que o constituem"*.[23] O autor ainda acrescenta que a noção de regime jurídico e, não obstante, de regime disciplinar, são inerentes a todo e qualquer serviço administrativo.

Há de se apontar também que um regime jurídico pode ser composto de normas contidas em sistemas distintos, quando estes

---

[23] CAETANO, M. *Princípios fundamentais do direito administrativo*. Rio de Janeiro: Forense, 1977. p. 387.

sistemas guardarem entre si uma base principiológica específica, com normas aplicáveis em um e em outro, e, assim, mantida a coerência interna e a codependência, formadoras de um *regime jurídico composto*. Exemplo desse fenômeno ocorre com o direito administrativo disciplinar, que se constitui em um regime jurídico cujo cerne é permeado por normas tanto do sistema de direito administrativo quanto de direito sancionador geral.

Conclui-se, portanto, que as normas em si, componentes de um ou mais sistemas jurídicos, podem ou não, considerando o objeto de estudo, ser parte de um mesmo regime jurídico ou estar dele excluídas, na medida em que alternem o objeto epistemológico do Direito.

Interessa-nos, nesse viés ora traçado, o estatuto mínimo da Lei 9.266/96 (nova redação da Lei 13.034/2014), Poderes da Administração: hierárquico, disciplinar, regulamentar e de polícia e a concepção de autoridade policial e a sua posição administrativa dentro da ordem normativa, do sistema e do regime jurídico policial federal.

1.1.1   O estatuto mínimo da Lei 9.266/96 (nova redação da Lei 13.034/2014)

A Lei 9.266/96, com a nova redação dada pela Lei 13.034/2014, traz a "coluna vertebral" do regime jurídico policial federal, ao delinear as definições dos conceitos de *autoridade policial* e de *agentes de autoridade,* a partir de todo um aporte teórico implícito, firmado na teoria geral do direito administrativo, mormente, assim, no que diz respeito às noções legais e teóricas de "agentes públicos", de "cargos públicos", de "carreira pública" e de "relação especial de sujeição dos agentes para com o Estado".

1.1.2   Agentes públicos

A Polícia Federal possui em seus quadros agentes públicos para o desempenho de suas funções constitucionais e legais. Em um contexto geral do serviço público brasileiro, os cargos e as funções públicas, inclusive as funções de confiança e os cargos em comissão, são ocupados por pessoas físicas que passam a desempenhar as atribuições a eles atinentes, que, em alguns casos, gozam de estabilidade no serviço, e, em outros, desprovidos de tal garantia. Disso se denota que os cargos podem ser ocupados por agentes estatais com maior ou com menor garantia no exercício de suas funções. A estabilidade, a vitaliciedade, a irredutibilidade de subsídios, a inamovibilidade, são exemplos de garantias de exercício imparcial da função pública em decorrência do cargo ocupado.

De acordo com a Lei nº 8.112/1990, consideram-se cargos públicos o conjunto de atribuições e responsabilidades previstas na estrutura organizacional que devem ser cometidas a um servidor, sendo criados por lei e acessíveis a todos os brasileiros, com denominação própria e vencimento pago pelos cofres públicos, para provimento em caráter efetivo ou em comissão. Corolário do preceito legal, não é permitida a prestação de serviços gratuitos, salvo os casos previstos em lei. Para o desempenho dessas atribuições, a doutrina tradicional divide a categoria de agentes públicos em: agentes políticos, servidores públicos, empregados públicos e particulares em colaboração com o Poder Público.

O art. 2º da Lei 9.266/96, com a nova redação dada pela Lei 13.034/2014, estipula que "a Carreira Policial Federal é composta por cargos de nível superior, cujo ingresso ocorrerá sempre na terceira classe, mediante concurso público, de provas ou de provas e títulos, exigido o curso superior completo, em nível de graduação, observados os requisitos fixados na legislação pertinente".

O Decreto-lei 2.251/1985, no art. 1º, esclarece quais são os cargos que compõem a carreira policial federal, ao prescrever que "fica criada, no Quadro Permanente do Departamento de Polícia Federal, a Carreira Policial Federal, composta de cargos de Delegado de Polícia Federal, Perito Criminal Federal, Censor Federal, Escrivão de Polícia Federal, Agente de Polícia Federal e Papiloscopista Policial Federal, conforme o Anexo I deste Decreto-lei, com os encargos previstos na Constituição Federal e na legislação específica".

Os cargos da carreira policial federal são, destarte, ocupados por agente públicos, no caso específico, servidores públicos. Não obstante, vejamos as distinções entre cada subespécie de agentes públicos, para alocarmos os ocupantes dos cargos da carreira policial federal.

1.2 Espécies de agentes públicos

1.2.1 Agentes políticos

Os agentes políticos são os agentes públicos ocupantes do alto escalão da Administração Pública os dos poderes Legislativo e

Judiciário, geralmente escolhidos não por concursos públicos, mas sim pelo voto, em sistema de eleições. Geralmente exercem mandato, mas, todavia, podem ocupar o cargo ou a função em caráter vitalício, a exemplo dos Ministros dos Tribunais Superiores.

Como exemplo de agentes políticos podem-se citar os Chefes do Poder Executivo, nas três searas de governo: o Presidente da República, os Governadores e os Prefeitos, assim como os Ministros de Estado, o Procurador-Geral da República, o Advogado-Geral da União, o Ministro da Controladoria-Geral da União etc.; no Poder Judiciário, os juízes de direito, os juízes e desembargadores dos tribunais de justiça, os Ministros dos Tribunais Superiores etc.; no Poder Legislativo, citemos os parlamentares em geral: Senadores, Deputados Federais e Estaduais e Vereadores.

Esses agentes políticos não se submetem ao regime jurídico único dos servidores civis, possuindo regimes próprios, de modo a não se sujeitarem às regras comuns dos demais agentes públicos.

1.2.2 Servidores públicos

Na quadra do serviço público federal – e aqui se incluem os policiais federais – os servidores públicos são os agentes públicos regidos pelo regime estatutário. No âmbito federal, os ocupantes estatutários de cargos públicos são regidos pela Lei nº 8.112/1990, que estipula o regime jurídico único dos servidores públicos civis da União, das autarquias e das fundações públicas.

Por possuírem regime jurídico próprio, não se submetem às normas gerais de Direito do Trabalho, ficando, destarte, excluídos da incidência da Consolidação das Leis do Trabalho (CLT) e de suas garantias. Todavia, possuem outras, de natureza orgânico-estatutária, a exemplo da estabilidade no cargo e da antiga possibilidade de aposentadoria com os proventos integrais e paritários com as dos servidores ativos. Entretanto, essa possibilidade de aposentadoria não mais se aplica para os servidores públicos que ingressaram no serviço público a partir de 4 de fevereiro de 2013, com a instituição da Fundação de Previdência Complementar do Servidor Público Federal do Poder Executivo (Funpresp-Exe), para os servidores públicos titulares de cargo efetivo do Poder Executivo, por meio de ato do Presidente da República, nos termos da Lei nº 12.618/2012, que instituiu o regime de previdência complementar a que se referem os §§14, 15 e 16 do art. 40 da CF/1988 para os servidores públicos titulares de cargo efetivo da União, suas autarquias e fundações, inclusive para os membros do Poder Judiciário, do Ministério Público da União e do Tribunal de Contas da União.

Os servidores públicos são ocupantes de cargos públicos, dotados de estabilidade de provimento e investidura, percebendo vencimento, remuneração ou subsídios.

Os policiais federais, em que pese se enquadrarem na concepção de servidores públicos civis da União Federal, possuem regime complementar a somar-se ao regime inicial firmado pela Lei 8.112/90, conquanto submetidos aos dispositivos da Lei 4.878/65 e da Lei 9.266/96, com a nova redação dada pela Lei 13.034/2014. Destarte, possuem características sensivelmente distintas das balizadas pela Lei 8.112/90 isolada.

Quando nos referimos a servidores públicos, não nos reportamos, por força de lei, a empregados públicos e a particulares em colaboração com o Poder Público.

Os empregados públicos são a espécie de agentes públicos submetidos ao regime jurídico expresso na Consolidação das Leis do Trabalho.

Destarte, não possuem estabilidade nos moldes dos servidores públicos, operando-se ela de forma distinta e com menor grau de tutela. Não ocupam cargos públicos, mas sim empregos públicos e desempenham atividades nas pessoas jurídicas de direito privado da Administração Pública indireta, onde percebem seus salários. Quanto aos proventos da aposentadoria, submetem-se ao regime geral de previdência social, gerido pelo INSS e submetendo-se ao teto de benefício, hoje no valor de R$5.645,81.

Os particulares em colaboração com o Poder Público se constituem em espécie de agentes públicos compreendidos como pessoas particulares, sem vínculo com a Administração, que prestam serviços públicos ou de interesse público sem a percepção de salários diretos. Não ocupam cargos ou empregos na Administração Pública, mas tão somente funções, comumente de exercício transitório.

São exemplos de particulares em colaboração com o Poder Público o mesário nas eleições, os jurados do Tribunal do Júri etc.

Em que pesem os quadros de servidores da Polícia Federal serem formados por servidores públicos, estatutários portanto, nada obsta a previsão legal de cargos de trabalho a serem preenchidos

CAPÍTULO 1
O REGIME JURÍDICO-ADMINISTRATIVO DA POLÍCIA FEDERAL E DO CARGO DE DELEGADO DE POLÍCIA FEDERAL... | 37

por empregados públicos, regidos, desta feita, por normas afetas aos trabalhadores em geral, a exemplo dos dispositivos da CLT, assim como preenchidos por particulares em colaboração, desde que haja a específica previsão legal e não se destine ao provimento de cargos da carreira policial federal, esta exclusiva de agentes públicos estatutários. Neste ponto, remetemos o leitor ao tópico em que tratamos do "cargo público" e de seu "provimento".

O que de fato diferencia os agentes públicos estatutários dos agentes públicos empregados e particulares em colaboração, assim como dos agentes políticos, em essência, é a relação que possuem com o Estado. A relação jurídica especial que cria uma espécie de sujeição e subordinação distinta e mais rigorosa entre Estado-Administração e servidor público.

1.3 A relação especial de sujeição do servidor público com o Estado

A pessoa natural passa a ser regida, em sua condição de servidor público, pelo direito material estatutário, a partir do momento em que é regularmente investida no cargo público[24] e entra em exercício de suas funções. Desse modo, submete-se aos ditames do ordenamento jurídico material, apresentando-se como sujeito de direitos e de obrigações para com o ente estatal do qual passou a compor os quadros de agentes públicos, numa estrita relação de direitos e sujeições, consubstanciada ou firmada em face do direito subjetivo e dos deveres subjetivos, entre servidor público e Estado-Administração.

Fundada no *direito especial de igualdade*,[25] que preceitua a máxima de que o Estado – e assim entendam-se o legislador e o intérprete e aplicador da norma – deve tratar igualmente os iguais

---

[24] Os cargos, empregos e funções públicas são acessíveis aos brasileiros que preencham os requisitos estabelecidos em lei, assim como aos estrangeiros, na forma da lei, e sua investidura depende de aprovação prévia em concurso público de provas ou de provas e títulos, de acordo com a natureza e a complexidade do cargo ou emprego, na forma prevista em lei, ressalvadas as nomeações para cargo em comissão, declarado em lei de livre nomeação e exoneração, em que as funções de confiança, para as atribuições de direção, chefia e assessoramento, são exercidas exclusivamente por servidores ocupantes de cargo efetivo, e os cargos em comissão são preenchidos por servidores de carreira nos casos, condições e percentuais mínimos previstos em lei (art. 37, I, II e V, da CF/1988).

[25] ALEXY, R. *Teoría de los derechos fundamentales*. Madrid: Centro de Estudios Políticos y Constitucionales, 2002.

e desigualmente os desiguais, na medida de suas desigualdades (conteúdo material do princípio da igualdade),[26] a *relação especial de sujeição* é considerada pela doutrina como uma peculiar situação da pessoa, haurida voluntariamente ou imposta por lei, que requer maior rigor no que se refere ao regime jurídico afeto, uma vez que concernente a relações sensíveis e de grande importância para o interesse público e, assim, para sociedade.

Como ensina Regis Fernandes de Oliveira, "caso as ordens emanadas do Poder Público se dirijam a certas pessoas, qualificativamente determinadas, vinculadas ao Poder Público por elo especial de sujeição, falamos em poder disciplinar".[27] Assim, aplicam-se tais normas de caráter especial "aos que mantêm vínculo especial de sujeição para com o Estado, vínculo este criado por um estatuto".[28]

A doutrina e a jurisprudência aceitam com maior naturalidade a restrição pelo Estado de direitos fundamentais, em prol de um interesse público dominante, sob a fundamentação de serem relativos, como qualquer outro direito, e necessitarem ser harmonizados com os demais, resultando, destarte, em restrição, fruto de ponderação entre direitos assentes no sistema jurídico.

Assim, esse é o fundamento para deferirem validade a dispositivos legais que cerceiam direitos fundamentais, a exemplo do direito de sigilo das correspondências do preso.

Nesse sentido é a lição de Jane Reis Gonçalves Pereira, ensinando que

> *há situações em que as restrições aos direitos fundamentais são justificadas pelo fato de os respectivos titulares encontrarem-se no âmbito de relações especiais de sujeições com o Poder Público. É que em certos casos, a necessidade de viabilizar o adequado funcionamento das instituições estatais torna imperativo que sejam limitados direitos fundamentais de indivíduos que a integram. São exemplos as relações jurídicas em que se inserem os funcionários públicos, os presos, os estudantes de escolas públicas e os militares.[29]*

---

[26] Assim, Alexy, *op. cit.*, p. 386, observa que "se llega a una vinculación concreta del legislador solo si la fórmula 'Hay que tratar igual a lo igual y desigual a lo desigual' no es interpretada como una exigencia dirigida a la forma lógica de las normas sino como exigencia a su contenido, es decir, no en el sentido de un mandato igualdad *formal* sino *material*".

[27] OLIVEIRA, R. F. *Infrações e sanções administrativas.* 2. ed. São Paulo: RT, 2005. p. 41.

[28] *Ibidem*, p. 41.

[29] PEREIRA, J. R. G. As restrições de direitos fundamentais nas relações especiais de sujeição. In: SARMENTO, Daniel; GALDINO, Flavio (Org.) *Direitos fundamentais*: estudos em homenagem ao professor Ricardo Lobo Torres. Rio de Janeiro: Renovar, 2006. p. 606.

Trazendo a questão para o campo do direito administrativo, verifica-se que a Administração Pública tem o dever de observância, dentre outros, do princípio da moralidade e da eficiência, conforme estatuído no *caput* do art. 37 da CF/1988, alinhado, para as questões estatutárias que envolvem servidores públicos e suas condutas, ao exercício dos poderes hierárquico e disciplinar.[30]

Dentro da carreira policial federal, a relação especial de sujeição não é igual para todos os cargos que a compõem. A lei é quem dita o alcance de cada investida do Estado para a sujeição dos agentes públicos policiais federais e isso se dá, para mais ou para menos, em razão do cargo ocupado. Queremos com isso esclarecer que as atribuições legais de cada cargo possuem o condão de moldar os limites, as balizas, de cada específica relação especial de sujeição. Logo, conclui-se que cargo, atribuições e sujeições especiais são caracteres indissociáveis para a formação da "personalidade" do regime jurídico do serviço público – e aqui nos reportamos a todo e qualquer órgão ou ente público e esferas de governo. O regime jurídico da Polícia Federal encontra-se, dessarte, atrelado aos cargos e às suas atribuições, em que as atribuições fazem parte da especial forma de subordinação do agente ao Estado.

Sob essa óptica, a Lei 9.266/96, com a nova redação dada pela Lei 13.034/2014, estabelece que o Estado reconhece o delegado de Polícia Federal como autoridade policial, responsável pela direção das atividades do órgão, no exercício de função de natureza jurídica e

---

[30] Quanto ao *dever-poder disciplinar*, é importante anotar que administrar é gerir patrimônio alheio e, para a Administração Pública, consiste na gestão do patrimônio coletivo e social, com o fim de realização do bem comum, por meio de identificação e concretização do interesse público. Este, o interesse público, consiste na união decorrente dos interesses individuais que, de forma consolidada, forma um todo maior e qualificado, ao passo que não é somente a simples união e soma dos interesses individuais que o compõe, mas sim o instituto daí decorrente, com características e natureza jurídica próprias, sem, contudo, perder sua essência e origem individual. Para o exercício de suas funções administrativas, o Estado é constitucional e legalmente dotado de poderes ou deveres-poderes com o fim maior de empregá-los nessa gestão da coisa pública, buscar sempre o interesse público do qual é guardião e realizando, dessarte, a vontade do ordenamento jurídico e do Estado Democrático de Direito. A doutrina clássica apresenta os seguintes deveres-poderes da Administração: poder de polícia, poder discricionário, poder vinculado, poder regulamentar e poder disciplinar, entendido este como o poder, primeiramente um dever, de iniciar a apuração das infrações disciplinares/administrativas cometidas por servidor público, aplicando a consequente sanção, no exercício do *ius persequendi* e do *ius puniendi*, em sede de Administração Pública.

policial, essencial e exclusiva de Estado.[31] Muito mais que prerrogativas do cargo de delegado de Polícia Federal, esses atributos do cargo são postos em prol do interesse público e coletivo de uma sociedade que passa, assim, a ter o direito de exigir do Estado e da própria Polícia Federal a manutenção dessas vias de subordinação Estado-agente público.

Isso se dá na medida em que se reconhece nesse cargo uma ascensão – como em toda e qualquer estrutura organizacional do serviço público, nos três poderes da República – sobre os demais cargos da carreira policial federal e da integridade dos quadros da Polícia Federal.

Dessa ascensão legal decorrem os poderes da Administração, materializados e fluentes dos ocupantes do cargo de delegado de Polícia Federal para os demais cargos do órgão. A hierarquia, a disciplina, a normativização, por exemplo, são patentes a partir da ascensão legal do cargo responsável pela "direção" da Polícia Federal. Reportamo-nos aqui ao vocábulo "direção" não como cargo de "diretor" do órgão, mas sim como um *plus* às funções ordinárias de cada delegado de Polícia Federal, para a realização eficiente e eficaz das atribuições constitucionais da Polícia Federal. Destarte, "função de direção" deve ser entendida como "organização, dentro de suas atribuições, com ascensão sobre os demais cargos", para a persecução do interesse público afeto à Polícia Federal, à vista da Constituição e das leis.

1.4 Cargos públicos e provimento

Para a carreira policial federal, em que pese a Lei 9.266/96 apresentar alguns contornos sobre o tema,[32] a concepção de cargos

---

[31] "Art. 2º-A. A Polícia Federal, órgão permanente de Estado, organizado e mantido pela União, para o exercício de suas competências previstas no §1º do art. 144 da Constituição Federal, fundada na hierarquia e disciplina, é integrante da estrutura básica do Ministério da Justiça. Parágrafo único. Os ocupantes do cargo de Delegado de Polícia Federal, autoridades policiais no âmbito da polícia judiciária da União, são responsáveis pela direção das atividades do órgão e exercem função de natureza jurídica e policial, essencial e exclusiva de Estado" (Lei 9.266/96).

[32] "Art. 2º A Carreira Policial Federal é composta por cargos de nível superior, cujo ingresso ocorrerá sempre na terceira classe, mediante concurso público, de provas ou de provas e títulos, exigido o curso superior completo, em nível de graduação, observados os requisitos fixados na legislação pertinente. (...) Art. 2º-B. O ingresso no cargo de Delegado de Polícia Federal, realizado mediante concurso público de provas e títulos, com a participação da

públicos e de provimento submete-se ao regimento do Estatuto Geral Federal. A Lei nº 8.112/1990 conceitua em seu art. 3º e parágrafo único que "cargo público é o conjunto de atribuições e responsabilidades previstas na estrutura organizacional que devem ser cometidas a um servidor", "acessíveis a todos os brasileiros, são criados por lei, com denominação própria e vencimento pago pelos cofres públicos, para provimento em caráter efetivo ou em comissão".

Nos termos do art. 4º, os cargos públicos, estrutura orgânica na qual são investidos os servidores públicos, não comportam a prestação de serviços gratuitos, salvo nos casos previstos em lei.

Quanto ao provimento, a Constituição Federal de 1988 assegura, em seu art. 37, I, que

> Art. 37. (...)
> I – Os cargos, empregos e funções públicas são acessíveis aos brasileiros que preencham os requisitos estabelecidos em lei, assim como aos estrangeiros, na forma da lei.

A Lei de Regência, de nº 8.112/1990, regulamentando o referido preceito constitucional, prescreve, em seu art. 3º, que

> Art. 3º Cargo público é o conjunto de atribuições e responsabilidades previstas na estrutura organizacional que devem ser cometidas a um servidor.
> Parágrafo único. Os cargos públicos, acessíveis a todos os brasileiros, são criados por lei, com denominação própria e vencimento pago pelos cofres públicos, para provimento em caráter efetivo ou em comissão.

O estatuto dos servidores públicos federais ainda prevê, em seu art. 5º, I a VI, os requisitos básicos para a investidura (posse) em cargo público, assentando a necessidade de nacionalidade brasileira, o gozo dos direitos políticos, a quitação com as obrigações militares e eleitorais, o nível de escolaridade exigido para o exercício do cargo, a idade mínima de dezoito anos e a aptidão física e mental.

A investidura ocorre com a posse (art. 7º da Lei nº 8.112/1990), que não se confunde com o provimento do cargo público. O provimento

---

Ordem dos Advogados do Brasil, é privativo de bacharel em Direito e exige 3 (três) anos de atividade jurídica ou policial, comprovados no ato de posse. Art. 2º-C. O cargo de Diretor-Geral, nomeado pelo Presidente da República, é privativo de delegado de Polícia Federal integrante da classe especial".

deve ocorrer antes da posse e compreende o ato administrativo que reserva a determinada pessoa a vaga referente ao cargo. A investidura advém de ato do particular, aceitando o provimento, como no exemplo do provimento do cargo público pela nomeação do candidato aprovado em concurso público, em que este assina o termo de posse, investindo-se no cargo anteriormente provido.

Por seu turno, o exercício do cargo público compreende instituto também distinto dos dois outros citados acima, sendo afeto ao fático início de desempenho das atribuições do cargo, submetendo-se, *in totum*, ao regime jurídico dos servidores públicos. Nos termos do art. 15, "exercício é o efetivo desempenho das atribuições do cargo público ou da função de confiança".

A Lei nº 8.112/1990 apresenta as formas de provimento, quais sejam:

> Art. 8º São formas de provimento de cargo público:
> I – nomeação;
> II – promoção;
> III – (revogado)
> IV – (revogado)
> V – readaptação;
> VI – reversão;
> VII – aproveitamento;
> VIII – reintegração;
> IX – recondução.

Por *nomeação* compreende-se o ato da autoridade administrativa que vincula a pessoa física ao cargo, destinando a futura atribuição de suas funções ao indivíduo nomeado, caso este tome posse e entre em exercício. A nomeação pode ocorrer em caráter efetivo, quando se tratar de cargo isolado de provimento efetivo ou de carreira, ou em caráter em comissão, para cargos de confiança vagos.

O parágrafo único do art. 9º da Lei nº 8.112/1990 esclarece que o servidor ocupante de cargo em comissão ou de natureza especial poderá ser nomeado para ter exercício, interinamente, em outro cargo de confiança, sem prejuízo das atribuições do que atualmente ocupa, hipótese em que deverá optar pela remuneração de um deles durante o período da interinidade.

Por seu turno, o art. 10 assenta que a nomeação para cargo de carreira ou cargo isolado de provimento efetivo depende de prévia habilitação em concurso público de provas ou de provas e títulos, obedecidos a ordem de classificação e o prazo de sua validade.

A *promoção* é a forma de provimento decorrente de ascensão do já servidor público na carreira do cargo de que faz parte. O servidor ingressa em determinado cargo no início de sua carreira, haurindo patamares específicos, comumente denominados classes. Dessa forma, promove-se às classes superiores do mesmo cargo, até atingir o fim da carreira. Essa promoção é também forma de provimento do cargo público, nas suas classes mais elevadas.

A *readaptação* decorre da necessidade de aproveitamento do servidor em outro cargo, que detenha atribuições compatíveis com a redução ou incompatibilidade de capacidade do cargo original. É forma de provimento em outro cargo compatível com essa limitação, aproveitando-se, destarte, o servidor para outras funções e se evitando uma aposentadoria precoce. Nos termos do art. 24, a readaptação é a investidura do servidor em cargo de atribuições e responsabilidades compatíveis com a limitação que tenha sofrido em sua capacidade física ou mental verificada em inspeção médica. Deve ser efetivada em cargo de atribuições afins, respeitada a habilitação exigida, nível de escolaridade e equivalência de vencimentos e, na hipótese de inexistência de cargo vago, o servidor exercerá suas atribuições como excedente, até a ocorrência de vaga.

A *reversão*, segundo o art. 25 da Lei nº 8.112/1990, é o retorno à atividade de servidor aposentado por invalidez, quando junta médica oficial declarar insubsistentes os motivos da aposentadoria, ou conforme interesse da Administração, desde que tenha solicitado a reversão, a aposentadoria tenha sido voluntária, tenha sido estável quando na atividade, a aposentadoria tenha ocorrido nos cinco anos anteriores à solicitação, haja cargo vago e, ainda, não tenha completado setenta anos, idade esta referente à aposentadoria compulsória, devendo ocorrer no mesmo cargo ou no cargo resultante de sua transformação.

Para muitos servidores aposentados, o principal atrativo corresponde ao fato de que o servidor que retornar à atividade por interesse da Administração perceberá, em substituição aos proventos da aposentadoria, a remuneração do cargo que voltar a exercer, inclusive com as vantagens de natureza pessoal que percebia anteriormente à aposentadoria.

A *reintegração*, consoante o art. 28 da Lei nº 8.112/1990, é a reinvestidura do servidor estável no cargo anteriormente ocupado, ou no cargo resultante de sua transformação, quando invalidada a sua demissão por decisão administrativa ou judicial, com ressarcimento de todas as vantagens.

Os preceitos dos §§1º e 2º do art. 28 assentam que, na hipótese de o cargo ter sido extinto, o servidor ficará em disponibilidade e que, encontrando-se provido o cargo, o seu eventual ocupante será reconduzido ao cargo de origem, sem direito à indenização, ou aproveitado em outro cargo, ou, ainda, posto em disponibilidade.

A recondução, consoante o art. 29 da Lei nº 8.112/1990, é o retorno do servidor estável ao cargo anteriormente ocupado, quando ocorrer inabilitação em estágio probatório relativo a outro cargo ou reintegração do anterior ocupante do cargo que atualmente se encontra investido. Nesses casos deve ser encaminhado ao exercício das funções do cargo de origem, anterior, e, todavia, encontrando-se provido, o servidor deverá ser aproveitado em outro cargo com atribuições e vencimentos compatíveis com o anteriormente ocupado.

Por seu turno, a vacância do cargo público é o ato em que a Administração Pública reconhece a ocorrência de desinvestidura do cargo, tornando-o novamente apto a novo provimento, e poderá ocorrer com a *exoneração, demissão, promoção, readaptação, aposentadoria, posse em outro cargo inacumulável* ou *falecimento do servidor* (art. 33, I a IX, da Lei nº 8.112/1990).

A *exoneração de cargo efetivo*, segundo o art. 34 da Lei de Regência, poderá ocorrer a pedido do servidor ou de ofício por ato da Administração Pública. A exoneração de ofício ocorrerá quando não satisfeitas as condições do estágio probatório ou quando, tendo tomado posse, o servidor não entrar em exercício no prazo estabelecido. A exoneração pode se dar quanto ao cargo de provimento em comissão ou quanto à função de confiança (neste caso, denominada dispensa), operando-se, em ambos os casos, a juízo da autoridade competente ou a pedido do próprio servidor.

A *demissão* constitui-se na desinvestidura do cargo público em razão de sanção disciplinar, após a conclusão do processo administrativo disciplinar, que tenha sido pautado no cometimento de falta grave do agente público, passível, no caso, de desligamento do agente e rompimento do vínculo estatutário.

A *promoção*, como visto, é também forma de provimento, e compreende a ascensão do já servidor público na carreira do cargo de que faz parte. O servidor ingressa em determinado cargo no início de sua carreira, haurindo patamares específicos, comumente denominados classes. Dessa forma, promove-se às classes superiores do mesmo cargo, até atingir o fim da carreira. Essa promoção é também forma de provimento do cargo público, nas suas classes mais elevadas, e vacância do cargo da classe antecedente, a qual deixa o agente público.

Para a Carreira Policial Federal, a promoção encontra-se normatizada no artigo 2º e parágrafos, da Lei 9.266/96, em que prescreve, *in verbis*:

> Art. 2º A Carreira Policial Federal é composta por cargos de nível superior, cujo ingresso ocorrerá sempre na terceira classe, mediante concurso público, de provas ou de provas e títulos, exigido o curso superior completo, em nível de graduação, observados os requisitos fixados na legislação pertinente.
>
> § 1º O Poder Executivo disporá, em regulamento, quanto aos requisitos e condições de progressão e promoção na Carreira Policial Federal.
>
> § 2º Além dos requisitos fixados em regulamento, é requisito para promoção nos cargos da Carreira Policial Federal a conclusão, com aproveitamento, de cursos de aperfeiçoamento, cujos conteúdos observarão a complexidade das atribuições e os níveis de responsabilidade de cada classe.

A *readaptação*, a exemplo da promoção, constitui-se em forma simultânea de provimento e de vacância do cargo público e decorre da necessidade de aproveitamento do servidor em outro cargo que detenha atribuições compatíveis com a redução ou incompatibilidade de capacidade do cargo original. É forma de provimento em outro cargo compatível com essa limitação, aproveitando-se, destarte, o servidor para outras funções e evitando uma aposentadoria precoce. Nos termos do art. 24, a readaptação é a investidura do servidor em cargo de atribuições e responsabilidades compatíveis com a limitação que tenha sofrido em sua capacidade física ou mental verificada em inspeção médica. Deve ser efetivada em cargo de atribuições afins, respeitados a habilitação exigida, o nível de escolaridade e equivalência de vencimentos e, na hipótese de inexistência de cargo vago, o servidor exercerá suas atribuições como excedente, até a ocorrência de vaga.

A *aposentadoria* também compreende forma de vacância do cargo público e, nos termos do art. 40 e incisos I a III da CF/1988, dar-se-á aos servidores titulares de cargos efetivos da União, dos estados, do Distrito Federal e dos municípios, incluídas suas autarquias e fundações, assegurando-se regime de previdência de caráter contributivo e solidário, mediante contribuição do respectivo ente público, dos servidores ativos e inativos e dos pensionistas, observados critérios que preservem o equilíbrio financeiro e atuarial e o disposto neste artigo. Há a previsão de três tipos de aposentadoria, quais sejam, a *por invalidez permanente*, a *compulsória* e a *voluntária*.

No primeiro caso, a aposentadoria por invalidez permanente ocorrerá nos casos de incapacidade de caráter permanente do servidor para o exercício do cargo público ou de cargo de natureza similar, isto é, sem possibilidade de readaptação, fazendo jus a proventos proporcionais ao tempo de contribuição, exceto se decorrente de acidente em serviço, moléstia profissional ou doença grave, contagiosa ou incurável, na forma da lei.

No segundo caso, tem-se a aposentadoria compulsória, que deve ocorrer por ato de ofício da Administração Pública, aos setenta anos de idade, com proventos proporcionais ao tempo de contribuição. Há de se atentar que, para os casos dos policiais do departamento de Polícia Federal, a Lei Complementar nº 51/1985 assegura aposentadoria voluntariamente após trinta anos de contribuição, sendo ao menos vinte anos de atividade estritamente policial. Destarte, a aposentadoria compulsória é reduzida proporcionalmente para a idade de 65 anos e com os proventos proporcionais.

No terceiro caso, tem-se a aposentadoria do servidor público, desde que cumprido tempo mínimo de dez anos de efetivo exercício no serviço público e cinco anos no cargo efetivo em que se dará a aposentadoria, observada a idade de sessenta anos e 35 de contribuição, se homem, e 55 anos de idade e trinta de contribuição, se mulher. Para a aposentadoria com proventos proporcionais, acrescente-se a essa regra a idade de 65 anos, se homem, e sessenta anos, se mulher. Trata-se de aposentadoria com proventos proporcionais *ao tempo de contribuição e não ao tempo de serviço*.

Nesse contexto, mais uma vez há de se atentar para o fato de que, para os casos dos policiais do departamento de Polícia Federal, a Lei Complementar 51/1985 assegura aposentadoria voluntariamente após trinta anos de contribuição, sendo ao menos vinte anos de atividade estritamente policial.

Também provocará a vacância a *posse em outro cargo inacumulável*, ou seja, em outro cargo cuja lei e a Constituição Federal não permitam a cumulação de exercícios.

A Constituição Federal faz, no art. 37, XVI, a previsão dos cargos inacumuláveis, com a seguinte redação:

Art. 37. (...)
XVI – é vedada a acumulação remunerada de cargos públicos, exceto, quando houver compatibilidade de horários, observado em qualquer caso o disposto no inciso XI:
a) a de dois cargos de professor;
b) a de um cargo de professor com outro técnico ou científico;
c) a de dois cargos ou empregos privativos de profissionais de saúde, com profissões regulamentadas.

Desse modo, somente os cargos referidos no art. 37, XVI, e seguindo a combinação ali estipulada, podem ser exercidos de forma simultânea, sendo o cargo técnico ou científico aquele cujos requisitos para a investidura compreendam conhecimentos específicos de áreas do saber, podendo corresponder a cargos de nível superior, assim como de nível médio, para investidura.

O *falecimento do servidor* também é causa de vacância do cargo público, rompendo a relação material de investidura no cargo ou na função pública.

CAPÍTULO 2

PODERES DA ADMINISTRAÇÃO: A ESTRUTURA DOS PODERES HIERÁRQUICO, DISCIPLINAR, REGULAMENTAR E DE POLÍCIA

2.1 A autoridade policial e a sua caracterização como membro da estrutura da Polícia Judiciária

O regime jurídico administrativo, fundamentado nos princípios da supremacia do interesse público e na indisponibilidade desse interesse, defere à Administração, para a persecução de seus fins, prerrogativas e sujeições. Dentre as prerrogativas, encontram-se os poderes administrativos, ou os poderes-deveres, ou ainda deveres--poderes, todos sinônimos e representativos da qualidade especial da Administração e de seus agentes para a realização do bem coletivo.

Dessa forma, a doutrina costuma se referir ao poder vinculado, ao poder discricionário, ao poder hierárquico, ao poder disciplinar, ao poder regulamentar e ao poder de polícia.

Na Polícia Federal, o exercício dos poderes hierárquico, disciplinar e regulamentar, especificamente, são ordinariamente de atribuição do delegado de Polícia Federal e isso se afere do teor do regime jurídico instituído pela Constituição Federal e pela Lei 9.266/96, sem óbices a demais outros normativos, a exemplo da Lei 4.878/65, que deferem, à vista da natureza de suas atribuições, a direção do órgão, em que todas as atividades de normatização, de controle de hierarquia e ou de disciplina há por "desaguar" em uma autoridade policial, no caso o delegado de Polícia Federal. Essa é a estrutura da

Polícia Federal ditada pelo plexo de normas que formam o regime jurídico administrativo do órgão.[33]

Vejamos essas atribuições em espécie.

2.2 Poderes da Administração, em espécie

O *poder vinculado* corresponde à prerrogativa de a Administração Pública praticar atos administrativos completamente subordinados à lei, em seus requisitos de validade, quais sejam, o sujeito competente, a finalidade, a forma, o motivo e o objeto. Nos atos discricionários os requisitos de validade "motivo" e "objeto" são de livre apreciação quanto à conveniência e à oportunidade de suas práticas, compreendendo, assim, o mérito do ato administrativo. Os demais requisitos (competência, finalidade e forma) permanecem ditados estritamente pela lei. Todavia, nos atos vinculados, além da competência, da finalidade e da forma, elementos vinculados, o motivo e o objeto também se encontram delimitados pela lei, que, assim, não deixa qualquer margem para a influência de juízo de valor pelo autor do ato administrativo.

No entanto, a alocação da vinculação e da discricionariedade do ato administrativo entre os poderes da Administração Pública recebe crítica de parte da doutrina, na medida em que entende não se tratarem de poderes, mas sim de características dos atos administrativos.

Para a Polícia Federal, o art. 2º-A, da Lei 9.266/96, com a nova redação dada pela Lei 13.034/2014, prescreve que "a Polícia Federal, órgão permanente de Estado, organizado e mantido pela União, para o exercício de suas competências previstas no §1º do art. 144 da Constituição Federal, fundada na *hierarquia* e *disciplina*, é integrante da estrutura básica do Ministério da Justiça".

A *hierarquia*, como escalonamento de direitos e prerrogativas ascendentes de mando e decisão entre entes, órgãos e agentes públicos, é inerente à estrutura organizacional da Administração. Está presente

---

[33] "Art. 2º-A. A Polícia Federal, órgão permanente de Estado, organizado e mantido pela União, para o exercício de suas competências previstas no §1º do art. 144 da Constituição Federal, fundada na hierarquia e disciplina, é integrante da estrutura básica do Ministério da Justiça. Parágrafo único. Os ocupantes do cargo de Delegado de Polícia Federal, autoridades policiais no âmbito da polícia judiciária da União, são responsáveis pela direção das atividades do órgão e exercem função de natureza jurídica e policial, essencial e exclusiva de Estado" (Lei 9.266/96, com a nova redação dada pela Lei 13.034/2014).

nas relações entre cargos e funções de um mesmo órgão ou entre entes públicos, pessoas jurídicas, primando pela organização da prestação dos serviços públicos e pelo atendimento do princípio da eficiência.

O poder hierárquico compreende o direito de mando, afeto ao superior hierárquico, e o dever de obediência, atinente ao servidor subalterno. A sua não observância pode implicar em desobediência ao teor do contido no art. 116, IV, da Lei nº 8.112/1990, que prescreve que "são deveres do servidor: cumprir as ordens superiores, exceto quando manifestamente ilegais".

Com efeito, a par do cumprimento dos atos normativos, legais ou infralegais, mister ao agente público cumprir também os atos concretos derivados dos atos normativos, quais sejam, as determinações de seus superiores.

As ordens decorrem do poder hierárquico alinhavado à legal observância do ordenamento jurídico e são destinadas aos servidores legitimamente subordinados, com vistas ao bom andamento do serviço. Fundamentam-se nas necessidades das tarefas e atribuições do cargo, assim como na relação especial de sujeição que envolve os agentes hierarquicamente superiores e os servidores subalternos. São, na essência, decorrentes de comandos verbais, mas nada impede que sejam formuladas por escrito, a exemplo de ordens veiculadas por portaria ou por despacho, nos autos de procedimentos administrativos.

A não observância dessas determinações, salvo quando manifestamente (claramente) ilegais, constitui infração administrativa disciplinar prevista no art. 116, IV, da Lei nº 8.112/1990, e está sujeita à sanção de advertência.

Esse dever fundamentado do prócer hierárquico compreende a obediência *relativa*, e não a *absoluta*, pois permite que o servidor destinatário da ordem sopese acerca de sua validade, para, somente após, proceder ao seu cumprimento. As ordens manifestamente ilegais não devem ser observadas, sob pena de perpetuação da ilicitude, com patente responsabilização do agente que emanou as determinações e do agente que as cumpriu.

Diante dessa relatividade, três teorias têm-se confrontado para legitimar os limites da análise da ordem pelo servidor subalterno: (i) *a teoria da legalidade formal,* (ii) *a teoria da legalidade formal e material* e (iii) *a teoria da reiteração.*

Para a primeira, como condição do cumprimento da ordem, é mister que provenha de superior hierárquico e, por vias legais, seja transmitida ao subordinado e diga respeito à competência ou atribuições de ambos, sendo competente o superior para determinar a matéria e competente o subordinado para executá-la.

Por essa teoria, não pode o inferior apreciar nem os motivos, nem os fundamentos, nem o conteúdo próprio, nem a oportunidade da ordem recebida, mas apenas a *legalidade formal*, observando se o superior é competente *ratione materiae* e *ratione loci* e deixando de lado qualquer indagação de o superior ter feito ou não uso adequado de suas atribuições.[34]

Para a *teoria da legalidade formal e material*, por mais que a determinação tenha o aspecto formal de legalidade, poderá o subordinado descumprir a ordem se esta não se revestir de legalidade material. Desse modo, facultar-se-á, antes de cumpri-la, analisar o seu conteúdo, ou seja, se se trata de ordem manifestamente ilegal – violação evidente de lei, injusta ou arbitrária.

Na *teoria da reiteração* faculta-se ao servidor subalterno demonstrar ao superior que a determinação é ilegal, abrindo-se estágio para a sua concordância e revogação da ordem ou reiteração do preceito, medida à qual o servidor subalterno terá que dar efetividade, cumprindo o determinado.

A doutrina e a jurisprudência têm optado pela *teoria da legalidade formal e material*, diante da permissão de os servidores subalternos adentrarem no mérito da estipulação, com a faculdade de recusa ao seu cumprimento, no caso de *manifesta* ilegalidade, fator que vem a retirar a presunção de legitimidade do mandamento.

Por *poder disciplinar* pode-se entender o plexo normativo que dá à Administração a legitimação dos deveres e das prerrogativas para a responsabilização dos agentes que externam condutas de indisciplina funcional. Relaciona-se diretamente com o poder hierárquico, incumbindo ao agente superior a prerrogativa de aplicação do poder disciplinar e legitimando o direito de apurar e o de punir seus servidores, definindo os contornos do *ius persequendi* e do *ius puniendi*.

O poder disciplinar deferido à Administração Pública é o responsável pelo direito administrativo disciplinar exercido de mão própria pelo Estado-Administração, dispensando a atuação de outros poderes da República. Com isso, não há, por exemplo, a necessidade

---

[34] CRETELLA JÚNIOR, J. *Direito administrativo do Brasil*: regime jurídico dos funcionários públicos. São Paulo: RT, 1964. p. 459, grifo nosso.

de sentença judicial para a concreção da responsabilização disciplinar no âmbito do Poder Executivo. O poder disciplinar é o legítimo instrumento posto às "mãos" do Estado-Administração para o controle interno da disciplina no serviço público.

Quanto ao *poder regulamentar*, na atividade de cumprimento da lei de forma concreta para a persecução da finalidade pública, a Administração goza da prerrogativa de se permitir interpretações da lei a ser executada, por meio da expedição de regulamentos. São os denominados decretos regulamentares e de atribuição dos chefes dos Poderes Executivos federal, estadual e municipal. Com efeito, podem editar decretos regulamentares o Presidente da República, os Governadores de Estado e os Prefeitos Municipais, tendo em mira a "fiel execução da lei". A previsão para o Presidente da República encontra-se no art. 84, IV, parte final, em que se prescreve que

> Art. 84. Compete privativamente ao Presidente da República:
> (...)
> IV – (...) expedir decretos e regulamentos para sua fiel execução.

Há de se reparar que, para a expedição de decreto regulamentar, deve haver sempre uma lei precedente e vigente, sobre a qual se pretenda a regulamentação. Nas palavras de Celso Antônio Bandeira de Mello, "o regulamento, além de *inferior, subordinado*, é ato *dependente de lei*".[35] Desse modo, os decretos regulamentares dependem de ato normativo primário e antecedente e desempenham normatividade acessória à lei, como *fonte formal mediata, secundária*, do direito administrativo disciplinar.

Todavia, a par do decreto regulamentar, permite-se ao Presidente da República a expedição de decreto autônomo, desprovido de lei predecessora e, não obstante, que faça as vezes de veículo primário introdutor de normas (força de lei, para a Administração Pública, ou seja, força de lei somente *interna corporis*), nos termos do art. 84, VI, que assenta que

> Art. 84. Compete privativamente ao Presidente da República:
> VI – dispor, mediante decreto, sobre:

---

[35] MELLO, C. A. B. *Curso de direito administrativo*. 12. ed. São Paulo: Malheiros, 2000. p. 299.

a) organização e funcionamento da administração federal, quando não implicar aumento de despesa nem criação ou extinção de órgãos públicos; e

b) extinção de funções ou cargos públicos, quando vagos.

Nesses casos, prescinde-se de lei que trate do assunto, podendo o Presidente da República, diretamente, dispor sobre as questões elencadas.

Por seu turno, o *poder de polícia* compreende a prerrogativa administrativa, pautada na supremacia do interesse público sobre o interesse privado e na indisponibilidade do interesse público, que permite à Administração o regramento de bens, serviços e interesses, compreendidos dentro do conceito de liberdade e de propriedade, particulares em prol de uma eficiente e razoável persecução da finalidade pública.

Encontramos positivado o conceito de poder de polícia no direito tributário, que, em que pese ali prescrito, vale para a Administração Pública. Com efeito, o art. 78 da Lei nº 5.172/1966 – Código Tributário Nacional – esclarece que

> Art. 78. Considera-se poder de polícia atividade da Administração Pública que, limitando ou disciplinando direito, interesse ou liberdade, regula a prática de ato ou abstenção de fato, em razão de interesse público concernente à segurança, à higiene, à ordem, aos costumes, à disciplina da produção e do mercado, ao exercício de atividades econômicas dependentes de concessão ou autorização do Poder Público, à tranquilidade pública ou ao respeito à propriedade e aos direitos individuais ou coletivos.

Assim, a multa por infração de trânsito e as notificações de obras com irregularidades de projetos e execuções são exemplos de exercício *concreto* do poder de polícia e têm o caráter *repressivo* e *fiscalizatório*.

Afirmamos "exercício concreto" para distingui-lo do poder de polícia exercido pela expedição de atos gerais e abstratos, a exemplo de regulamentos, que tratem de assuntos relacionados à liberdade e à propriedade do administrado. Quanto ao caráter repressivo, os atos de polícia podem ser praticados como espécie de sanção administrativa decorrente de violação de norma estatal. Todavia, podem também ser de caráter preventivo, uma vez que praticados de forma prévia ao exercício de direitos pelo particular, a exemplo da expedição de autorizações e licenças, e visam a evitar a ocorrência de uma futura ofensa em concreto ao interesse coletivo. No que pertine ao caráter fiscalizatório, representa um resultado decorrente do acompanhamento administrativo da atividade realizada pelo particular. Assim, permite-se ao particular a realização de determinada atividade, porém procede-se ao acompanhamento dela, com vistas à manutenção da ordem pública.

Os atos de polícia administrativa, decorrentes do poder de polícia, apresentam as seguintes características ou atributos: a *autoexecutoriedade*, a *coercibilidade* e a *discricionariedade*.

A *autoexecutoriedade* refere-se à possibilidade de a Administração fazer cumprir seus próprios atos de "mão própria", impondo-os ao particular, sem a necessidade de buscar o Poder Judiciário para tanto. Como visto alhures, a *autoexecutoriedade* representa a característica do ato administrativo que permite, assim, o desdobramento normativo e material do ato na esfera de direito do particular, produzindo os efeitos jurídicos que são próprios do ato administrativo autoexecutável. Todavia, a autoexecutoriedade do ato somente é possível se preexistir expressa previsão legal, ou quando diante de extrema e urgente necessidade frente ao interesse público protegido.

A *coercibilidade* compreende a possibilidade de imposição do posicionamento administrativo independentemente da concordância do particular. Não há que se requerer a aceitação formal ou tácita do administrado sujeito ao ato para que a medida administrativa seja executada. O ato dotado de coercibilidade compreende toda declaração de vontade da Administração Pública, dotada de "autoridade e poder de império",[36] para interferir em direitos subjetivos do administrado, sem a necessidade de legitimação judicial.

O ato administrativo de polícia ainda apresenta como característica a *discricionariedade*, que, como visto, apresenta os requisitos de validade "motivo" e "objeto" com livre apreciação quanto à conveniência e à oportunidade de suas práticas, compreendendo, assim, o mérito do ato administrativo. Os demais requisitos (competência, finalidade e forma) permanecem estritamente vinculados à lei.

Os atos administrativos de polícia ainda apresentam limites, não se constituindo, apesar dos atributos acima referidos, em carta branca para o agir indiscriminado, devendo respeitar o disposto em lei, submetendo-se, assim, como toda a atuação da Administração,

---

[36] DI PIETRO, M. S. Z. *Direito administrativo*. 15. ed. São Paulo: Atlas, 2003. p. 215.

ao *princípio da legalidade*, bem como não sendo provido de caráter pessoal, com vistas a beneficiar ou prejudicar desafetos (*princípio da impessoalidade*); submetido ao procedimento específico previsto em lei (*princípio do devido processo legal*); com a decisão e execução procedida dentro do razoável, à luz do caso concreto (*princípio da razoabilidade*). Desta feita, submete-se, como limite à sua validade, a quatro princípios, quais sejam, *o princípio da legalidade, o princípio da impessoalidade, o princípio do devido processo legal e o princípio da razoabilidade*.

2.3 As linhas gerais sobre os atributos do cargo de delegado de Polícia Federal

O mesmo artigo 2º da Lei 9.266/96, já referido, em seu parágrafo único, apresenta uma série de características afetas ao cargo, que delineiam de modo aprofundado a *função* que dele decorre. Assim queremos ressaltar que cada cargo público na Administração possui uma ou mais funções. Logo, o cargo é o limite da função pública. Daí se falar que determinada função é competência ou atribuição de determinado cargo e, de modo mais direto, "isso" e/ou "aquilo" é ou não "função" de tal cargo público. Ou seja, a par da lei de regência, o cargo seria a fonte teleológica da função pública e, para o cargo de delegado de Polícia Federal, seriam suas funções (i) "exercer o papel" de autoridade policial, (ii) cujas emanações legais são caracterizadas pelas essências (ii.a) jurídica e (ii.b) policial.

Quanto à função de "exercer o papel" de autoridade policial, na acepção ontológica do tema, não há de se falar em "exercer o papel" ou em "figurar" como autoridade policial, pois o parágrafo único do artigo 2º-A, da Lei 9.266/96, com a nova redação, deixa claro que o delegado de polícia "é" a própria autoridade policial, expressão essa que se afasta do interposto de agente público que se encarrega de fazer algo (de "exercer o papel"), para assumir a posição ontológica de "ser algo".[37]

---

[37] "Art. 2º-A. A Polícia Federal, órgão permanente de Estado, organizado e mantido pela União, para o exercício de suas competências previstas no §1º do art. 144 da Constituição Federal, fundada na hierarquia e disciplina, é integrante da estrutura básica do Ministério da Justiça. Parágrafo único. Os ocupantes do cargo de Delegado de Polícia Federal, *autoridades policiais* no âmbito da polícia judiciária da União, são responsáveis pela direção das atividades do órgão e exercem função de natureza *jurídica* e *policial*, essencial e exclusiva de Estado" (grifos nossos).

Essa nova redação da lei apenas veio a repetir o que já se aferia sistematicamente e por paralelismo do próprio texto constitucional, o que nos faz assentir tratar-se o cargo de delegado de Polícia Federal de detentor do atributo da autoridade policial, inferindo-se que os ocupantes dessa espécie de cargo são, por força de disposição normativa, membros do órgão.

Não se fala aqui em membro de "Poder", mas sim em membro de "órgão", a Polícia Federal, e não há qualquer impropriedade nessa acepção, na medida em que a concepção de "membro" e não "servidor público" reporta-se à distinção com que determinadas categorias de agentes públicos são destacadas em razão de uma ou mais prerrogativas a serviço do interesse público, que, no caso do delegado de Polícia Federal, seria o atributo de "direção" das ações orgânicas da Polícia Federal. Sob esse cariz, citemos o exemplo do próprio Ministério Público, que notadamente não se trata de um Poder e sim de um órgão, e, em razão de diferencial no regime jurídico, é composto de membros e de servidores públicos. Nesse contexto, como aventado na introdução da pesquisa, permite-se falar em membros da Polícia Judiciária e seus agentes.

2.4 As modalidades de responsabilização do delegado de polícia

O delegado de polícia encontra-se inserido em dois sistemas jurídicos distintos de responsabilização, decorrentes do fato de suas funções tramitarem, também, em dois sistemas jurídicos específicos: um relacionado à função típica do Poder Executivo e da Administração Pública; e outro afeto à função atípica de dizer o Direito ao caso concreto, para a investigação criminal sob sua presidência, denotando o exercício de função atípica do Poder Executivo e da Administração Pública. No exercício de função típica – o primeiro caso –, submete-se à responsabilização civil, penal e disciplinar de todo e qualquer agente público. Todavia, no exercício da função atípica jurídica relacionada ao processo penal, ou seja, na condução do inquérito policial, investigação criminal notadamente mais usual e eficaz e regida pela teoria da função atípica jurisdicional (jurídica, *in casu*), afeta ao Poder Executivo e à Administração Pública, o delegado de polícia submete-se ao mesmo regime de responsabilização dos magistrados quanto aos erros *in procedendo* e *in judicando*.

Vejamos as duas formas e regimes jurídicos a que se submetem os delegados de polícia: (i) as responsabilidades civil, criminal e administrativa dos agentes públicos e do delegado de polícia; e (ii) os erros *in procedendo* e *in judicando* e a responsabilidade do delegado de polícia.

2.4.1 As responsabilidades civil, criminal e administrativa dos agentes públicos e do delegado de polícia

Três teorias surgiram ao longo da evolução do direito administrativo para explicar a relação jurídica existente entre o Estado, no caso o Estado-Administração, e seus agentes públicos.

A *teoria do mandato*, assentando que o Estado, na qualidade de mandante, outorgava atribuições aos seus servidores, que passavam a atuar como verdadeiros mandatários e nos limites do mandato expedido. Pelo fato de partir da premissa de que o Estado assim procedia na constituição de mandatários por vontade própria, foi duramente criticada e hoje se encontra ultrapassada. O Estado, como ente abstrato e não como pessoa física, não possui qualquer essência de vontade própria, o que o impediria de constituir o agente público como seu mandatário.[38]

A *teoria da representação* era entendida como a qualidade de tutelado ou curatelado que gozava o Estado frente aos seus agentes, estes figurando como representantes estatais, agindo juridicamente com vistas a externar a vontade do Estado. Do mesmo modo que a teoria anterior, esta passou a sofrer críticas da doutrina, na medida em que equiparava o Estado ao incapaz e, não obstante, dotado de vontade própria que deveria ser validada juridicamente pelo agente tutor ou curador.[39]

A *teoria do órgão público*, criada pelo jurista alemão Otto von Gierke, estudioso das relações psíquicas e intersubjetivas entre a pessoa física e as entidades orgânicas e, não obstante, representante germânico da Escola Histórica do Direito, foi fundada inteiramente em premissas de direito público, sustentando que a relação existente entre o Estado e os seus servidores não é pertinente ao direito

---

[38] NOHARA, I. P. *Direito administrativo*. 4. ed. São Paulo: Atlas, 2014.

[39] *Ibidem.*

privado – mandato ou representação –, mas sim de *imputação* (teoria da imputação volitiva), considerada esta como o elo entre o agente público e o Estado, perfazendo a vontade inicial do agente, pessoa física, na própria vontade do órgão ou ente público em que está investido. Essa vontade do órgão ou ente seria também a própria vontade do Estado, enquanto Administração Pública. Em vista dessa teoria, a vontade do agente público se constituiria na vontade do ente ou do órgão. Essa teoria é a atualmente adotada pela maior parte da doutrina para demonstrar a relação jurídica existente entre o Estado e o agente que titulariza o cargo, qual seja, a relação de imputação da vontade do servidor ao ente ou órgão.

Essa vontade, coordenadora do agir de toda a Administração, deve obediência à lei, procedendo nos seus estritos limites, importando tratar-se de uma via de mão dupla, na medida em que se imputa a vontade do Estado à vontade do agente e, consequentemente, os seus excessos ilegais no próprio elemento volitivo do servidor público. Essa vinculação do agente aos excessos cometidos no exercício da função pública não se reporta (no regime jurídico disciplinar *interna corporis*) ao Estado, mas sim ao próprio servidor, consubstanciando-se no princípio de sua *responsabilização*.[40]

Nas precisas palavras de Guimarães Menegale, "é próprio do regime democrático fundar-se no princípio da responsabilidade, como dominante de todo o quadro da vida civil, política e administrativa",[41] sendo, assim, baseadas a liberdade e a responsabilidade de qualquer indivíduo pertencente ao corpo social em princípios de estabilidade política e de convivência social. Com efeito, assenta que "responsável é, da mesma forma, o funcionário. Responsável em relação ao público, ao usuário do serviço administrativo, responsável, por ordem interna, à Administração".[42]

De acordo com Marcello Caetano, o agente administrativo e, sem embargo, o delegado de polícia, "é responsável disciplinarmente pelo cumprimento de seus deveres. Há de proceder de acordo com o que eles prescrevem e de responder pelos atos que pratique, prestando contas aos seus superiores",[43] denotando que a não observância das

---

[40] NOHARA, I. P., *op. cit.*

[41] MENEGALE, J. G. *O estatuto dos funcionários*. São Paulo: Forense, 1962. v. 2, p. 563.

[42] *Ibidem*, v. 2, p. 583.

[43] CAETANO, M. *Princípios fundamentais de direito administrativo*. Rio de Janeiro: Forense, 1977. p. 397.

imposições estatutárias dão azo à imediata responsabilização, com a aplicação da sanção disciplinar devida, mesmo após o fim do exercício do cargo, por aposentadoria ou pedido de exoneração.

A responsabilização do servidor infrator apresenta-se em forma de execução da sanção disciplinar e com o fim pedagógico-retributivo, não se concebendo mais como uma mera vingança do Estado contra o administrado.

Diferentemente do direito administrativo privado, o servidor público não pode alegar o desconhecimento das regras consubstanciadas no estatuto disciplinar regente para se escusar da responsabilização.

Por outro giro, impõe o dever de a Administração apurar as notícias de ilícitos administrativos, com observância dos princípios regentes de uma apuração certa e justa, e, sendo o caso, aplicar a sanção correspondente ao caso concreto.

Marcello Caetano assinala que a efetivação da responsabilidade disciplinar compete aos superiores hierárquicos do agente responsável e que os superiores hierárquicos são os agentes públicos que, na forma da lei, encontram-se investidos de "autoridade para manter a disciplina nos serviços, velando pelo cumprimento dos deveres funcionais e pela observância dos fins comuns e punindo e recompensando os seus subalternos: nessa autoridade consiste o poder disciplinar".[44]

Desse modo, salvo nos casos em que cabe o ajustamento de conduta para infrações de menor ofensividade, comprovadas a autoria e a materialidade disciplinar, e não tendo ocorrido causas legais de extinção de punibilidade, deve o Estado-Administração aplicar a sanção correspondente, não estando autorizado a dispor desse dever, materializando o princípio da indisponibilidade do interesse público.

O art. 121 da Lei nº 8.112/1990 assim prescreve que o servidor público responde penal, civil e administrativamente pelas infrações praticadas, denotando a independência das instâncias desses ramos do Direito e aferindo a implicação de efeitos jurídicos externos aos assuntos da Administração Pública, uma vez que um ato do servidor que venha a ser considerado ilícito disciplinar pode repercutir além dos "muros" do Estado-Administração, responsabilizando-o, também, nas esferas cível e penal. Essas duas últimas constituem-se em seara judicial, podendo o agente público praticar um único fato que tenha repercussão em sede administrativo-disciplinar e em sede civil, pela

---

[44] *Ibidem*, p. 404.

CAPÍTULO 2
PODERES DA ADMINISTRAÇÃO: A ESTRUTURA DOS PODERES HIERÁRQUICO, DISCIPLINAR, REGULAMENTAR E DE POLÍCIA | 61

conotação de ilícito civil de sua conduta administrativa, e penal, pela conotação de ilícito penal de sua conduta administrativa. Nesse diapasão, reforça-se a plena responsabilização do servidor público pelos seus atos praticados no exercício da função, gerando efeitos também em sede penal e civil.[45]

2.4.2 Os erros *in procedendo* e *in judicando* e a responsabilidade do delegado de polícia

Na atividade jurisdicional (ou jurídica) de dizer o Direito ao caso concreto, em relação aos agentes públicos investidos nessa função, jurisdicional ou não (atinente aos magistrados e às demais autoridades que desempenham funções jurídicas), fala-se, especialmente quanto aos magistrados, em erro *in procedendo* e erro *in judicando*, ambos respeitantes ao processo judicial, ou jurídico. O erro *in procedendo* diz respeito ao trâmite equivocado levado a efeito pelo juiz de direito, ao passo que o erro *in judicando* reporta-se ao erro de mérito, substancial, quanto ao juízo de valoração da causa judicial em si: erro na aplicação do direito ao caso concreto.[46]

É assente em doutrina que o erro *in procedendo* é corrigido pela via recursal apropriada e, concomitantemente, o juiz de direito que atuou cometendo essa espécie de erro processual submete-se às normas de responsabilidade civil, penal e disciplinar, a depender do caso concreto. Para o erro *in judicando*, não se fala em responsabilidade do magistrado, mas, tão somente, em correção do erro por via recursal, à vista das normas processuais aplicadas ao caso.[47]

O delegado de polícia, na presidência do inquérito policial ou de qualquer outra forma de investigação criminal (isto é, no exercício de função atípica jurídica), sujeita-se aos mesmos regimes jurídicos dos magistrados para o erro *in procedendo* e para o erro *in judicando*. Nestes termos, ao atuar com erro *in procedendo*, submete-se à possibilidade

---

[45] COSTA, J. A. *Teoria e prática do processo administrativo disciplinar*. 3. ed. Brasília: Brasília Jurídica, 1999; _____. *Incidência aparente de infrações disciplinares*. Belo Horizonte: Fórum, 2004; _____. *Direito disciplinar*: temas substantivos e processuais. Belo Horizonte: Fórum, 2008; e _____. *Direito administrativo disciplinar*. 2. ed. São Paulo: Método, 2009.

[46] DINAMARCO, C. R. *Nova era do processo civil*. São Paulo: Malheiros, 2003; FERREIRA FILHO, M. C. *Comentários ao Código de Processo Civil*. São Paulo: Revista dos Tribunais, 2001. v. 7; BARBOSA MOREIRA, J. C. *Comentários ao Código de Processo Civil*. 7. ed. São Paulo: Forense, 1998. v. 5; e CAMBI, E. *Neoconstitucionalismo e neoprocessualismo*. São Paulo: Revista dos Tribunais, 2009.

[47] DINAMARCO, C. R., *op. cit.*

recursal, a exemplo dos remédios constitucionais, *v.g.*, mandado de segurança e *habeas corpus*, sem exclusão, à luz do caso concreto, das responsabilizações civil, penal e disciplinar.[48]

Por outro lado, ao atuar com erro *in judicando*, erro este referente ao conteúdo material do direito aplicado pelo delegado de polícia, não há que se falar em responsabilização civil, penal ou disciplinar, quedando-se a questão adstrita apenas à seara jurisdicional recursal aplicável às investigações criminais (*v.g.*, mandado de segurança e *habeas corpus*) ou à seara administrativa com efeitos processuais penais (pedido de reconsideração e recurso hierárquico ao Chefe de Polícia).[49]

Com efeito, mister denotar que o delegado de polícia faz juízo de valor – nos limites do princípio da juridicidade: atuação conforme a lei e o Direito – para a aplicação do direito ao caso concreto, no que tange à sua função atípica e jurídica relacionada à condução da investigação criminal sob sua presidência, afastando-se a sua responsabilização civil, penal e administrativa ao agir ou omitir-se com erro *in judicando*, desde que não se trata de erro grosseiro de aplicação da lei e do Direito.[50]

---

[48] DINAMARCO, C. R., *op. cit.*

[49] FERREIRA FILHO, M. C., *op. cit.*; e BARBOSA MOREIRA, J. C., *op. cit.*

[50] Cf. DEZAN, S. L. Prólogo sobre a investigação criminal e sua teoria comum: o inquérito policial como fase do processo criminal. In: ZANOTTI, B. T.; SANTOS, C. I. (Org.). *Temas avançados de polícia judiciária.* Salvador: Juspodivm, 2015. p. 21-34; e DEZAN, S. L. Os contornos jurídicos da cognição no indiciamento do investigado no inquérito policial: breves notas sobre o caráter objetivo e subjetivo-mitigado, limitado e não exauriente do ato de indiciamento. In: ZANOTTI, B. T.; SANTOS, C. I. (Org.). *Temas atuais de polícia judiciária.* Salvador: Juspodivm, 2015. p. 255-276.

CAPÍTULO 3

DIREITO ADMINISTRATIVO E INVESTIGAÇÃO CRIMINAL: UMA RELAÇÃO POSSÍVEL?

3.1 Em busca do regime Jurídico-Administrativo de Polícia Judiciária

Vigorou por muito tempo – e, contudo, ainda *vigora* – uma espécie de senso comum de parte dos juristas da seara criminal segundo o qual a investigação criminal, especialmente o inquérito policial, figura como uma: (a) "peça", (b) "administrativa", (c) "meramente", (d) 'informativa'. Tudo isso para contrapor-se ao processo penal e dizer que este, o processo penal, não é *peça*, não é *administrativo*, não é algo envolto à *simplicidade* e, tampouco, *informativo* ou *simplesmente informativo*. Neste, a atuação do Ministério Público e do Magistrado, naquele, a atuação da autoridade policial e de seus agentes. Essa é a doutrina e a jurisprudência do *senso comum* do *ius persequendi* e do *ius puniendi* estatais, em descompasso com o atual Estado Democrático de Direito, vertido em Estado constitucional de Direito. (a.1) Não mais se há de falar em *peça*, mas sim em processo em sentido lato;[51] (b.1) para além do "administrativo isolado", mister compreender a existência de um regime processual penal-administrativo, como regime jurídico híbrido da persecução afeta à fase processual penal

---

[51] Cf. PEREIRA, E.S. *O processo (de investigação) penal*: o "nó górdio" do devido processo. 2018, 603 fl. Tese (Doutoramento em Direito) – Escola de Direito de Lisboa, Universidade Católica Portuguesa – UCP, Lisboa, 2018.

investigativa; (c.1) e (d.1) nada que se pretende a tutelar direitos fundamentais pode ser tachado de "meramente", ou adjetivado de "meramente informativo", como se a informação fosse algo irrelevante para o juízo de valor formativo da decisões jurídicas. Com efeito, substituem-se o "meramente" e o "informativa" por imprescindível à formação de juízos para a justa causa da formação da relação jurídica em contraditório do processo penal, ou seja, o inquérito policial é, com efeito, elemento que se presta a "filtro" da justa causa para dar fundamentos à relação jurídico-processual em contraditório, em que se formarão os polos justos do processo penal, de forma a evitar o *strepitus processus.*

Diante desses argumentos, podemos definir, à vista principalmente dos pressupostos externados, um inicial conceito de inquérito policial como a fase investigativa do processo penal em que se visa à elucidação de indícios da autoria e de prova da materialidade delitivas, para, à luz dos direitos fundamentais, garantir a justa causa da fase contraditorial do processo penal e evitar, destarte, uma acusação infundada quando isso é perceptível de plano.[52]

É, assim, notório um passado de desinteresse levado a efeito pela teoria da hermenêutica e da argumentação jurídica pela temática da investigação criminal e o desprezo da doutrina e da jurisprudência a provocar a equivocada concepção de ser a persecução penal concentrada apenas no processo penal, não compreendendo o sistema normativo abrangente do *ius persequendi* que aloca a autoridade de polícia judiciária nas sendas do Poder Executivo, manobrando atos administrativos editados à luz da Constituição Federal para surtirem efeitos em um processo penal.

O equivocado foco apenas no regime jurídico de direito penal e de direito processual penal há de ser identificado e dissolvido, para a identificação do real regime jurídico-normativo administrativo de polícia judiciária.[53]

---

[52] Cf. PEREIRA, E. S. *Teoria da investigação criminal*: uma introdução jurídico-científica. Lisboa: Almedina, 2010; _____. *Investigação, verdade e justiça*: a investigação criminal como ciência na lógica do Estado de Direito. Porto Alegre: Núria Fabris, 2014; e SANTOS, C. J. *Investigação criminal especial*: seu regime no marco do Estado Democrático de Direito. Porto Alegre: Núria Fabris, 2013.

[53] SUNDFELD, C. A. *Direito administrativo para céticos*. 2. ed. São Paulo: Malheiros, 2014.

3.1.1 O equivocado foco apenas no regime jurídico de direito penal e de direito processual penal

O jurista ou o estudante do Direito, ao analisarem o Código de Processo Penal brasileiro e o tema do inquérito policial deparam-se, sem respostas diretas ou indiretas, com a necessidade de definição de atos jurídicos a cargo da autoridade policial, os quais são pressupostos pela lei como imprescindíveis à conclusão do inquérito policial, a saber: dever de a autoridade de policial exercer a polícia judiciária, para a apuração das infrações penais e de sua autoria (art. 4º do CPP); apreensão de objetos relacionados juridicamente aos fatos criminosos (art. 6º do CPP); colher todas as provas que servirem para o esclarecimento do fato e suas circunstâncias (art. 6º do CPP); ouvir o ofendido (art. 6º do CPP); ouvir o indiciado (art. 6º do CPP); proceder ao reconhecimento de pessoas e coisas e a acareações (art. 6º do CPP); proceder à reprodução simulada dos fatos (art. 6º do CPP); ordenar a identificação do indiciado pelo processo datiloscópico (art. 6º do CPP); representar acerca da prisão preventiva (art. 13 do CPP); e, dentre outros, formalizar um procedimento em que todas as peças do inquérito policial serão, num só processado, reduzidas a escrito e, neste caso, rubricadas pela autoridade e relatando o que tiver sido apurado (art. 9º e 10 do CPP).

Há uma pseudoaplicação dessas pressuposições como algo informal, prescindíveis para a necessária tutela dos direitos fundamentais dos investigados. De fato, isso se dá não por que o Código de Processo Penal é datado de 1941 (Decreto-Lei nº 3.689, de 3 de Outubro de 1941), mas sim pelo fato de o método aplicado em sua interpretação não ter acompanhado o evoluir sociocultural e o advento da Constituição Federal de 1988. A hermenêutica processual penal não coloca no centro da questão, para os casos de investigação criminal e de inquérito policial, os direitos e garantias fundamentais. Passa alheia a esse fator de tão basilar relevância para a manutenção do atual Estado Democrático de Direito. Não se fala aqui em mudança de legislação. Não há a necessidade de mudança do Código de Processo Penal quanto ao inquérito policial, ao menos nesse ponto, senão a necessidade de sua interpretação evolutiva à luz da Constituição Federal de 1988 e dos direitos e garantias fundamentais por ela encampados e, não obstante, em seus atuais estados de significado, pois de 1988, quando a Constituição foi promulgada, aos dias atuais, os preceitos literais que elencam os direitos e garantias fundamentais também sofreram evoluções e construções de sentidos e de significados *pari passu* com o evoluir cultural.

As ações de arrecadar, de recolher, de ouvir, de reduzir a termo, de indiciar, de *procedimentalizar* ou formalizar, realizar a busca e a apreensão, de determinar, de requisitar, de solicitar, de diligenciar, de cercear a liberdade, de algemar, de reproduzir fatos etc., não passam alheias às formalidades de efeitos jurídicos, ditadas pela normatividade constitucional, em uma espécie de investigação criminal constitucionalmente qualificada.

A autoridade de Polícia Judiciária encontra-se nesse vértice do sistema jurídico, manobrando em dois mundos que se tocam para a tutela de direitos e busca da solução à luz da ordem jurídica: atua no processo penal, com informações, elementos, institutos normativos e instrumentos do direito penal, do direito administrativo e do direito processual administrativo. Por outro lado, atua ainda, simultaneamente, no direito administrativo. Assim, pode-se afirmar haver uma atuação bifronte, no direito administrativo e no direito processual penal, mesmo para os atos produzidos exclusivamente para o processo penal, pela autoridade de Polícia Judiciária, no bojo da investigação criminal.

Destarte, há de se abandonar a equivocada exclusividade do processo penal, pois este ramo não descreve qualquer característica ou efeito dos atos jurídicos da autoridade de Polícia Judiciária e, assim, não apresenta, por si só, o condão de garantia dos direitos fundamentais do investigado criminal.

3.1.2 Os problemas resultantes da concentração penal e processual penal e as mazelas de um viés esquecido: o direito administrativo como fundamento

O hiperfoco normativista da investigação criminal no sistema do direito processual penal acaba por induzir o operador do Direito a menosprezar a realização híbrida dos atos jurídicos que formam o procedimento ou o processo pré-contraditorial investigativo no processo penal.[54] Com isso, os requisitos de existência, de validade e de

---

[54] Assinala Eliomar da Silva Pereira que "a ideia de inquérito policial como processo penal, por sua vez, vem acrescida da sua indispensabilidade como fase prejudicial, opondo-se à doutrina

desenvolvimento regular da investigação criminal como processo e da estrutura encadeada dos atos administrativo-processuais penais, assim como a validade da investigação como persecução estatal decorrente do processo como relação jurídica, tornam-se desconhecidos de todos, causando as mais diversas ofensas a direitos fundamentais e, destarte, à desqualificação do atual Estado Democrático e Constitucional de Direito.

A relação jurídica processual pré-contraditorial, o que se afere, mormente, nos casos de instauração de investigação criminal direcionada, *initio litis*, a determinado indivíduo, pessoa física ou jurídica investigada, encontra-se na dependência, em maior ou em menor grau, da validade de cada ato administrativo-processual penal isoladamente.

Não somente a validade do ato administrativo exordial da relação processual pré-contraditorial se faz importante para a produção do ato final (o relatório conclusivo da autoridade de Polícia Judiciária), ou seja, para a constatação de indícios de autoria e prova da materialidade delitiva, ou da ausência desses elementos, ou mesmo da impossibilidade de obtenção de conclusões que possam fundamentar uma justa causa ao início da fase em contraditório. Os demais atos jurídicos que a compõem também devem ser confeccionados de acordo com a lei e as teorias gerais que regem o tema.

Com efeito, há de se ter assente que existem nulidades na investigação criminal que são formais, alheias à ofensas diretas à Constituição Federal e aos direitos fundamentais nela estampados, na medida em que essas nulidades formais também possuem o condão de indiretamente ofenderem a Constituição Federal e os direitos fundamentais, todavia, de modo velado, o que se torna muito mais perigoso para um Estado que se afirme Democrático e Constitucional de Direito.

À vista disso, mister se faz ir além do ato de instauração da investigação criminal e de uma análise de existência ou não de ofensas diretas à Constituição Federal e aos direitos fundamentais dos investigados. Imperiosa se faz a análise detida dos requisitos de

---

tradicional que reivindica a investigação criminal como procedimento exclusivamente preparatório da ação penal, reduzido a mera peça informativa que se pode dispensar e, consequentemente, nunca transmite nulidades ao processo, em flagrante ofensa a direitos fundamentais ao devido processo penal" (PEREIRA, E. S. *Introdução ao direito de polícia judiciária*. Belo Horizonte: Fórum, 2019, p. 24/25).

validade dos demais atos administrativo-processuais penais que dão forma cronológica a esse instrumento estatal de persecução criminal. A partir do ato inaugural da relação processual, outros atos são de importância para a validade da investigação como processo e, destarte, passam a requerer uma análise sobre os seus requisitos de existência, de validade e de eficácia, *v.g.*: (i) o próprio ato de instauração, a portaria da autoridade de *Polícia Judiciária*; (ii) *os atos de notificação e de intimação do investigado e das testemunhas e informantes, mormente à vista da impossibilidade de condução coercitiva do investigado e da possibilidade dessa condução para as testemunhas;*[55] (iii) *os termos de*

---

[55] A respeito do tema, confira decisão Plenária do Supremo Tribunal Federal (STF): *"Plenário declara a impossibilidade da condução coercitiva de réu ou investigado para interrogatório*: Por maioria de votos, o Plenário do Supremo Tribunal Federal (STF) declarou que a condução coercitiva de réu ou investigado para interrogatório, constante do artigo 260 do Código de Processo Penal (CPP), não foi recepcionada pela Constituição de 1988. A decisão foi tomada no julgamento das Arguições de Descumprimento de Preceito Fundamental (ADPFs) 395 e 444, ajuizadas, respectivamente, pelo Partido dos Trabalhadores (PT) e pela Ordem dos Advogados do Brasil (OAB). O emprego da medida, segundo o entendimento majoritário, representa restrição à liberdade de locomoção e viola a presunção de não culpabilidade, sendo, portanto, incompatível com a Constituição Federal. Pela decisão do Plenário, o agente ou a autoridade que desobedecerem a decisão poderão ser responsabilizados nos âmbitos disciplinar, civil e penal. As provas obtidas por meio do interrogatório ilegal também podem ser consideradas ilícitas, sem prejuízo da responsabilidade civil do Estado. Ao proclamar o resultado do julgamento, a presidente do STF, ministra Cármen Lúcia, ressaltou ainda que a decisão do Tribunal não desconstitui interrogatórios realizados até a data de hoje (14), mesmo que o investigado ou réu tenha sido coercitivamente conduzido para tal ato. Julgamento. O julgamento teve início no último dia 7, com a manifestação das partes e dos *amici curiae* e com o voto do relator, ministro Gilmar Mendes, pela procedência das ações. Na continuação, na sessão de ontem (13), a ministra Rosa Weber acompanhou o voto do relator. O ministro Alexandre de Moraes divergiu parcialmente, entendendo que a condução coercitiva é legítima apenas quando o investigado não tiver atendido, injustificadamente, prévia intimação. O ministro Edson Fachin divergiu em maior extensão. Segundo ele, para decretação da condução coercitiva com fins de interrogatório é necessária a prévia intimação do investigado e sua ausência injustificada, mas a medida também é cabível sempre que a condução ocorrer em substituição a medida cautelar mais grave, a exemplo da prisão preventiva e da prisão temporária, devendo ser assegurado ao acusado os direitos constitucionais, entre eles o de permanecer em silêncio. Seu voto foi acompanhado pelos ministros Roberto Barroso e Luiz Fux. O julgamento foi retomado na tarde desta quinta-feira (14) com o voto do ministro Dias Toffoli, que acompanhou o relator. Para o ministro, é dever do Supremo, na tutela da liberdade de locomoção, 'zelar pela estrita observância dos limites legais para a imposição da condução coercitiva, sem dar margem para que se adotem interpretações criativas que atentem contra o direito fundamental de ir e vir, a garantia do contraditório e da ampla defesa e a garantia da não autoincriminação'. O ministro Ricardo Lewandowski também acompanhou a corrente majoritária, e afirmou que se voltar contra conduções coercitivas nada tem a ver com a proteção de acusados ricos nem com a tentativa de dificultar o combate à corrupção. 'Por mais que se possa ceder ao clamor público, os operadores do direito, sobretudo os magistrados, devem evitar a adoção de atos que viraram rotina nos dias atuais, tais como o televisionamento de audiências sob sigilo, as interceptações telefônicas ininterruptas, o deferimento de condução coercitiva sem que tenha havido a intimação prévia do acusado, os vazamentos de conversas sigilosas e

declarações e de depoimento; (iv) *o termo de interrogatório do investigado;* (v) *o termo de indiciamento do investigado;* (vi) *as representações judiciais formuladas pela autoridade de Polícia Judiciária, com vistas ao afastamento de sigilos constitucionalmente protegidos;* e, destarte, (vii) *os atos de juízo de valor, formulados pela autoridade de Polícia Judiciária: a portaria de instauração em seu mérito, o indiciamento em seu mérito e o relatório em seu mérito.*

Quanto ao requisito de validade do ato de instauração do processo administrativo-processual penal (investigação criminal), a atribuição para a instauração de investigação criminal, pela óptica administrativa para o desenvolvimento processo pré-contraditorial, relaciona-se com a "competência" para a atividade administrativa em concreto e, assim, submete-se à teoria da validade dos atos administrativos materiais (quer pela teoria clássica,[56] quer pela teoria bipartida)[57] e, com efeito, os conceitos que envolvem os atores editores de atos administrativos, sujeitos encarregados de alguma fase processual, a exemplo do ato administrativo-processual penal que dá azo à formação da relação jurídica, compreendem um dos pressupostos de validade do ato a ser elaborado pela *Administração Pública de Investigação Criminal,* a *Polícia Judiciária,* e perfazem, especificamente, pressuposto de natureza subjetiva, ou *pressuposto subjetivo.*

---

de delações não homologadas e as prisões provisórias alongadas, dentre outras violações inadmissíveis em um estado democrático de direito', disse. Para o ministro Marco Aurélio, que também votou pela procedência das ações, o artigo 260 do CPP não foi recepcionado pela Constituição Federal de 1998 quanto à condução coercitiva para interrogatório. O ministro considerou não haver dúvida de que o instituto cerceia a liberdade de ir e vir e ocorre mediante um ato de força praticado pelo Estado. A medida, a seu ver, causa desgaste irreparável da imagem do cidadão frente aos semelhantes, alcançando a sua dignidade. Votou no mesmo sentido o ministro Celso de Mello, ressaltando que a condução coercitiva para interrogatório é inadmissível sob o ponto de vista constitucional, com base na garantia do devido processo penal e da prerrogativa quanto à autoincriminação. Ele explicou ainda que, para ser validamente efetivado, o mandato de condução coercitiva, nas hipóteses de testemunhas e peritos, por exemplo, é necessário o cumprimento dos seguintes pressupostos: prévia e regular intimação pessoal do convocado para comparecer perante a autoridade competente, não comparecimento ao ato processual designado e inexistência de causa legítima que justifique a ausência ao ato processual que motivou a convocação. A presidente do STF, ministra Cármen Lúcia, acompanhou o voto do ministro Edson Fachin. De acordo com ela, a condução coercitiva interpretada, aplicada e praticada nos termos da lei não contraria, por si só, direitos fundamentais. Ressaltou, entretanto, que não se pode aceitar 'qualquer forma de abuso que venha a ocorrer em casos de condução coercitiva, prisão ou qualquer ato praticado por juiz em matéria penal'". Disponível em: http://www.stf.jus.br/portal/cms/verNoticiaDetalhe.asp?idConteudo=381510. Acesso em: 22 dez. 2018.

[56] MEIRELLES, H. L. *Direito administrativo brasileiro.* 24. ed. São Paulo: Malheiros Editores, 1999.

[57] MELLO, C. A. B. *Curso de direito administrativo.* 32. ed. São Paulo: Malheiros, 2015.

O sujeito editor do ato administrativo e a sua hígida e regular atuação funcional perfazem o pressuposto subjetivo de validade do ato administrativo-processual penal. Disso, *v.g.*, pode-se extrair um cabedal teórico para um início de uma discussão mais séria sobre a *inamovibilidade do delegado* de polícia, que tanto se tem debatido nos meios acadêmicos, doutrinários e jurisprudenciais.

Na sua dissonância com o ordenamento jurídico – a par de presentes os *elementos* conteúdo e forma e, não obstante, todos os demais *pressupostos* de existência e de validade –, ou seja, na ausência de regularidade do sujeito editor do ato administrativo-processual penal de instauração da investigação criminal, este, o ato, considerar-se-á inválido. Nessa seara, o pressuposto subjetivo "sujeito" abarca a análise da legalidade (i) da capacidade da pessoa jurídica que tenha praticado o ato jurídico (*v.g.*, se editado pela Polícia Civil ou pela Polícia Federal, pelo Ministério Público Federal, Militar, do Trabalho ou estaduais, ou, ainda, por órgãos da Magistratura Federal ou estaduais etc.); (ii) da quantidade e limites de atribuições do órgão (vinculado à pessoa jurídica ou política) que tenha praticado o ato administrativo-processual penal; (iii) da atribuição ou "competência" do agente público encarregado da edição do referido ato jurídico; e (iv) da inexistência de impedimentos legais à atuação em concreto do agente público encarregado da prática do ato exordial da persecução pré-contraditorial processual penal.[58]

A *atribuição administrativa-processual penal* ou, por outras palavras, a atribuição para a investigação criminal, leva em consideração essas quatro nuances do *pressuposto subjetivo e material de validade*, reportando-se, todavia, à participação da Administração Pública, na figura da Polícia Judiciária e da autoridade policial, à luz da legislação, em uma ordem de repartição orgânica de competências investigativas distribuídas, mormente em uma primeira medida, pela Constituição Federal aos entes políticos e jurídicos.

Com efeito, a *competência*, na qualidade de requisito de validade do ato administrativo-processual penal, na visão da teoria clássica transforma-se em pressuposto subjetivo material de validade desse ato jurídico dentro do próprio processo penal em suas duas fases, a pré-contraditorial (investigação criminal) e a contraditorial (instrução processual penal ou processo penal em sentido estrito – fase jurisdicional intensiva), e se divide em quatro subespécies de possibilidades,

---

[58] MELLO, C. A. B., *op. cit.*, p. 404-405.

ou de aspectos do sujeito. Estes aspectos, em ambiente processual, mantêm suas essências de *pressupostos materiais de validade*, podendo, todavia, consubstanciar pressupostos de existência e/ou de validade do próprio processo de persecução criminal em si, ou, sem embargo ainda, constituir condições de justa causa para a iniciativa da fase processual penal em contraditório.

Quer-se, com isso, aludir que os pressupostos materiais do ato administrativo (da teoria do próprio direito administrativo) – no caso agora tratado, o pressuposto de validade subjetivo – comportam-se com efeitos jurídicos distintos de seus efeitos originários quando vertidos em atos administrativos processuais, no caso, administrativo-processuais penais da investigação criminal.

Há de se reconhecer, destarte, a modulação de efeitos dos atos administrativos quando se encontram em ambiente processual ou fora dele. Atos administrativo-processuais, por vezes e por mais que possuam a mesma essência de seus similares atos materiais, produzem efeitos jurídicos específicos à mercê do ambiente processual. Por isso que afirmamos que os atos jurídicos que formam o inquérito policial ou qualquer outra espécie de investigação criminal, conquanto se trate de fase processual pré-contraditorial, são atos jurídicos híbridos, por tramitarem em dois mundos do Direito, ou, melhor dizendo, em dos ramos epistemológicos do Direito, o direito administrativo e o direito processual penal, este último, *locus* de produção final de efeitos dos atos da investigação.

Destarte, não é demais aludir que o regular exercício do *ius persequendi* e do *ius puniendi* desenvolve-se por meio das regras de atribuições, ou de competência, as quais nem sempre são muito claras e, em não raros casos, passíveis de questionamento em sede jurisdicional.

Seja como for, queremos com isso dizer que a *competência* é exercível somente entre órgão ou ente público e o agente estatal a eles vinculado, na qualidade de autoridade de Polícia Judiciária. Sem embargo disso, sob a óptica da construção dogmática, por meio da noção de interpretação sistemática, os princípios gerais do Direito são plenamente aplicáveis ao tema e, do mesmo modo, as noções lógicas de competência previstas na teoria geral do processo, encampada especialmente pelo direito processual civil.

Assinalamos por esses argumentos que as categorias jurídicas oriundas da teoria geral do processo, atualmente utilizadas pelo processo civil, não apresentam óbices aplicáveis à investigação criminal e, nesse arcabouço, encontram-se as noções essenciais de normas sobre as atribuições para o exercício do *ius persequendi* e para o *ius puniendi* do Estado como um todo, sem embargo de, por óbvio, levar-se em consideração sempre as omissões legislativas e as características de cada ramo do Direito.

Não somente o sujeito competente tem relevância para a higidez da investigação criminal, mas, sim, os demais elementos de validade da teoria das nulidades do ato administrativo (a par do sujeito competente: *forma, finalidade, motivo* e *objeto*) devem ser aplicados à investigação criminal, para a tutela de direitos fundamentais e, sem embargo, a sua concretização, sob a óptica de que o interesse público de que deve dar conta a Administração Pública e o Estado nada mais é que a concretização dos direitos fundamentais estampados em nossa Constituição Federal.[59]

A forma, como pressuposto de existência e de validade dos atos jurídicos a cargo da autoridade policial, deve atender ao prescrito em lei e, destarte, veicular a manifestação de vontade do agente autor do ato e de eventuais participantes. Por exemplo, a forma do termo de inquirição é a escrita, de padrão de termo, em que, após o compromisso da testemunha em dizer a verdade do que sabe, reproduzem-se as perguntas e as respostas, ou somente as respostas da testemunha às perguntas formuladas pela autoridade policial, autoridade de Polícia Judiciária.

O objeto, como pressuposto de existência e de validade dos atos jurídicos de investigação criminal, também deve estar presente. Não se há de aceitar atos inominados, cujo objeto do ato esteja oculto, ou velado, sem efeitos alinhados aos escopos da investigação criminal. Por exemplo, o ato de instauração deve apresentar o seu escopo, declinando a incidência e amplitude da investigação, afastando-se, destarte, de uma auditoria, procedimento que possui um espectro de apuração mais abrangente e de natureza não criminal.

O mesmo se dá com a *finalidade* da investigação criminal e de cada ato que a compõe. A investigação criminal deve possuir objeto certo e, também, finalidade específica. Não cabe em nossa ordem normativa a instauração de investigação criminal para apurar fato que não possua repercussão criminal, a exemplo de atos civis de

---

[59] JUSTEN FILHO, M. *Curso de direito administrativo*. 12. ed. São Paulo: Saraiva, 2016.

improbidade administrativa, *v.g.*, desprovidos, no caso concreto, de quaisquer repercussões penais. Nisso, faltará justa causa e a investigação criminal com finalidade diversa das permitidas por lei será nula.

Quanto ao *motivo* da investigação criminal e dos individuais atos administrativo-processuais penais que a compõem, a notícia de fato com repercussão na seara criminal, ou seja, a notícia de crime ou de contravenção penal, atendidas as regras de atribuições investigativas ou de competência, motiva a instauração da persecução investigativa pré-processual e, em cada fase da investigação, motivos devem existir para a sua edição. Apenas deve haver indiciamento à luz de elementos de instrução que deponham nesse sentido, *v.g.*, de ser determinada pessoa supostamente autora de determinado fato ilícito. Outro exemplo cinge-se no motivo da oitiva de testemunha, que deve se assentar no provável conhecimento de fatos que interessam ao deslinde da investigação criminal e que carecem de formalização no processo, para análises e avaliações.

3.2 O direito administrativo como fundamento do ato jurídico-processual penal na investigação criminal

Na essência, ao analisarmos o encadear de atos que formam a investigação criminal a cargo da Polícia Judiciária e presidida por delegado de polícia, vislumbramos o concatenar cronológico (do grego *khrónos*, tempo, e *logos*, razão)[60] de manifestações de vontade da autoridade investida como autoridade policial, a representar a própria vontade da Polícia Judiciária e, destarte, da Administração Pública, com o escopo de identificação do objeto do processo persecutório, qual seja, a elucidação do delito, com o apontamento dos indícios de autoria e da prova da materialidade ilícita – e de todas as circunstâncias juridicamente importantes –, relevantes para o direito processual penal.

Esses atos que se encadeiam ao propósito final do processo possuem, em sua gênese jurídica, a par de serem atos jurídicos, a conformação inaugural ao regime jurídico-administrativo. Não há como fugir dessa essência: autoridades administrativas, ao manifestarem a sua vontade em nome da Administração Pública – ao amparo da

---

[60] ABBAGNANO, N. *Dicionário de filosofia*. São Paulo: Martins Fontes, 2012.

teoria do órgão –, produzem atos administrativos. Estes, considerando a necessidade de repercussão jurídica, ou seja, de produção de efeitos jurídicos em um processo penal, passam a ter uma complexão *híbrida*, material-processual, compreendendo atos administrativo-processuais penais – para o caso da investigação criminal.

Sob essa óptica, analisaremos, apenas à guisa de exemplo, os atos jurídicos (i) de interrogatório, (ii) de indiciamento e (iii) de relatório final da investigação criminal.

3.2.1 O direito administrativo como fundamento do ato administrativo-processual penal de interrogatório do investigado

Observemos mais um exemplo de necessidade de retorno ao direito administrativo como fundamento dos efeitos da investigação criminal: *quanto ao interrogatório do investigado*, os pressupostos de existência (a) são atribuídos à existência de relação formal entre a Polícia Judiciária e o investigado e à presença do investigado na audiência agendada para esse fim, qual seja, o de inquirição sobre as circunstâncias do fato tido como supostamente contrário à ordem legal penal. Os elementos de validade do termo de interrogatório do investigado, (b) ao amparo da teoria clássica das nulidades administrativas, também compreendem o sopesamento quanto à competência, à finalidade, à forma, ao motivo e ao objeto do ato jurídico.

A competência, como elemento de validade do termo de interrogatório, a exemplo de qualquer termo de oitiva, é dada pelo ato de instauração da investigação criminal, ficando a cargo da autoridade policial que instaurou a investigação, podendo, todavia, ser delegada por carta precatória, posto não vigorar, neste caso, o princípio da identidade física da autoridade de Polícia Judiciária.

A finalidade, como elemento de validade do termo de interrogatório, é a de angariar elementos de prova à elucidação do feito e, por outro lado, permitir que o investigado exerça o direito de defesa pessoal e direta.

A forma, como elemento de validade do termo de interrogatório, é a escrita, em termo semelhante aos de declarações e de oitivas. O motivo é a previsão legal e, sem embargo, constitucional ao contraditório e à ampla defesa (e aqui se verifica um início de caráter de fase processual contraditorial não jurisdicional na investigação criminal), com o fim dar subsídios às demais fases pré-contraditoriais e contraditoriais do processo penal, de produção de provas e de defesa, à vista das previsões constitucionais (i) do devido processo legal e, como dito, do direito de exercício (ii) do contraditório e (ii) da ampla defesa. Mister reparar que o interrogatório faz parte de um devido processo legal da investigação criminal, a propiciar um início de contraditório e de defesa do investigado, eventual réu na fase estrita do processo penal.

O objeto compreende as perguntas formuladas pela autoridade policial e as respectivas respostas dadas pelo investigado (ou o silêncio do investigado), que serão levadas – à exceção do silêncio do investigado – em consideração nos atos de indiciar e de relatar a investigação criminal.

3.2.2 O direito administrativo como fundamento do ato administrativo-processual penal de indiciamento do investigado

Quanto ao ato administrativo-processual penal de indiciamento do investigado e quanto aos pressupostos de existência (a), o indiciamento deve ser lavrado por autoridade policial, autoridade de Polícia Judiciária no exercício dessa função, agente público a quem possa se reportar a manifestação de vontade da própria Polícia Judiciária: o indiciamento é ato de vontade jurídica, sob o manto do princípio da juridicidade, a representar a vontade do próprio Estado-investigador. A forma deve veicular essa manifestação de vontade da autoridade pública autora do ato administrativo-processual penal. *O objeto, como pressuposto de existência do ato jurídico de indiciamento do investigado,* deve compreender ato que trate de algum assunto congruente com o teor dos autos, sendo assim composto dos conteúdos declarados que serviram de fundamento para a tomada de decisão à luz da atuação conforme a lei e o Direito (art. 2º, parágrafo único, da Lei 9.784/99).

Quanto aos elementos de validade (b), a competência para a confecção do ato jurídico de indiciamento é dada pela portaria de instauração que, fundada em lei, atribui, em forma de dever-poder, esse múnus para a eficiente persecução penal a cargo do Estado. Um efeito finalístico do ato de indiciamento do investigado consiste, na maior parte dos casos, em dar início às providências para o encerramento da investigação, apontando as conclusões indiciárias do que até então fora apurado. Indiciado o investigado, propicia-se um aprimoramento de elementos e de circunstâncias para a fundamentação da acusação formal do Ministério Público, oportunizando-se, por outro lado, ao indiciado, a previsibilidade – pela óptica do princípio da não surpresa e do ato administrativo próprio – de amplitude da fase processual em contraditório, método este, também, de especial garantia de contraditório e de ampla defesa.

A forma é a escrita, seguindo o padrão de todo inquérito policial, redigida de maneira clara e detalhada, em que se declinam os indícios de autoria e as provas das materialidades dos ilícitos penais apurados. Normalmente se dá com o encerramento de todas as diligências logicamente possíveis para a conclusão do processo investigativo pré-contraditorial. O objeto consiste na descrição dos indícios de autoria e de materialidade, inclusive com a capitulação legal atribuída aos fatos de repercussão penal.

3.2.3 O direito administrativo como fundamento do ato administrativo-processual penal de relatório da investigação criminal conduzida por delegado de polícia

Quanto ao ato de relatório conclusivo da investigação criminal, este ato corresponde ao encerramento da fase processual pré-contraditorial do processo penal, consistindo em ato técnico-jurídico em que a autoridade policial exerce juízo de valoração acerca da existência ou não de autoria e de materialidade do ilícito penal e de suas circunstâncias. Pode-se asseverar aqui que a concepção de "dizer se há ou não indícios de autoria e prova da materialidade", mesmo que assim se dê em uma atribuição *prima facie* (de prelibação sumária), perpassa pela necessidade lógica – e, destarte, lógico-jurídica – de a autoridade policial analisar os elementos tripartidos da definição do conceito de crime (naquilo que for compatível com um juízo de prelibação sumário, preliminar): o fato típico e seus elementos; o fato ilícito e seus elementos; e o fato culpável e os seus elementos.

No que tange aos *pressupostos de existência do ato jurídico de relatório da investigação criminal* (a), da mesma forma que ocorre com o ato de indiciamento, o relatório, como ato final e de encerramento da persecução investigativa, pauta-se, ao menos de forma indireta, na existência de relação processual entre Estado-investigador e investigado, firmada pelo pressuposto da existência e da validade da portaria instauradora (*investidura, competência, finalidade, forma, motivo e objeto*),[61] exordial do processo investigativo pré-contraditorial. Com efeito, também deve ser editado por autoridade pública competente – no caso, a autoridade policial atuante no feito –, a quem possa ser reportada a manifestação de vontade da Administração Pública (a Polícia Judiciária), no bojo de uma relação processual existente. *Quanto aos elementos de validade do relatório final conclusivo da investigação criminal* (b), a autoridade policial, a par de investigar legalmente, deve estar em pleno exercício da função pública e, sem embargo, designada legalmente para a atuação no feito investigativo, de modo a delinear, assim, o *sujeito competente* para as conclusões finais da fase pré-contraditorial do processo penal. A finalidade do relatório da investigação criminal é a de exarar a valoração jurídica sobre os fatos de repercussão criminal, abordando todas as questões de fato e de direito para o deslinde a cargo do Ministério Público e do Poder Judiciário. A forma é a escrita, devidamente assinada pela autoridade policial responsável pelo ato jurídico. O motivo é o oferecimento da compreensão de repercussões jurídicas do fato submetido à apuração criminal. O objeto compreende o juízo de valor acerca da autoria e da materialidade do ilícito penal.

O *ato de relatório final do processo criminal pré-contraditorial* (assim como os demais atos da investigação criminal) não requer qualquer requisito de eficácia específico, não dependendo de publicação, ou de publicidade, e, tampouco, de notificação ou de intimação do investigado, para qualquer manifestação. Findo, submetem-se os autos da investigação criminal à autoridade ou ao particular competente, para os fins previstos em direito: juízo de valor sobre a apresentação de eventual denúncia ou queixa-crime.

---

[61] MEIRELLES, H. L., *op. cit.*; JUSTEN FILHO, M., *op. cit.*; e MELLO, C. A. B., *op. cit.*

CAPÍTULO 4

A NECESSIDADE DE RETORNO À ORIGEM: O DIREITO ADMINISTRATIVO COMO FUNDAMENTO DO PROCEDIMENTO OU PROCESSO DE INVESTIGAÇÃO CRIMINAL

Diante do que se expôs no capítulo anterior, imperiosa é a compreensão da origem do direito de Polícia Judiciária, partindo-se da premissa de que todos os atos realizados no bojo da investigação criminal são, antes de tudo, atos jurídicos de natureza administrativa. Todavia, destinados a terem seus efeitos sentidos no âmbito do processo penal, como face do *ius persequendi* e do *ius puniendi* estatais. Essa essência administrativa e a sua transposição para o ambiente processual penal não prescindem de uma análise detida.

Isso se fará nos itens que se seguem, abordando a relação jurídica, os atos administrativos estruturantes e a cronologia procedimental do processo administrativo, como predeterminantes da concepção de investigação criminal e de nulidades jurídicas processuais.

4.1 A relação jurídica, os atos administrativos estruturantes e a cronologia procedimental do processo administrativo: os predeterminantes da concepção de investigação criminal e de nulidades jurídicas processuais

O direito administrativo e o fenômeno de projeção para o âmbito do direito de Polícia Judiciária compreendem uma conjugação inter-relacional complexiva a formatar uma face técnica de concreção de direitos fundamentais. Trata-se de inovação que se forma por inferência do contexto constitucional, com a necessidade de justificação para o início da relação jurídica processual não somente sob a óptica do direito processual, mas também sob o amparo do direito material. Isso se constata por meio de uma análise fenomenológica dos institutos *ato administrativo*, *ato processual penal* e *processo punitivo*, como componentes do *devido processo legal*. Conclui-se que *processo*, *ato* e *delito* interagem para atrair a *juridicidade* do sistema punitivo geral e dar azo à justiça das decisões jurídico-administrativas para as autoridades de Polícia Judiciária, jurídicas, para os membros do Ministério Públicos e judiciais, para os juízes.

Nesses moldes, para o exercício de atividade funcional de investigação criminal na qualidade de responsável pela presidência do inquérito policial, fase processual criminal pré-contraditorial, notadamente há de se falar ser ela também objeto do direito administrativo,[62] afeta à seara da Administração Pública, que, assim, age de modo distintamente peculiar do operar dos sujeitos e atores inseridos somente no processo penal isoladamente – a autoridade de Polícia Judiciária atua no processo penal por meio de atos administrativos que se dedicam a moldarem efeitos administrativos materiais em um momento pré-criminal (ou seja, em um momento material, substantivo) e, sem embargo, em um momento formal, processual penal.[63] Nisso, caracteriza-se por sua natureza híbrida, administrativa material e penal processual, submetendo-se, assim, a duas ordens de requisitos de validade, a material, administrativa, e a formal ou processual, de caráter criminal. É, destarte, bifronte: administrativo-criminal, ou administrativo-penal.

Essa submissão à ordem normativa de requisitos de nulidades administrativas materiais, requisitos de validades dos atos administrativos – *v.g.*, competência, finalidade, forma, motivo e objeto –, destina-se ao exercício de uma espécie de autotutela[64] dos interesses – e

---

[62] Aqui, trata-se de função atípica de aplicação do direito ao caso concreto em sede de Administração Pública, função essa atípica do Poder Executivo. Sob essa óptica, assinala Paulo Afonso Cavichioli Carmona que "o objeto do Direito Administrativo é, portanto, a função administrativa, onde quer que ela se encontre, seja como função típica do poder Executivo, seja como atípica dos outros Poderes, Judiciário e Legislativo" (CARMONA, P. A. C. *Das normas gerais*: alcance e extensão da competência legislativa concorrente. Belo Horizonte: Editora Fórum, 2010. p. 70).

[63] LLOBREGAT, J. G. *Derecho administrativo sancionador práctico*. Barcelona: Editorial Boch, 2012. v. 1, p. 118 *et seq.*; v. 2, p. 36; e NIETO, A. *Derecho administrativo sancionador*. 5. ed. Madrid: Tecnos, 2012, p. 30.

[64] MEDAUAR, O. *A processualidade no direito administrativo*. 2. ed. São Paulo: Revista dos Tribunais, 2003. p. 65-74.

aqui envolto do interesse público e coletivo[65] e dos interesses dos direitos constitucionais fundamentais[66] – por meio de instrumentos bem característicos de sua função gestora, não proprietária,[67] da coisa pública. Nesse plexo de coisas, inserem-se as categorias dos atos administrativos, dos procedimentos e dos processos e de suas teorias e princípios normativos, em uma relação complexa de instrumentalidade e correlação,[68] destinadas às modulações dos efeitos dos atos produzidos pelas autoridades de Polícia Judiciária no ambiente processual penal.[69] Essas categorias são elementares ao regime jurídico da persecução criminal, que se encontra estampado em textos normativos diversificados, carentes de modelagem ao amparo do atual *Estado Constitucional de Direito da Persecução Criminal* e submetido à interpretação e aplicação à luz das teorias afetas ao Direito, mormente as teorias (i) geral do processo e (ii) das nulidades do ato administrativo.[70]

A instrumentalidade e a correlação entre ato, procedimento e processo situam-se na dependência do peculiar objeto desse ramo do Direito[71] e, pela força da normatividade constitucional do atual Estado Constitucional de Direito, estendem-se *extramuros* do direito

---

[65] CRETELLA JUNIOR, J. *Tratado de direito administrativo*: teoria do direito administrativo. Rio de Janeiro: Forense, 1966. v. 1, p. 110-142.

[66] JUSTEN FILHO, M., *op. cit.*

[67] MELLO, O. A. B. *Princípios gerais de direito administrativo*. Rio de Janeiro: Forense, 1979. v. 2; e _____. *Princípios de direito administrativo*. 3. ed. São Paulo: Malheiros, 2007. v. 1. Nesse mesmo sentido, Ruy Cirne Lima esclarece que "a palavra administração, nos quadros do direito privado, designa a atividade do que não é proprietário – do que não é senhor absoluto. (...) opõe-se a noção de administração à de propriedade nisto que, sob administração, o bem se não entende vinculado à vontade ou personalidade do administrador, porém à finalidade impessoal a que essa vontade deve servir" (LIMA, R. C. *Princípios de direito administrativo*. São Paulo: Malheiros, 2007. p. 36-37).

[68] A complexidade aqui investigada como fenômeno jurídico pode ser identificada com a teoria da complexidade, estudada por Edgar Morin (MORIN, E. *Introdução ao pensamento complexo*. 5. ed. Trad. Eliane Lisboa. Porto Alegre: Editora Sulina, 2015; e _____. *O método 6*: ética. 4. ed. Trad. Juremir Machado da Silva. Porto Alegre: Editora Sulina, 2011).

[69] COSTA, J. A. *Teoria e prática do processo administrativo disciplinar*. 3. ed. Brasília: Brasília Jurídica, 1999; _____. *Incidência aparente de infrações disciplinares*. Belo Horizonte: Fórum, 2004; _____. *Direito disciplinar*: temas substantivos e processuais. Belo Horizonte: Fórum, 2008; e _____. *Direito administrativo disciplinar*. 2. ed. São Paulo: Método, 2009.

[70] Sobre essa transposição aplicada ao processo administrativo da Administração Pública, o que, por tudo isso, aplica-se à investigação criminal conduzida por delegado de polícia, cf.: DEZAN, S. L. *Nulidades no processo administrativo disciplinar*. Curitiba: Juruá, 2016.

[71] Sobre o regime jurídico administrativo, em sentido lato, conferir, por todos: MELLO, C. A. B. *Curso de direito administrativo*. 32. ed. São Paulo: Malheiros, 2015.

administrativo para o direito processual penal, ao qual devem surtir efeitos.[72]

Cada repartição epistemológica possui objetos sensivelmente distintos uns dos outros, o que lhes atribui diferenciadas autonomias científicas, mas, todavia, no direito de Polícia Judiciária, permeado pelo direito administrativo a formar o direito administrativo de Polícia Judiciária, esses objetos de repartições epistemológicas não se confundem, mas se complementam, e os atos administrativos materiais vertem-se em atos jurídicos administrativos materiais-processuais, na medida em que são produzidos por autoridade administrativa, a autoridade de Polícia Judiciária, a autoridade policial, da esfera do Poder Executivo, para produzirem efeitos em ambiente processual penal. O processo civil e o processo penal, jurisdicionalizados e dotados, por isso e em tese, de uma maior certeza de concreção do Direito e de pacificação social, instrumentalizam os seus processamentos de modo sensivelmente distinto dos processos administrativos, mormente no caso brasileiro, em que, nestes últimos, de caracteres não contenciosos, não há o exercício da jurisdição,[73][74] mas, no caso do direito administrativo de Polícia Judiciária, os atos administrativos produzidos pela autoridade policial submetem-se aos efeitos da jurisdição, na medida em que são exauridos no bojo de um processo jurisdicional ou jurisdicionalizável, qual seja, o processo penal em sentido lato (investigação criminal) e em sentido estrito (processo penal em contraditório).

---

[72] Cf. DEZAN, S. L. Prólogo sobre a investigação criminal e sua teoria comum: o inquérito policial como fase do processo criminal. In: ZANOTTI, Bruno Taufner; SANTOS, Cleopas Isaías (Org.). *Temas avançados de polícia judiciária.* Salvador: Juspodivm, 2015. p. 21-34; e DEZAN, S. L. Os contornos jurídicos da cognição no indiciamento do investigado no inquérito policial: breves notas sobre o caráter objetivo e subjetivo-mitigado, limitado e não exauriente do ato de indiciamento. In: ZANOTTI, Bruno Taufner; SANTOS, Cleopas Isaías (Org.). *Temas atuais de polícia judiciária.* Salvador: Juspodivm, 2015. p. 255-276.

[73] CORREIA, S. *Direito do contencioso administrativo.* Lisboa: Lex Editora, 2005. v. 1.

[74] Maurice Hauriou ressalta que existe uma dualidade para os casos de soluções administrativas em que as não judicializadas, decididas pela própria Administração Pública, seriam levadas a efeito por meio de atos administrativos, ao passo que nas soluções judicializadas, no caso da experiência francesa por via do contencioso administrativo, haveria de fato uma solução em forma de decisão, na hipótese de real natureza jurisdicional. Deste modo, dois seriam os campos de resolução dos processos: o primeiro, no seio da própria Administração; o segundo, no bojo do processo jurisdicional de contencioso administrativo. Cf. HAURIOU. M. *La gestion administrative*: étude théorique de droit administratif. Paris: Éditions Dalloz, 2010, páginas do *"avant-propos"*, especialmente a que se refere a "la dualité des décisions administratives".

Atos e *procedimentos administrativos* viabilizam a atuação da investigação criminal conduzida pela autoridade de Polícia Judiciária da Administração Pública. São instrumentos aplicados à concretização desse mister, surtindo efeito no processo penal. Agem, assim, instrumentalmente, por meio de categorias jurídicas de direito penal, processual penal, administrativo e processual administrativo, em que as categorias administrativas e processuais administrativas, ao adentrarem em ambiente processual penal, desnaturam-se em sua essência, para a tutela de direitos fundamentais dos investigados em geral – e tudo isso ao amparo da normatividade principiológica e das regras constitucionais.[75]

Por via reflexa, a par da apuração penal e por força do princípio da responsabilização à vista dos direitos e garantias fundamentais, vislumbra-se a busca de aplicação da ordem normativa legalmente definida como apropriada à fase pré-contraditorial processual criminal e, assim, à atuação do escopo tutelar da Administração Pública na manutenção do bem individual e comum coletivo. Para tanto, no desencadeamento do processo investigativo, o Estado age com base nas noções dos princípios da obrigatoriedade, da oficiosidade e da oficialidade, como faceta da indisponibilidade do interesse público, sinônimo de concretização de direitos fundamentais.[76] Logo, atos administrativos e procedimentos administrativos, no campo da atuação da Polícia Judiciária, submetem-se a regime jurídico apropriado aos fins específicos do instrumento apuratório. Atos e procedimentos (processos)[77] administrativos-investigativos criminais harmonizados com a ordem jurídica impulsionam o Estado-investigador à operacionalização do dever-poder de controle dos direitos fundamentais do investigado, ao amparo do devido processo legal.

A apuração de indícios de autoria e a prova da materialidade da conduta delitiva, com o delineamento da subsunção da conduta

---

[75] DEZAN, S. L. Prólogo sobre a investigação criminal e sua teoria comum: o inquérito policial como fase do processo criminal. In: ZANOTTI, Bruno Taufner; SANTOS, Cleopas Isaías (Org.). *Temas avançados de polícia judiciária*. Salvador: Juspodivm, 2015. p. 21-34; e DEZAN, S. L. Os contornos jurídicos da cognição no indiciamento do investigado no inquérito policial: breves notas sobre o caráter objetivo e subjetivo-mitigado, limitado e não exauriente do ato de indiciamento. In: ZANOTTI, Bruno Taufner; SANTOS, Cleopas Isaías (Org.). *Temas atuais de polícia judiciária*. Salvador: Juspodivm, 2015. p. 255-276.

[76] JUSTEN FILHO, M., *op. cit.*

[77] Cf. PEREIRA, E. S. *O processo (de investigação) penal*: o "nó górdio" do devido processo. 2018. 603 f. Tese (Doutoramento em Direito) – Escola de Direito de Lisboa, Universidade Católica Portuguesa (UCP), Lisboa, 2018.

do agente infrator à descrição formal do estipulado no direito-texto, constituem a função do dever-poder em voltas ao direito de Polícia Judiciária.[78] Assim, trata-se de composto do direito de apurar a autoria e a materialidade, fornecendo a justa causa para o processo penal em sentido estrito, mas não para processar e punir o autor do delito, cuja essência, juntamente com a competência jurisdicional dos órgãos do Poder Judiciário, compõe em sua totalidade o *ius persequendi* e o *ius puniendi* de caráter penal geral do Estado, confirmando a *unicidade* ou *indivisibilidade* do direito de punir estatal.

O direito administrativo de Polícia Judiciária, embora à vista de sua típica processualidade, perfaz ramo do direito processual penal, como processo penal em sentido *lato*, amplo.[79][80] Afirma-se isso conquanto a sua aplicação envolva claramente (a par da interpretação de suas normas de modo, sem perder de vista as suas origens de direito administrativo empregado na realização do bem comum, do bem coletivo, os direitos de garantias dos particulares e investigados envolvidos nas questões examinadas) o dever-poder de afastar-se de uma ampla defesa e um contraditório total, na medida em que se trata ainda de fase investigativa e, destarte, cautelar em um sentido mais abrangente.[81]

Como participativo dos ramos dos direitos processual penal, ou persecutório estatal punitivo e, sem embargo, geral administrativo, o direito administrativo de Polícia Judiciária equilibra a busca do bem

---

[78] NIETO, A., *op. cit.*

[79] DELLIS, G. *Droit pénal et droit administratif*: l'influence des principes du droit pénal sur le droit administratif répressif. Paris: Librairie Générale de Droit et Jurisprudence; E.J.A, 1997. p. 31 *et seq.*

[80] Nesse sentido, "al respecto, con apoyo en la dogmática como ciencia del Derecho que tiene como fundamento la identificación de las instituciones a partir de un trabajo conceptual fundado en las diferencias y semejanzas, así como en las nociones de género a especie o de especie a especie, Carlos Arturo Gómez Pavajeau, sostiene que el Derecho penal y el Derecho disciplinario son dos especies, junto a otras, del Derecho sancionador o *ius puniendi* del Estado" (CASTILLO, J. A. Z. *et al*. El injusto en el derecho disciplinario *Revista Derecho Penal y Criminología*, v. 34, n. 97, p. 162, jul./dez. 2013).

[81] Nessa linha, sem óbices à aplicação de teorias e princípios de direito processual civil, assimila-se a ideia de aplicação de teorias e princípios processuais penais, a declinar a complexa interação entre o direito punitivo administrativo e os ramos jurisdicionais do direito processual brasileiro. Essa tendência adveio de tradição estrangeira, mormente "a partir de um posicionamento cristalizado pelos juristas espanhóis de que o *ius puniendi* estatal é único, consagrou-se a aplicação dos princípios penais e processuais penais ao Direito Administrativo sancionador" (GUARDIA, G. E. R. S. Princípios processuais no direito administrativo sancionador: um estudo à luz das garantias constitucionais. *Revista da Faculdade de Direito de São Paulo*, v. 109, p. 776, jan./dez. 2014).

comum, representado pelo dever de elucidação dos crimes e das contravenções penais, com a busca da realização do interesse público, no caso *in concreto* e ao amparo do atual Estado Democrático de Direito, da concreção de direitos fundamentais para, em certa medida e, assim, sem perder de vista a face do direito administrativo que o coordena, a garantia de prestação de serviços públicos eficientes, contínuos e higidamente legais, constitucionais, portanto, para a garantia dos direitos dos investigados e das eventuais partes envolvidas na provável futura relação processual penal em contraditório.

Isso assim se procede de modo a não suplantar a dignidade e demais valores representados na ordem normativa de todo e qualquer investigado e/ou acusado à supremacia do interesse público,[82] o que já se afere pacífico em sede de direito penal e se estende ao direito administrativo em seu vértice investigativo. Com efeito, caracteriza, de modo pormenorizado, a tese da unicidade complexa e reflexiva[83] do poder punitivo do Estado, malgrado epistemologicamente subpartida em suas duas manifestações, quais sejam a penal e a administrativa, em que "la potestad administrativa sancionadora, al igual que la potestad penal de los Jueces y Tribunales, forma parte de un genérico *ius puniendi* del Estado, que es único aunque luego se subdivide en estas dos manifestaciones".[84]

O sistema jurídico formado em decorrência do conjunto de normas de direitos e de garantias fundamentais atinentes aos acusados em geral, limitativos – ou, mais precisamente, balizadores – do *ius persequendi* e do *ius puniendi* estatal, perfaz faceta de um mais abrangente direito penal estatal, como poder de controle, organização, proteção e de responsabilização geral do Estado a impor a interconexão entre o direito processual penal e o direito administrativo, assim como entre o direito penal e o direito processual administrativo, de modo que todos os princípios de tutela de direitos fundamentais do investigado convirjam desses ramos para a conformação no processo penal, pela

---

[82] NIETO, Alejandro, *op. cit.*, p. 25.

[83] Para afirmar a conexão com a "ética da complexidade" de Edgar Morin, cf. MORIN, E. A inteligência da complexidade. *Ensaios Thot, Associação Palas Athena*, São Paulo, n. 67, p. 12-19, 1998; _____. Da necessidade de um pensamento complexo: para navegar no século XXI – tecnologias do imaginário e cibercultura. Porto Alegre: Sulina, 2003; _____. *O método 6*: ética. 4. ed. Trad. Juremir Machado da Silva. Porto Alegre: Editora Sulina, 2011; e _____. *Introdução ao pensamento complexo*. Trad. Eliane Lisboa. 5. ed. Porto Alegre: Sulina, 2015.

[84] NIETO, A., *op. cit.*, p. 46.

óptica procedimental da investigação criminal do direito administrativo de Polícia Judiciária.[85]

Com efeito, há um sistema geral afeto ao *ius persequendi* e ao *ius puniendi* estatal penal, todavia, esse sistema geral encontra-se limitado em seus contornos de persecução e de coerção por normas jurídicas, princípios e regras, de garantias direcionadas ao respeito da dignidade humana do investigado e do réu, colhendo, pelas vertentes dos ramos do direito administrativo, material e processual, as teorias das nulidades, instrumentais à atuação da autoridade policial, com vistas à manutenção da investigação criminal nos limites das balizas do Estado Democrático e Constitucional de Direito. O plexo sistemático criminal persecutório e punitivo, embora de contornos abalizados ao Estado Democrático e Constitucional de Direito, irradia normatividade também ao sub-ramo do direito administrativo e do direito administrativo ao direito processual penal, em uma via de mão dupla, submetendo a atuação funcional da autoridade policial no bojo do processo penal ao sistema de normas processuais penais, sem, contudo, perder de vista o sistema de direito administrativo, em todo o seu espectro e análise, interpretação e aplicação, sob os parâmetros de um *direito sancionador geral*.[86]

São atraídas, assim, regulações diversas de garantias na concepção e formação das normas e nas suas execuções, a exemplo das obrigações (i) ao legislador quanto à edição das normas de natureza funcionais e (ii) às autoridades administrativas encarregadas

---

[85] Nesse sentido, conferir: DELLIS, G. *Droit pénal et droit administratif*: l'influence des principes du droit pénal sur le droit administratif répressif. Paris: Librairie Générale de Droit et Jurisprudence; E.J.A, 1997; CHAINAIS, C.; FENOUILLET, D.; GUERLIN, G. *Les sanctions en droit contemporain*: la sanction, entre technique et politique. Paris: Dallos, 2012. v. 1; CHAINAIS, C.; FENOUILLET, D.; GUERLIN, G. *Les sanctions en droit contemporain*: la motivation des sanctions prononcées en justice. Paris: Dallos, 2013. v. 2; e BENESSIANO, W. *Légalité pénale et droits fondamentaux*. Marseille: Universitaires D'Aix-Marseille, 2011.

[86] A par dos princípios constitucionais de garantia estendidos a todos os acusados, consoante previsão da Constituição brasileira de 1988, mister atentar para o fato de não se tratar de um rol fechado de direitos, *numerus clausus*. Anote-se que "a Carta Constitucional, ainda, reconhece expressamente os direitos e garantias decorrentes dos tratados internacionais em que o Estado seja parte, nos termos do art. 5º, parágrafos 2º e 3º. No que concerne à matéria processual, insta mencionar o Pacto Internacional sobre Direitos Civis e Políticos, de 1966, promulgado por Decreto do Presidente da República (n. 592, de 6 de julho de 1992), e a Convenção Americana sobre os Direitos Humanos (Pacto de São José da Costa Rica), de 22 de novembro de 1969, que passou a integrar o ordenamento brasileiro por força do Decreto n. 678, de 6 de novembro de 1992" (GUARDIA, G. E. R. S., *op. cit.*, p. 781). Sobre a normatividade vinculante dos documentos de direito internacional público, conferir, por todos: VARELLA, M. D. *Direito internacional público*. 4. ed. São Paulo: Saraiva, 2012.

da interpretação e aplicação da norma, para a observância, *e.g.*, da atuação conforme a lei e o Direito, da utilização de método de valoração de provas coerente e harmônico com outros ramos do Direito, da proibição de retroatividade da lei não interpretativa, da proibição de definição aberta de ilícitos ou sanções, da proibição da previsão de responsabilidade objetiva, do devido processo legal etc. Assim, o direito processual penal, de uma forma geral, em uma espécie de "romance em cadeias"[87] – porém, cujos coadjuvantes comportam o Legislativo e o Executivo –, passa a ser regulado por suas normatividades sistêmicas preexistentes, orientando de modo teleológico o campo das possibilidades de validades normativas.

Isso nos faz assinalar a necessidade de desconstrução das ideias preconcebidas de rígidas autonomias ente os diversos ramos do Direito. O Estado se vale de instrumentos normativos semelhantes para a repressão e controle, quer seja da ordem pública e geral, quer seja da ordem interna das corporações e dos órgãos dos serviços públicos. "A repressão penal tem de fato uma natureza pública; ela é uma manifestação do poder público, assim como a maior parte das ações administrativas"[88] e, dentro dessa concepção publicística do Direito, "segundo a teoria positiva prevalecente, o direito, ordem social de conduta humana, é um fenômeno homogêneo que não deve ser um objeto fragmentado".[89] Há de se conceber normas semelhantes (ou mesmo idênticas e interdisciplinares) para a obtenção de efeitos semelhantes. Entre os ramos do direito punitivo geral, os princípios exercem esse importante papel de uniformidade do exercício do poder do Estado e da certeza jurídica de suas ações na atividade de persecução apuratória e punitiva.

Em que pese o interesse público, para a investigação criminal, ser teleologicamente dosado em harmonioso equilíbrio pelos direitos e garantias fundamentais do investigado, não se pode dizer que nesse tema opera uma tendência à disposição desse interesse. Pelo contrário, não há mera faculdade de desencadeamento da persecução investigativa. O que de fato ocorre é uma imposição legal de apuração do ilícito penal, consoante a concepção de que a elucidação da autoria

---

[87] Em uma espécie de vinculações angariadas nas normas postas e a ditar as normas futuras, conforme método idealizado por Ronald Dworkin em sua obra *O império do Direito* (São Paulo: Martins fontes, 2007).

[88] *Ibidem*, p. 1-2.

[89] DWORKIN, R., *op. cit.*, p. 1-2.

e da materialidade do crime a todos interessa e o processo e a punição do autor são medida estatal para o harmônico convívio em sociedade. Nesses termos, afere-se a obrigatoriedade delimitada pelos contornos da oficialidade e da oficiosidade. O primeiro instituto, a oficialidade, a declinar a natureza oficial, pública, do processo, o segundo, a sua essência de tratar-se de uma "marcha" a mover-se por impulso *ex officio*, para o deslinde das questões apuradas. A autoridade de Polícia Judiciária, com efeito, tem o dever de apurar as notícias de fatos considerados crimes ou contravenções penais, balizados pelas regras de atribuições funcionais gerais.[90]

Na fase em contraditório do processual penal – este afeto, de regra, ao Poder Judiciário, a partir do exercício da jurisdição, imparcial, substitutiva das partes e definitividade da decisão –, o *ius persequendi* pertence ao Estado, no caso em voga o Estado em sua função executiva, administrativa, o que podemos denominar de Estado-Administração e, mais especificamente, *Estado-investigador.* Nesses moldes, partindo de atos de ofício, após o conhecimento da notícia do ilícito, o Estado, no exercício da função administrativa *atípica investigativa e de investigação criminal*, desencadeia uma série de atos administrativos *stricto* e *lato sensu* (*atos administrativos-processuais-penais: atos jurídicos híbridos*, portanto) correlacionados, com finalidades específicas, a envolver, compulsoriamente, por força de império e em razão de seu dever-poder de apuração de ilícitos penais, eventual investigado, suposto autor de ilícito penal.[91]

A investigação criminal, nesses moldes, é desenvolvida inteiramente pela Administração Pública, na qualidade de Polícia Judiciária, compreendendo o exercício do *ius persequendi* – a investigação, como

---

[90] PEREIRA, E. S. *Teoria da investigação criminal*: uma introdução jurídico-científica. Lisboa: Almedina, 2010; _____. *Investigação, verdade e justiça*: a investigação criminal como ciência na lógica do Estado de Direito. Porto Alegre: Núria Fabris, 2014; _____. *Introdução às ciências policiais*: a polícia entre ciência e política. Lisboa: Almedina, 2015; SANTOS, C. J., *op. cit.*; e DEZAN, S. L. Prólogo sobre a investigação criminal e sua teoria comum: o inquérito policial como fase do processo criminal. In: ZANOTTI, B. T.; SANTOS, C. I. (Org.). *Temas avançados de polícia judiciária*. Salvador: Juspodivm, 2015. p. 21-34.

[91] DEZAN, S. L. Prólogo sobre a investigação criminal e sua teoria comum: o inquérito policial como fase do processo criminal. In: ZANOTTI, Bruno Taufner; SANTOS, Cleopas Isaías (Org.). *Temas avançados de polícia judiciária*. Salvador: Juspodivm, 2015. p. 21-34.; _____. *Nulidades no processo administrativo disciplinar*. Curitiba: Juruá, 2016; e _____. *Fenomenologia e hermenêutica do direito administrativo*: para uma teoria da decisão administrativa. Porto: Juruá Editorial, 2018.

faceta do processo penal, servido à justa causa da fase processual penal em contraditório – o processo penal estrito.

De toda forma, a investigação criminal não é ato meramente executivo e o direito da Administração Pública, representada pela Polícia Judiciária, apurar os ilícitos penais é veiculado por meio de instrumentos jurídicos apropriados para esse fim específico e legalmente previstos na ordem normativa, mas não somente na legislação afeta ao direito processual penal. Envolve diplomas legais afetos à organização da Administração Pública, mas não só: há de se falar em normas de direito administrativo, materiais e processuais, que exaurem efeitos ou repercussões jurídicas no próprio processo penal, e isso se dá de modo direito.[92] Consubstanciam-se, dentro do plexo do direito administrativo de Polícia Judiciária, verdadeiro regime jurídico híbrido – formados por um encadear finalístico de atos administrativos e, para o processo, também de atos processuais (atos administrativos-processuais-penais), o que, no exemplo do Direito português, se denomina *concertação*[93] –, do qual o processo é espécie caracterizada pela existência *prima facie*, quanto à ocorrência do ilícito, de indícios de autoria e de materialidade. Destarte, patente, por essa constatação inicial, a formação de um litígio entre Administração e, após o indiciamento, o investigado indiciado, desenvolvido em um ambiente processual público, propício à acusação e ao início de exercício de contraditório e de defesa.[94]

---

[92] DEZAN, S. L. Prólogo sobre a investigação criminal e sua teoria comum: o inquérito policial como fase do processo criminal. In: ZANOTTI, Bruno Taufner; SANTOS, Cleopas Isaías (Org.). *Temas avançados de polícia judiciária.* Salvador: Juspodivm, 2015. p. 21-34.; _____. Os contornos jurídicos da cognição no indiciamento do investigado no inquérito policial: breves notas sobre o caráter objetivo e subjetivo-mitigado, limitado e não exauriente do ato de indiciamento. In: ZANOTTI, Bruno Taufner; SANTOS, Cleopas Isaías (Org.). *Temas atuais de polícia judiciária.* Salvador: Juspodivm, 2015. p. 255-276; _____. *Nulidades no processo administrativo disciplinar.* Curitiba: Juruá, 2016; e _____. *Fenomenologia e hermenêutica do direito administrativo:* para uma teoria da decisão administrativa. Porto: Juruá Editorial, 2018.

[93] MONCADA, L. S. Cabral de. *A relação jurídica administrativa:* para um novo paradigma de compreensão da atividade, da organização e do contencioso administrativo. Coimbra: Coimbra Editora, 2009. p. 143.

[94] COSTA, J. A. *Teoria e prática do processo administrativo disciplinar.* 3. ed. Brasília: Brasília Jurídica, 1999; _____. *Incidência aparente de infrações disciplinares.* Belo Horizonte: Fórum, 2004; _____. *Direito disciplinar:* temas substantivos e processuais. Belo Horizonte: Fórum, 2008; _____. *Direito administrativo disciplinar.* 2. ed. São Paulo: Método, 2009; _____. *Processo administrativo disciplinar:* teoria e prática. 6. ed. Rio de Janeiro: Forense, 2010; CRETELLA JUNIOR, J. *Direito administrativo do Brasil:* processo administrativo. São Paulo: Revista dos Tribunais, 1962. v. 5.

Há de se verificar a interconexão entre a imprescindibilidade de apontamentos e os contornos da infração administrativa para a sua higidez diante da regulação jurídica da relação processual. Aqui se demonstra a necessidade do processo servir à concreção do direito material, no caso o direito de defesa do acusado à vista do direito de punir do Estado, em que a instrumentalidade do processo e de seus procedimentos se aclara, para levá-lo a um patamar de busca da efetividade como instrumento de ética e de justiça.[95] [96]

Por outro lado, em um caráter de interdisciplinaridade contrária à epistemologia estrita, imperioso se faz anotar que, se o direito administrativo e o seu ramo processual correlato devem repercutir efeitos no processual penal quando do trato da investigação criminal, anotem-se ainda o sentido proposto em nossos estudos anteriores,[97] ao alinhavarmos que o novo Código de Processo Civil brasileiro, Lei 13.105/2015, inovando o ordenamento jurídico quanto às prescrições normativas expressas, estipula, em seu artigo 15, que "na ausência de normas que regulem processos eleitorais, trabalhistas ou administrativos, as disposições deste código lhes serão aplicadas supletiva e subsidiariamente".[98] Assim, vislumbra-se uma cláusula de abertura normativa que propicia que os institutos que se põem a prescrever nulidades processuais no processo civil ingressem, inadvertidamente, no processo penal, por intermédio da investigação criminal administrativizada.[99] Ou seja, as nulidades do processo civil

---

[95] BEDAQUE, J. R. S. *Direito e processo*: influência do direito material sobre o processo. São Paulo: Malheiros, 2003.

[96] "O processo administrativo oferece possibilidade de atuação administrativa com justiça. Encontra-se mesmo a afirmação de que 'o núcleo de todas as teorias clássicas do procedimento é a relação com a verdade ou com a verdadeira justiça como objetivo'. O processo administrativo direciona-se à realização da justiça não só pelo contraditório e ampla defesa vistos do ângulo do indivíduo, mas também por propiciar o sopesamento dos vários interesses que envolvem a situação" (MEDAUAR, O. *A processualidade no direito administrativo*. 2. ed. São Paulo: Revista dos Tribunais, 2003. p. 38).

[97] DEZAN, S. L. *Nulidades no processo administrativo disciplinar*. Curitiba: Juruá, 2016; e _____. *Fenomenologia e hermenêutica do direito administrativo*: para uma teoria da decisão administrativa. Porto: Juruá Editorial, 2018.

[98] Novo Código de Processo Civil brasileiro, Lei 13.105/2015, art. 15.

[99] DEZAN, S. L. Prólogo sobre a investigação criminal e sua teoria comum: o inquérito policial como fase do processo criminal. In: ZANOTTI, Bruno Taufner; SANTOS, Cleopas Isaías (Org.). *Temas avançados de polícia judiciária*. Salvador: Juspodivm, 2015. p. 21-34; _____. Os contornos jurídicos da cognição no indiciamento do investigado no inquérito policial: breves notas sobre o caráter objetivo e subjetivo-mitigado, limitado e não exauriente do ato de indiciamento. In: ZANOTTI, Bruno Taufner; SANTOS, Cleopas Isaías (Org.). *Temas atuais de polícia judiciária*. Salvador: Juspodivm, 2015. p. 255-276; _____. *Nulidades no processo*

podem induzir nulidades no processo administrativo, que, por seu turno, podem induzir nulidades na investigação criminal a cargo da Polícia Judiciária, tudo isso em prol do dever de observância de direitos fundamentais do investigado.[100] Todavia, de modo analógico, já há muito se empregavam os preceitos do Código de Processo Civil ao processo administrativo, ao tratarem de regras gerais de aplicação das normas processuais.

As normas processuais civis e as suas teorias, dedicadas à identificação e à definição dos conceitos dos pressupostos processuais em sentido amplo (quer se tratem de elementos atinentes ao antigo conceito de *condição da ação*, quer se tratem dos pressupostos processuais de existência, de validade e de desenvolvimento regular do processo), *guardadas as devidas distinções entre as relações jurídicas processual civil e processual administrativa*, impõem-se, supletivamente e no que couber, ao procedimento e ao *processo administrativo*. Não obstante, assim se operam moduladas pelas diferenças estruturais típicas de cada relação jurídica de um e de outro ramo do Direito. Por outras palavras, o novo Código de Processo Civil brasileiro, Lei 13.105/2015, por meio de seu o artigo 15, passa a expressar de modo direto o que já era assente em doutrina, portando-se a aclarar o entendimento de que a *teoria geral do processo* (especificamente no ponto em que trata dos pressupostos processuais como fundamento à existência da relação jurídica e à existência e à validade do procedimento) é aplicável ao procedimento e ao processo administrativo, inclusive aos atos de Polícia Judiciária que compõem a investigação criminal como procedimento ou processo investigativo, conquanto seja a teoria adaptada a esse ambiente e às suas conformações jurídicas.

Na processualidade civil, à guisa de exemplo do enfrentamento dos pressupostos processuais e das *condições da ação* (estas conformadas agora também a pressupostos processuais), extensíveis à análise no processo administrativo, guardadas as peculiaridades e distinções entre os regimes jurídicos desses dois ramos do Direito, são os preceitos do art. 485 do novo Código de Processo Civil brasileiro, Lei 13.105/2015, que assinala que o órgão julgador não resolverá a questão de fundo da lide, exercendo, assim, um juízo de admissibilidade do mérito e

---

administrativo disciplinar. Curitiba: Juruá, 2016; e _____. *Fenomenologia e hermenêutica do direito administrativo*: para uma teoria da decisão administrativa. Porto: Juruá Editorial, 2018.

[100] *Ibidem.*

do próprio processo como um todo e, nesses termos, estipula que "art. 485. O juiz não resolverá o mérito quando: (...) IV – verificar a ausência de pressupostos de constituição e de desenvolvimento válido e regular do processo; (...) VI – verificar ausência de legitimidade ou de interesse processual; (...)".

Entender o processo administrativo como espécie de processo jurídico, em essência, é basilar ao desenvolvimento da tese que se apresenta, na medida em que é no ambiente processual que se forma todo o contexto jurídico a que se dedica a pesquisa. Sem embargo, a concepção do processo administrativo como espécie de processo jurídico é fundamental ao desenvolvimento da própria disciplina do Direito a que se aporta, inserindo-a em um plexo maior de regulações jurídicas, proveniente da recepção da teoria geral do processo. Esclareçamos, pois, as noções fundamentais acerca da processualidade *em sentido lato* para o processo administrativo e sua extensão à investigação criminal como processo administrativo e penal: a distinção entre procedimento e processo administrativo e as relações subjetivas e as atribuições inseridas na – e estruturantes da – investigação criminal processualizada.[101]

4.2 A processualidade administrativa (aplicada à investigação criminal da polícia judiciária) e a atuação conforme a lei e o Direito

A lei e o sistema normativo oferecem os limites de ação da Polícia Judiciária e assim se infere para a atividade processual de investigação criminal. A lei, outrora única orientadora do agir processual-administrativo-criminal, agora sofre as modulações do direito, ambos, lei e direito, operados pela autoridade policial, autoridade de Polícia Judiciária, para a concreção dos fins públicos da Administração-investigativa e do Estado-investigador, que, no caso dos processos jurídicos, passam a dispor de margens de manobras amplas, similarmente ao substrato que detém o Poder Judiciário na

---

[101] Cf. PEREIRA, E. S. *O processo (de investigação) penal*: o "nó górdio" do devido processo. 2018. 603 f. Tese (Doutoramento em Direito) – Escola de Direito de Lisboa, Universidade Católica Portuguesa (UCP), Lisboa, 2018; e DEZAN, S. L. Prólogo sobre a investigação criminal e sua teoria comum: o inquérito policial como fase do processo criminal. In: ZANOTTI, Bruno Taufner; SANTOS, Cleopas Isaías (Org.). *Temas avançados de polícia judiciária*. Salvador: Juspodivm, 2015. p. 21-34.

formulação de juízos de valores para dizer o direito. Queremos com isso dizer que a autoridade policial também diz o direito. Também aplica o direito ao caso concreto, todavia – por se tratar de repartição de "competência" funcional do *ius persequendi* estatal e, neste caso, atinente ao Regime Jurídico da Investigação Criminal Conduzida por Delegado de Polícia (RJAIC) –, dentro das balizas de sua função de apuração dos indícios de autoria e de provada materialidade delitiva.

Nesses vértices traçados, a autoridade policial, como se abordará detalhadamente em ponto específico desta obra, encarrega-se, mais especificamente, da forma direta do exercício de valoração jurídica e, destarte, da aplicação do direito ao caso concreto, em que pese o juízo de prelibação revisível posteriormente pelo Ministério Público e pelo juiz, nos atos administrativo-processuais penais de (i) instauração do inquérito policial (ato ordinatório: portaria de instauração do inquérito policial), de (ii) indiciamento ou não indiciamento do investigado (ato opinativo fundamentado, todavia, em que pese tratar-se de ato moldado ao formato administrativo da espécie opinativa, ao tipo dos pareceres jurídicos e, destarte, para a maioria dos autores administrativistas,[102] serem esses atos da Administração e não atos administrativos – são os indiciamentos e os não indiciamentos atos administrativo-penais dotados de elevada carga de efeitos jurídicos), e, por fim, (iii) de relatório do inquérito policial ou da investigação criminal de qualquer espécie a cargo do delegado de polícia. Mister reparar que o relatório segue a mesma lógica do ato de indiciamento ou de não indiciamento, possuindo, deste modo, uma elevada carga de efeitos jurídicos.

Agir com base no "direito" sob a concepção de "ciências jurídicas" a ditarem as interpretações sistemáticas de regras e princípios explícitos e, sem embargo, implícitos, não perfaz qualquer ilegalidade, mormente à vista do alargamento de "lei" para a ordem jurídica como um todo.

Importante, nesse âmago, assinalar que tal extensão do conceito de "lei", para abarcar a concepção de "ordem normativa", somente

---

[102] CAVALCANTE, T. B. *Tratado de direito administrativo*. Suplemento. Rio de Janeiro: Revista dos Tribunais, 1964. v. 5, p. 91-117; CRETELLA JUNIOR, J. *Direito administrativo do Brasil*: processo administrativo. São Paulo: Revista dos Tribunais, 1962. v. 5, p. 117-202; _____. *Tratado de direito administrativo*: teoria do direito administrativo. Rio de Janeiro: Forense, 1966. v. 1, p. 185-226; DI PIETRO, M. S. Z. *Direito administrativo*. Rio de Janeiro: Forense, 2017. p. 231; 237.

se aufere sob o fértil terreno da aceitação da processualidade ampla, receptiva, por completo, das modernas espécies de "atividade-ação" da Administração Pública. O coerente manejo de conceitos de "partes processuais" e de sanção por meio do processo administrativo somente se legitima diante da possibilidade de a Administração se valer dos mesmos meios instrumentais laborados pelos órgãos encarregados do exercício da jurisdição e, assim, institutos como a legalidade temperada pela juridicidade, no bojo de uma processualidade ampla, criam o ambiente jurídico à concreção de direito a cargo do Estado-Administração.

4.2.1 Processualidade jurídica e processo administrativo e a aplicabilidade no Regime Jurídico-Administrativo da Investigação Criminal Conduzida por Delegado de Polícia (RJAIC)

Em uma acepção comum, o termo "processo" corresponde à noção de algo cronologicamente em construção, ainda inacabado, porém, em andamento para a conclusão – esta compreendida como o termo final, o encerramento. Compreende, deveras, a concepção de um caminho, de um *iter*, a ser necessariamente percorrido, em todas as suas etapas, para se chegar de um ponto físico ou abstrato inicial a um ponto físico ou abstrato final.[103] Os processos jurídicos, dos quais a investigação criminal como processo penal perfaz espécie,[104] subjazem a essa concepção. São, destarte, *métodos*, na acepção literal do vocábulo, na medida em que a palavra grega para se referir a *caminho* é *methodo*, formada por aglutinação de duas outras palavras gregas, *odos* e *meta*, em que a primeira significa "entrada" e a segunda, meio de se obter algo.[105]

O processo é um *iter*, um caminho legalmente lógico e necessário, por meio do qual o caso ou a coisa ingressa, transforma-se e, ao final, forma-se com outras características distintas ou ao menos aclaradas

---

[103] MEDAUAR, O. *A processualidade no direito administrativo.* 2. ed. São Paulo: Revista dos Tribunais, 2003.

[104] Cf. PEREIRA, E. S. *O processo (de investigação) penal*: o "nó górdio" do devido processo. 2018. 603 f. Tese (Doutoramento em Direito) – Escola de Direito de Lisboa, Universidade Católica Portuguesa (UCP), Lisboa, 2018; e PEREIRA, E. S. *Introdução ao direito de polícia judiciária.* Belo Horizonte: Fórum, 2019.

[105] BELLO, A. A. *Introdução à fenomenologia.* Trad. Ir. Jacinta Turolo Garcia e Miguel Mahfout. Bauru: EDUSC, 2006. p. 21.

ou especificadas. Sob o amparo desses argumentos, há processos de todas as ordens fático-sociais e abstratas, a exemplo de industriais, econômicos e financeiros, de nascimento, amadurecimento e morte das pessoas, de aquisição e perda da propriedade e, não obstante, jurídicos, formais e instrumentais ao direito material. Interessam-nos os processos jurídicos formais e instrumentais à concreção do direito material e é nesse sentido que utilizaremos a expressão "processo".

No direito administrativo, a exemplo dos ramos processuais jurisdicionais, em uma *acepção mais comum*,[106] o processo corresponde à relação jurídica em contraditório,[107] envolvendo um litígio entre a Administração Pública e o particular ou, em casos *interna corporis*, o agente público acusado de cometimento de ilícito disciplinar. Ainda na acepção comum, o procedimento, por seu turno, é a forma como a relação jurídica processual[108] se apresenta por meio de um encadear de atos subsequentes e, necessariamente, praticados pelas partes processuais e, a depender da fase específica, requeridos juridicamente por atos precedentes, direcionados ao ato final.[109]

Há, assim, processos e procedimentos fora do ambiente jurisdicional, o que de fato se vê, por exemplo, nos casos de apuração de ilícitos disciplinares pela Administração Pública, em que "procedimento

---

[106] Referimo-nos aqui ao termo "acepção comum" quanto à distinção entre processo e procedimento, para nos reportarmos ao fato de que Eliomar da Silva Pereira considera – corrente à qual nos filiamos – o inquérito policial e qualquer investigação criminal como parte do processo penal, todavia, como fase processual investigativa, sem, contudo, desnaturar-se como processo penal. Nesses termos, cf. PEREIRA, E. S. *O processo (de investigação) penal*: o "nó górdio" do devido processo. 2018. 603 f. Tese (Doutoramento em Direito) – Escola de Direito de Lisboa, Universidade Católica Portuguesa (UCP), Lisboa, 2018.

[107] Sobre a natureza jurídica do processo, como verbalizado alhures, cf. CINTRA, A. C. A.; GRINOVER, A. P.; DINAMARCO, C. R. *Teoria geral do processo*. 19 ed. São Paulo: Malheiros, 2003; PEDRA, A. S. Processo e pressupostos processuais. *Revista da Advocacia Geral da União – AGU*, n. 68, p. 1-20, set. 2007; e PIAZZA, V. J. C. A natureza jurídica do processo: relação jurídica, situação jurídica e a navegação na epistemologia da incerteza. *Revista da ESMESC*, v. 18, n. 24, p. 596-634, 2011.

[108] Sobre a relação jurídica entre administrado e Administração e, também, sobre a relação jurídica processual entre ambos, cf. MONCADA, L. S. C. *A relação jurídica administrativa*: para um novo paradigma de compreensão da atividade, da organização e do contencioso administrativo. Coimbra: Coimbra Editora, 2009; SILVA, V. M. P. D. P. *Em busca do acto administrativo perdido*. Coimbra: Almedina, 2003. (Coleção Teses).

[109] Esclarece Paulo Afonso Cavichioli Carmona que "embora não seja nada fácil desvincular procedimento de processo, é fácil verificar, na doutrina, que a disputa entre referido binômio é antiguíssima, notadamente, no Direito Processual Civil" (CARMONA, P. A. C., *op. cit.*, p. 79). A questão, inicialmente a envolver o ambiente jurisdicional, migrou para abarcar também as funções atípicas dos Poderes do Estado, conferindo tensão e distinção entre processo e procedimento para além das fronteiras do Poder Judiciário.

é a forma como o processo se exterioriza e materializa no mundo jurídico",[110] ou no caso de processo fiscal, para a apuração de crédito tributário pelo fisco.

O conceito de processo, sob o aspecto subjetivo, orgânico e material, ou seja, da pessoa e da instituição com atribuição ou competência para o seu desenvolvimento e desfecho, não é noção privativa dos procedimentos em contraditório no âmbito do Poder Judiciário e sob a presidência de um magistrado – o que se entende em doutrina como processualidade estrita.[111] Anote-se que essa concepção, todavia, configurou o ambiente que, por muito tempo após o advento legal da interferência estatal na solução dos conflitos sociais, ostentou ser o único legitimado a possuir uma processualística pura, como reflexo do exercício da jurisdição, distinta e equidistante das partes interessadas.[112] Para a processualidade estrita, a submissão do processo ao exercício da jurisdição forma o âmago do conceito. Assim, somente nos órgãos dotados de exercício de jurisdição a ser levada a efeito pelas autoridades julgadoras se formaria o processo, como instrumento de exercício desse atributo empregado à imparcialidade das decisões, por meio da substitutividade e da equidistância das

---

[110] CARMONA, P. A. C., *op. cit.*, p. 79.

[111] Por todos, conferir: CRETELLA JUNIOR, J. *Tratado de direito administrativo*: teoria do direito administrativo. Rio de Janeiro: Forense, 1966. v. 1; e MEDAUAR, O. *A processualidade no direito administrativo*. 2. ed. São Paulo: Revista dos Tribunais, 2003.

[112] A jurisdição é a forma que se manifesta pelo procedimento e pelo processo para o juiz aplicar o direito ao caso concreto. Comumente assim se dá, por meio do exercício da função jurisdicional do Estado. Não obstante, esse modo de fundamentação de fato e de direito acerca do mérito de uma demanda não queda adstrito somente ao Poder Judiciário, consoante se apercebe nos países que adotam a modalidade jurisdicional do contencioso administrativo. No Brasil não há o contencioso administrativo, o que contribui para uma "destecnização" do processo administrativo e, também, do processo administrativo disciplinar. Por tudo, somos claramente a favor da instituição dessa modalidade de exercício da jurisdição, a uma pela maior segurança nas soluções dos casos concretos submetidos ao Estado; a duas, pela economia processual de submissão direta a órgão dotado de definitividade de suas decisões. Não obstante, suas características podem ser simplificadas, em breves linhas. "La *juris-dictio* est la fonction, le devoir de dire le droit dans une espèce déterminée; elle correspond aux 'motifs' qui doivent, qui devraient comporter toute décision de justice. La *juris-dictio* tient ainsi à la motivation en fait et en droit. Elle seule traduit la manière dont le juge dit le droit (le savoir mobilisé, les fondements convoqués, les raisonnements adoptés) et, en creux, les insuffisances de la décision, ses lacunes, ses incertitudes: [q]ui dit *juris-dictio* dit motivation" (CHAINAIS, C.; FENOUILLET, D.; GUERLIN, G. *Les sanctions en droit contemporain*. Paris: Éditions Dalloz, 2013. v. 1, p. 133). Para aprofundar a definição do conceito de jurisdição administrativa, no contencioso administrativo francês, conferir o clássico Acórdão do Tribunal Administrativo francês, no caso CE Ass. 7 févr. 1947, D'AILLIÈRES, Rec. 50 (LONG, M. *et al. Les grands arrêts de la jurisprudence administrative*. 19. ed. Paris: Éditions Dalloz, 2013. p. 375 *et seq.*).

partes envolvidas na lide.[113] À Administração Pública, por ausência desses elementos pressupostos da jurisdição, quais sejam em especial, a substitutividade e a equidistância das partes, assim como a imparcialidade e a definitividade do juízo das decisões, não se atribuía a capacidade de processamento para proferir decisões jurídicas, mas tão somente de procedimentalização, rito de encadeamento de atos, a servir de instrução procedimental, sem as garantias do processo que, no caso, seria somente o judicial.[114]

Essa ideia, corolário da inicial distinção de essência entre os sujeitos do Estado, cujas personalidades jurídicas se encontravam segmentadas e estanques entre as Funções ou Poderes Legislativo, Executivo e Judiciário, sem qualquer caráter de unicidade,[115] apresentou-se fundada no fato de a Administração ser parte nos próprios procedimentos por ela iniciados, realizados ou instruídos e concluídos de modo *interna corporis*, sem a participação de órgão imparcial, não componente de um dos polos do processo. Sem a participação de terceiros estranhos à relação jurídico-processual, dava-se azo a uma relação jurídica procedimental anômala, dual, linear e, destarte, *parcial*. Sustentavam, com isso, a conotação de que o conceito de processo alcançaria somente os procedimentos em que o órgão julgador se posicionasse a par dos atores processuais diretos, partes.[116]

Por outro lado, a concepção contemporânea de processo não somente passou a abarcar os ritos realizados pela Administração Pública – que, de fato, motivou toda a reflexão de transição de

---

[113] Utilizaremos no decorrer dos nossos estudos a expressão "lide administrativa" sempre no sentido de litígio entre a Administração Pública e o agente público acusado de infração disciplinar, com a presença de litigantes em controvérsias e em conflitos de interesses, consoante distinção referida por: MEDAUAR, O., *op. cit.*, p. 33-44.

[114] *V.g.* no direito português, sobre o tema, Cf. MONCADA, L. S. C. *A relação jurídica administrativa*: para um novo paradigma de compreensão da actividade, da organização e do contencioso administrativo. Coimbra: Coimbra Editora, 2009; ANTUNES, L. F. C. *A ciência jurídica administrativa*. Coimbra: Almedina, 2014; VIENIRA DE ANDRADE, J. C. *A justiça administrativa*: lições. 12. ed. Lisboa: Almedina, 2012;_____. *O dever da fundamentação expressa de actos administrativos*. Coimbra: Almedina, 2007, p. 13 *et seq.* FREITAS DO AMARAL, D. *Curso de direito administrativo*. 4. ed. Coimbra: Almedina, 2015. v. 1; e_____. *Curso de direito administrativo*. Vol. II. 3. ed. Coimbra: Almedina, 2016. v. 2.

[115] Cf. ENTERRÍA, E. G. e FERNANDEZ, T-R. *Curso de derecho administrativo*. 16 ed. Madrid: Civitas, 2013. v. 1.

[116] Cf. RIVERO, J. *Droit administratif*. Paris: Éditions Dallos, 2011; ENTERRÍA, E. G. e FERNANDEZ, T-R. *Curso de derecho administrativo*. 16. ed. Madrid: Civitas, 2013. v. 1; LLOBREGAT, J. G. *Derecho administrativo sancionador prático*. Barcelona: Editorial Boch, 2012. v. 1-2.; e HAURIOU, M. *La gestion administrative*: étude théorique de droit administratif. Paris: Éditions Dalloz, 2010.

conceito –, como também os realizados por instituições e pessoas jurídicas de direito privado, a exemplo dos processos realizados por condomínios, clubes e empresas particulares. Pode-se falar em processo em diferentes ambientes e sistemas, a exemplo do processo civil, do processo legislativo constitucional, do processo tributário, do processo previdenciário e, dentre outros, das diversas modalidades de processos administrativos, nos quais se encontram os disciplinares ou de controle interno da disciplina no serviço público, perfazendo, este último, um verdadeiro sistema de direito processual da função pública,[117] cujos princípios de tutela aos direitos fundamentais são extensíveis *extramuros* dos meandros da Administração Pública, para fazerem sentir seus efeitos em todos os demais procedimentos e processos jurídico-formais realizados por seus agentes públicos em todos os demais ramos epistemológicos do Direito, a exemplo, como no caso em que nos dedicamos à pesquisa, da investigação criminal conduzida por delegado de polícia, a formar um verdadeiro Regime Jurídico-Administrativo da Investigação Criminal Conduzida por Delegado de Polícia (RJAIC).

A mudança de paradigma, a alocar o conceito de processo na seara publicística, também nos demais poderes da República – *processualidade* pública ampla – somente veio a ocorrer a partir de meados (de modo incipiente) e final (de modo mais claro e incisivo) do século XX, com a sua aceitação, primeiro pelos administrativistas, na década de 1940, e posteriormente pelos os processualistas, a partir da década de 1960 e, em especial, com desenvolvimento mais acentuado, nas décadas de 1980 e 1990.[118] Hoje o tema é pacífico entre os processualistas e administrativistas, não restando a considerar corrente jurisprudencial ou doutrinária expressiva que sustente em sentido contrário, o que se dá em razão de uma maior maturidade dogmática, em consonância com os contornos delineados pela Constituição Federal à luz de novos princípios e regras e de sua interpretação evolutiva e construtiva.

---

[117] Cf., por todos: LLOBREGAT, J. G. *Derecho administrativo sancionador práctico. Barcelona: Editorial Boch, 2012. v. 1-2*; BRAIBANT, G. *et al. Les grands arrêts de la jurisprudence administrative.* 19. ed. Paris: Dallos, 2013; MOURA, P. V. *Estatuto disciplinar dos trabalhadores da administração pública.* 2. ed. Coimbra: Coimbra Editora, 2011; e SOUSA, R. C. *Lei geral do trabalho em funções públicas.* Porto: Vida Económica, 2014.

[118] MEDAUAR, O. *A processualidade no direito administrativo.* 2. ed. São Paulo: Revista dos Tribunais, 2003. p. 18.

Sob o vértice de instrumentalidade a serviço da pacificação social, assim como da aplicação da justiça e da eficácia do Direito posto, escopos clássicos, processo e procedimento são institutos jurídicos distintos e, contudo, aquele, o processo, perfaz espécie do gênero deste último. O procedimento (e seus ritos comuns, ordinários e sumários, especiais) constitui-se como o resultado coletivo da sequência de atos processuais que, de forma cronologia e ordinária, levam os interessados a usufruírem de uma nova condição jurídica em razão da produção e efeitos do ato decisório final (conceito de procedimento em sentido lato, dando uma conotação de processamento de atos, como visto acima). Havendo interessados (partes) em polos antagônicos da relação jurídica processual, aferir-se-á o conceito de "processo", que se caracteriza pelo conceito de procedimento qualificado, todavia, pela relação processual em contraditório. Logo, pode ser entendido como procedimento em contraditório,[119] ou seja, como procedimento permeado pela formação de relação processual em que, nesta, passam a figurar partes com interesses antagônicos, conflitantes e controversos, nos polos ativo e passivo da lide.

A partir da premissa de que o termo *processo*, suas características intrínsecas e a sua teoria jurídica se aplicam à função administrativa publicística, em um sentido amplo de "processo" e de "processualidade" e com fundamento no dever de apuração dos delitos, a Administração se vale de atos de ofício. Estes, por meio da Polícia Judiciária e do delegado de polícia na qualidade de autoridade policial, dão origem à fase processual investigativa pré-contraditorial[120] para surtir efeitos finais no processo penal jurisdicional, portanto, e é formada, destarte, a investigação criminal por atos híbridos, que operam efeitos jurídicos em dois mundos distintos, o administrativo e o processual penal, configurando, assim, um encadear de atos administrativos-processuais penais e, em específicos casos, jurídico-valorativos e concretistas de direitos.

---

[119] Com esse subitem não há pretensão de aprofundamento deste ponto específico da matéria, que requereria dispêndio a afastar o enfoque que se propõe, mas apenas de apresentar noções das fases que constituem esse persecutório contraditorial, completando a noção de atos e procedimentos administrativas em sede disciplinar.

[120] Cf. PEREIRA, E. S. *O processo (de investigação) penal*: o "nó górdio" do devido processo. 2018. 603 f. Tese (Doutoramento em Direito) – Escola de Direito de Lisboa, Universidade Católica Portuguesa (UCP), Lisboa, 2018.

Diante desse panorama e partindo-se do conceito de "processo" a abarcar também o âmbito do direito administrativo – o que se compreende como "processualidade ampla" –, à Administração Pública impõe-se,[121] mormente com o advento do novo Código de Processo Civil brasileiro, a estabelecer a *extensão da normatividade processual civil à seara formal-persecutória administrativa*, o dever de sopesar a existência e a validade do processo, bem como o seu desenvolvimento regular. O fenômeno se impõe ao amparo das teorias dos pressupostos processuais, provenientes da teoria geral do processo, à luz da teoria das nulidades dos atos administrativos.

Mister reparar que, a partir do reconhecimento da processualidade ampla a abarcar os procedimentos realizados pela Administração Pública e a imposição normativa de análise das nulidades processuais consoante o novo Código de Processo Civil, para, no que couber, estenderem-se os parâmetros aos processos administrativos; sem embargo de considerarmos que o termo "processo" aqui referido reporta-se a todo e qualquer feito realizado pela Administração Pública, assim como a Lei 9.784/99, que regula o processo administrativo federal, de fato, refere-se também a todo e qualquer feito das Administrações Públicas dos três estratos políticos brasileiros, há de se concluir: a investigação criminal conduzida por delegado de polícia, para alinhar-se ao atual Estado Democrático e Constitucional de Direito, deve ser analisada sob o crivo: (a) da teoria das nulidades dos atos administrativos; (b) da teoria das nulidades do processo administrativo; (c) da teoria das nulidades do processo civil aplicadas ao processo administrativo; e, por fim, (d) da teoria das nulidades do processo penal. Todos esses aspectos devem estar à vista dos parâmetros constitucionais referentes à higidez de uma investigação criminal compatível com o atual Estado Democrático e Constitucional de Direito, respeitados os direitos fundamentais – tendo o processo investigativo criminal a função de filtro de justa causa –, balizados em direitos fundamentais, para obstar o *strepitus processus*.

O que ora se sustenta perfaz tarefa de difícil operacionalidade nos meandros dos aparatos executivos governamentais, mas, sem dúvida, contribuirá de forma ímpar (i) à eficiência técnico-jurídica

---

[121] Tal imposição se opera por força do princípio da legalidade e do princípio da atuação conforme a lei e o direito, juridicidade administrativa prevista no artigo 2º, parágrafo único, inciso I, da Lei 9.784/99.

da Polícia Judiciária e seu Regime Jurídico de Investigação Criminal, assim como (ii) à efetividade de todo e qualquer processo a cargo da Administração Pública e, com efeito, à concretização de direitos fundamentais, de modo direto, sem intermediadores, a garantir um processo investigativo criminal alinhavado ao atual Estado Democrático e Constitucional de Direito.[122]

4.2.2 Da legalidade administrativa aos mecanismos para a gestão das ilegalidades dos atos administrativos processuais e a sua repercussão na Investigação Criminal Conduzida por Delegado de Polícia (ICDP)

Os novos rumos experimentados pelo direito administrativo atual assimilam o fato de o princípio da legalidade não ser o único a moldar os contornos dos atos dos processos levados a efeito pela Administração Pública e isso diz respeito também à Investigação Criminal Conduzida por Delegado de Polícia (ICDP), na medida em que se insere no cenário jurídico-normativo o princípio da juridicidade administrativa dos atos decisionais, para a concreção da lei na ideal medida de justiça mirada pelo Estado Democrático de Direito.

---

[122] Por exemplo, para mera ilustração das similitudes entre a seara processual penal e administrativa, em decisão plenária unânime o Supremo Tribunal Federal (STF), aplicando prazos prescricionais da Lei 8.112/90 ao processo administrativo disciplinar envolvendo magistrado do trabalho, direcionou para o entendimento de ser o Regime Jurídico dos Servidores Públicos Civis da União, Lei 8.112/90, de aplicação subsidiária aos demais regimes jurídicos estatutários federais, ao assentar: "Ementa: Mandado de segurança. Aposentadoria compulsória de magistrado trabalhista. Competência do Tribunal Superior do Trabalho para instaurar processo administrativo disciplinar contra magistrado trabalhista. Inocorrência de prescrição administrativa. Inexistência de nulidade da sindicância e do processo administrativo. Precedentes. Impossibilidade de dilação probatória em mandado de segurança. Segurança denegada. 1. Competência do Tribunal Superior do Trabalho para julgar processo disciplinar do Impetrante decorrente da falta de quórum do Tribunal Regional do Trabalho da 14ª Região. Precedentes. 2. A Lei Orgânica da Magistratura Nacional não estabelece regras de prescrição da pretensão punitiva por faltas disciplinares praticadas por magistrados: aplicação subsidiária da Lei 8.112/90. Precedentes do Superior Tribunal de Justiça. O prazo prescricional previsto no art. 142 da Lei 8.112/90 iniciou-se a partir da expedição da Resolução n. 817/2001, do Tribunal Superior do Trabalho, e teve seu curso interrompido pela instauração do Processo Administrativo n. TRT-MA-0087/01, razão pela qual não ocorreu prescrição administrativa. 3. A instauração de sindicância, como medida preparatória, não prejudica o agente público: admissão pela jurisprudência. Precedentes. 4. O mandado de segurança não é a sede apropriada para se rediscutirem argumentos debatidos e analisados no curso do processo administrativo, diante da impossibilidade de dilação probatória nessa ação. Precedentes. 5. Segurança denegada".

Sob essa óptica, *lei e teoria do Direito* somam-se para as ações administrativas, mormente no que se refere à atuação administrativa processual. Nesse ambiente, porém, a lei e o princípio da legalidade são mitigados pelo reconhecimento de "validade" e de "eficácia" dos atos processuais, malgrado praticados com ofensas à lei de regulação, desde que alcance suas finalidades, ou seja, desde que os atos processuais, isolados ou em conjunto no processo, não deem azo a prejuízo ao particular, parte ré da relação processual com a Administração – isso para os processos administrativos sem conotações investigativas criminais. Por outro lado, em relação à Investigação Criminal Conduzida por Delegado de Polícia, a doutrina e a jurisprudência pouco abordam o tema e quase nada ou nada falam sobre a teoria das nulidades dos *atos* processuais, ou *procedimentais*, praticados pela autoridade policial no bojo da investigação, restringindo-se a uma abordagem mais pragmática de verificação de ofensa à violação ou não da *intimidade, vida privada, honra ou imagem das pessoas, e da garantia do sigilo das comunicações telefônicas e telemáticas*, assim como, *da garantia do sigilo de dados*. Realizam-se, destarte, uma avaliação material das nulidades do inquérito policial, deixando-se de lado qualquer aspecto formal. Com efeito, avaliam o Direito de modo *transversal*, sem deterem-se na juridicidade do instrumento investigativo a cargo da Polícia Judiciária.

A juridicidade administrativa da atuação conforme a lei e o Direito, mormente quanto a este último conceito (o Direito) perfazer a inserção de teorias jurídicas no ato de decisão, pode tender à justificação da manutenção dos efeitos jurídicos processuais de atos contrários à lei. Por outro lado, conquanto o ato de decisão reportar-se, na essência, a um juízo de adequação para a aplicação da lei ao caso concreto, argumentos também há para a invalidação dos atos processuais produzidos com ofensa às leis regentes do processo administrativo, e isso deve ser transferido em toda a sua teoria aos atos que compõem a Investigação Criminal Conduzida por Delegado de Polícia (ICDP). O inquérito policial e os demais instrumentos procedimentais-processuais investigativos devem ser sindicados à luz da teoria das nulidades dos atos administrativos materiais, dos atos administrativos processuais, assim como da teoria das nulidades do processo civil aplicada ao processo administrativo e, por fim, da teoria das nulidades do processo penal, sede final dos efeitos jurídicos dos atos investigativos, com vistas à adequação ao atual Estado Democrático e Constitucional de Direito.

Sobre essa inter-relação imbricada entre a lei e a *juridicidade de convalidação dos atos processuais*, "invalidades não pronunciadas",[123] sérias considerações devem ser formuladas. Essa constatação se faz assente na medida em que o modelo de manutenção da "marcha" administrativa processual com inobservância à lei ignora a *verdadeira função do processo*, sob um aspecto de ser ele instrumental à concreção de princípios e valores[124] constitucionais de garantia dos acusados, e não à formal legitimação da conclusão, a qualquer custo (ou sob o argumento de "custo mínimo"), do ato final do processo administrativo e, sem embargo, do processo de investigação criminal.

O processo não compreende uma fórmula de legitimação do exercício do poder, que por essa via, pode ser exercido de modo arbitrário e, sem embargo, dentro do "legal", como conceito de *legalidade mitigada*. Muito mais que isso, o processo administrativo e corolário investigativo criminal, a Investigação Criminal Conduzida por Delegado de Polícia (ICDP), e, do mesmo modo, qualquer processo jurídico estatal, comporta-se – ou assim o deveria – como instrumento de Estado, materializador de garantias dos jurisdicionados e dos administrados, com o fim, em consonância com a necessidade de aplicação da lei ao caso concreto, de limitar, e mesmo impedir, os arbítrios estatais. Caso contrário, ao se ignorar as formalidades de produção dos atos processuais e do próprio processo administrativo, bastaria a aplicação sumária da sanção estatal, legitimada simplesmente pelo ato silogístico de subsunção do conceito dos fatos à hipótese de incidência legalmente prevista.

Sob essa óptica, analisemos a referida inter-relação dos conceitos principiológicos ora expostos, para, ao final, tecermos algumas considerações sobre a função da Investigação Criminal Conduzida por Delegado de Polícia (ICDP) e a lente de que se deve valer o intérprete e aplicador do Direito para esses casos.

---

[123] ANTUNES, L. F. C. *A ciência jurídica administrativa*. Coimbra: Almedina, 2013. p. 252.

[124] Para Bergel, pelo prisma da substância do Direito complexamente iterada com a forma do Direito, este perfaz um sistema organizado de valores, assim como de princípios e de instrumentos técnicos, dentre outras categorias, posto que "todo o ordenamento jurídico repousa na busca dos 'valores sociais' que se trata de apreender: justiça, a segurança jurídica, o progresso social etc." ("Tout le système juridique repose sur la poursuite des 'valeurs sociales' qu'il vient de saisir: justice, sécurité juridique, le progrès social, etc.") (BERGEL, J-L. *Théorie générale du droit*. Paris: Dalloz, 2003. p. 8-25).

4.2.2.1 A legalidade administrativa aplicada à Investigação Criminal Conduzida por Delegado de Polícia (ICDP)

A submissão do Estado à lei e ao reconhecimento de igualdade de todos perante a regulação normativa apresenta-se fundamental ao Estado de Democrático de Direito. Direito e democracia não prescindem de se harmonizarem, para a formatação de uma ordem social igualitária e justa.[125][126] Essa concepção é, em essência, fruto ao menos indireto da noção teórica de contrato social,[127] que fez emergir "la *potestas temperata*, de un poder que inevitablemente y cada vez más aparece rodeado de reglas y de límites",[128] embrionários, em que pese a base fundante contratual, da face atual do direito público,[129] em que se insere a Administração estatal e a sua função de Polícia Judiciária.

A observância das estruturas normativas editadas pelas autoridades constituídas surge como verdadeiro princípio do Estado, comumente a ele se referindo as ciências jurídicas, o direito positivo e a jurisprudência como *princípio da legalidade*. O dever de agir conforme a lei, nos seus limites, atendendo aos mandamentos de obrigações, permissões e proibições, representativos das imposições, faculdades e omissões miradas pelo texto normativo, como normas de conduta e

---

[125] Para uma análise da inter-relação entre direitos fundamentais e democracia, Cf. DELGADO, J. A. A evolução conceitual dos direitos fundamentais e a democracia. *Revista do Instituto dos Advogados de São Paulo*, v. 3, n. 5, p. 11-31, jan./jun. 2000. *Doutrinas Essenciais de Direitos Humanos*, vol. 1, p. 521-42, ago. 2011.

[126] Para uma análise da inter-relação entre soberania, direito, poder constituinte e democracia, cf. FIORAVANTI, M. *Constitución*: de la antigüedad a nuestros días. Trad. Manuel Martínez Neira. Madrid: Editorial Trotta, 2001. Cf. ainda FIORAVANTI, M. Stato di diritto e Stato amministrativo nell'opera giuridica di Santi Romano. In: MAZZACANE, Aldo (Org.) *I giuristi e la crisi dello Stato liberale in Italia*. Napoli: Liguori, 1986. p. 309-346.

[127] Abarca o princípio da legalidade (ou segurança jurídica dele advindo) como espécie de "direito natural" não renunciado. O homem passa a ser "agente ativo na modelagem de seu espaço social e político. Revivendo a teoria do contrato social – mas dando-lhe uma feição heurística – estes autores entendem que o estado deve ser organizado como se tivesse havido um contrato. Mas o homem, parte contratante, pela sua condição de ser racional e livre, e, pois, capaz de gerir seu destino, é titular de direitos. E quando se insere no Estado reivindica o reconhecimento e a proteção desses direitos. Ou porque a eles não renuncia ou mesmo renunciando, impõe como condição que o Estado criado pelo contrato devolva, com sua tutela, os direitos em causa" (LUISI, L. Direitos humanos: repercussões penais. *Revista Brasileira de Ciências Criminais*, v. 21, p. 77, jan. 1998).

[128] FIORAVANTI, M. *Constitución*: de la antigüedad a nuestros días. Trad. Manuel Martínez Neira. Madrid: Editorial Trotta, 2001. p. 45.

[129] *Ibidem*, p. 40-45.

CAPÍTULO 4
A NECESSIDADE DE RETORNO À ORIGEM: O DIREITO ADMINISTRATIVO COMO FUNDAMENTO DO PROCEDIMENTO... | 105

de regulação estatal e social,[130] foi sendo paulatinamente[131] concebido para fazer frente ao poder absoluto do monarca,[132] a impor balizas à essência de tendente tirania do Estado absolutista.

A lei, como princípio do Estado de Direito, já em ascensão com a virada da Antiguidade para a Idade Média, em que a normatividade, nesse primeiro momento, desprende-se da exclusividade radical dos campos político e moral e passa a adentrar no campo normativo, no mundo do Direito,[133] experimentou ainda um segundo momento de sensível aprimoramento.[134] Isso ocorreu a partir das Revoluções Americana, de 1779, e Francesa, de 1789, inclusive com o advento da teoria da separação dos poderes, de Montesquieu,[135] em que a função

---

[130] Cf. BERGEL, J-L. *Théorie générale du droit*. Paris: Dalloz, 2003; FERRAZ JR., T. S. *A ciência do direito*. São Paulo: Editora Atlas, 2010; VILANOVA, L. *Escritos jurídicos e filosóficos*. São Paulo: AXIS MVNDI IBEST, 2003. v. 1-2; KELSEN, Hans. *Teoria pura do direito*. Trad. João Batista Machado. São Paulo: Martins Fontes, 1999; BOBBIO, N. *Teoria da norma jurídica*. Trad. Ariani Bueno Sudatti. São Paulo: Edipro, 2014; _____. *Teoria do ordenamento jurídico*. Trad. Ariani Bueno Sudatti. São Paulo: Edipro, 2014.

[131] Por mais que tracemos uma abordagem dos institutos jurídicos "lei" e "legalidade", em linhas gerais, em um raio temporal célere de abrangência visto pela óptica do direito ocidental, não pretendemos aqui, advertimos, fazer qualquer incursão histórica sobre tais institutos – o que seria deveras prolongado e extra ao propósito de nossos estudos –, mas sim traçar o *iter* lógico que firma o fundamento da aplicação da legalidade às ações da Administração Pública, mormente ao processo administrativo que ora nos detemos à pesquisa. Sem embargo, a abordagem da origem dos institutos, pela óptica da característica de sua incidência vinculante do Estado, faz-se imprescindível.

[132] Cf. LOCKE, J. *Dois tratados sobre o governo*. São Paulo: Martins Fontes, 2006, reconhecido como o primeiro dentre os teóricos contratualistas a reconhecer diretamente a necessidade de limitação do poder do Estado.

[133] FIORAVANTI, M. *Constitución*: de la antigüedad a nuestros días. Trad. Manuel Martínez Neira. Madrid: Editorial Trotta, 2001, p. 38.

[134] Sem a pretensão de adentrarmos aqui nas críticas atinentes aos termos *gerações* e *dimensões de direito*, sob um prisma de substituições de direitos e de surgimento e coexistência de direitos, para Wolkmer (i) os direitos civis teriam sido consolidados, de fato, no século XVIII; (ii) os direitos políticos, no século XIX; e (iii) os direitos sociais e econômicos, no século XX (WOLKMER, A. C. Introdução aos fundamentos de uma teoria dos "novos direitos". *Revista Jurídica*, Curitiba, v. 2, n. 31, p. 121-148, 2013.) Quanto ao fato de o surgimento dos direitos se apresentarem sob um conceito de "gerações" de direitos temporais, cf. Bobbio e, também, Karel Vasak (BOBBIO, N. *A era dos direitos*. 8 ed. Rio de Janeiro: Campus, 1992; VASAK, K. *Las dimensiones internacionales de los derechos humanos*. Barcelona: Serbal; Unesco, 1984. v. 1-3).

[135] MONTESQUIEU, C. S. B. *O espírito das leis*. São Paulo: Marins Fontes, 1993. Sobre a necessidade de um princípio de autoridade, porém submetido ao coletivo social, por meio do que se denominou de *supremacia da comunidade política*, cf. FIORAVANTI, M. *Constitución*: de la antigüedad a nuestros días. Trad. Manuel Martínez Neira. Madrid: Editorial Trotta, 2001, p. 47.

legislativa e, por conseguinte, as leis, passaram a ser fruto, apesar de indireto, do poder emanado do povo.[136]

A soberania do povo, até então, após um período caracterizado como espécie de democracia referente a *polis* grega e à *res publica romana* (entretanto, sem se falar, ainda, no conceito comum e propriamente dito de "soberania" – em qualquer de seus sentidos adjetivados), somente foi por completo concebida a partir do Estado moderno, mas apenas quanto à participação popular.[137][138][139] Não havia qualquer participação verdadeiramente de relevo nas diretrizes do Estado.[140] Impôs-se, pela vontade do povo, a submissão do Estado ao ordenamento jurídico, inaugurando o denominado Estado de Direito.

Levando em consideração o período mais recente da história do Direito ocidental,[141] a legalidade assenta forma embrionária na Inglaterra, na *Charta Magna Libertatum* de 1215 (e aqui já se delineavam as primeiras características do princípio do devido processo legal a dar azo à sua aplicação, posteriormente, aos ramos administrativos e sancionadores, incluindo-se a Investigação Criminal Conduzida por Delegado de Polícia). De modo a afastar-se das concepções costumeiras de ordem política e moral, apresentou a sua primeira positivação para o direito punitivo do Estado, pelas vias do direito penal, com sua previsão no código penal francês de 1810, seguido

---

[136] Cf. Jean-Jacques Rousseau (*Do contrato social*: princípios do direito político. 2. ed. São Paulo: Revista dos Tribunais, 2010) ao traçar as linhas gerais que assinalam que o poder emana do povo, titular do poder e, destarte, da soberania. A origem do poder soberano advém do povo, sob a óptica de Rousseau – concepção esta que se estendeu às Constituições contemporâneas.

[137] *Exempli gratia*, o princípio da primazia da igualdade ateniense, para os cidadãos da cidade-estado de Atenas, consoante assinala FIORAVANTI, M., *op. cit.*, p. 15-31.

[138] Anote-se (conforme FIORAVANTI, M., *op. cit.*) que na *polis* grega e na *res publica* romana ocorreram "experiencias políticas y constitucionales de alguna manera participativas, que incluso estaban fundadas sobre un cierto protagonismo de los ciudadanos" (*ibidem*, p. 33) e que a na Idade Média os príncipes eram os que ditavam as leis, mas que a ela não se submetiam, posto que legítimos responsáveis, em absoluto, pela promoção da justiça e da equidade. Com efeito, não se submetiam, de modo algum, a qualquer eficácia de sanção legal, para assim ditarem leis. Nesses termos, vigorava a máxima *quod principi placuit legis habet vigorem* (*ibidem*, p. 40).

[139] Cf. EVANGELISTA, F. C. *Derecho público romano*. Granada: Facultad de Derecho de la Universidad de Granada, 2005; ALBORNOZ, A. O. C. *Derecho privado romano*. Málaga: Ediciones Del Genal, 2010; HAARSCHER, G. *Filosofia dos direitos do homem*. Trad. Armando Pereira da Silva. Lisboa: Instituto Piaget, 1997; STRAUSS, L. *Direito natural e história*. Lisboa: Edições 70, 2009.

[140] Conforme já verbalizado alhures, cf. os estudos sobre a *supremacia da comunidade política*: FIORAVANTI, M., *op. cit.*, 2001, p. 45-55.

[141] Cf. HAARSCHER, G., *op. cit.*; e STRAUSS, L., *op. cit.*

pelo código bávaro de 1913, como fruto do movimento iluminista.[142] Embora originariamente o princípio jurídico em comento tenha sido posto de forma estrita para regulação das normas de direito penal, nada obsta[143] – e muito pelo contrário, de tudo se impõe – a sua aplicação também em sede de direito processual penal, a abarcar, com isso, Investigação Criminal Conduzida por Delegado de Polícia (ICDP), como faceta do processo administrativo inserido no direito processual penal.[144]

Esse reconhecimento se dá, por via transversa: (i) em sede constitucional, à vista dos preceitos do artigo 5º, inciso XXXIX (este por analogia), combinado com o artigo 37, *caput*, ambos da Constituição Federal brasileira de 1988, ao estipularem, respectivamente, que "não há crime sem lei anterior que o defina, nem pena sem prévia cominação legal" e que "a administração pública direta e indireta de qualquer dos Poderes da União, dos Estados, do Distrito Federal e dos Municípios obedecerá aos princípios de legalidade, impessoalidade, moralidade, publicidade e eficiência (...)"; e, em sede legal, por meio da norma estatuída pelo artigo 2º, *caput*, da Lei 9.784/99, que assinala que "a Administração Pública obedecerá, dentre outros, aos princípios da legalidade, finalidade, motivação, razoabilidade, proporcionalidade, moralidade, ampla defesa, contraditório, segurança jurídica, interesse público e eficiência".[145]

---

[142] SIQUEIRA, G. *Tratado de direito penal*: parte geral. Rio de Janeiro: José Konfino Editor, 1947. t. 1. p. 99.

[143] Parte-se aqui das premissas fixadas contidas na referencial obra *Direito administrativo alemão*, de Otto Mayer, ao esclarecer que *"el derecho y sus normas siguen a la administración por todas partes donde Ella manifieste su actividad"* (MAYER, O. *Derecho administrativo alemán*: parte geral. Trad. Horacio H. Heredia y Ernesto Krotoschin. Buenos Aires: Editorial Depalma, 1949. t 1, p. 20).

[144] Anote-se que incluímos a Investigação Criminal Conduzida ou Realizada por Delegado de Polícia (ICDP), assim como outras espécies de procedimentos e processos a cargo de autoridade públicas do Poder Executivo, a exemplo também da autoação no âmbito do direito administrativo disciplinar, como processos espécie do gênero "direito sancionador geral" ou "direito punitivo geral", distintamente dos que os classificam como ramo à parte do direito persecutório e ou sancionador da Administração Pública. Neste último caso, alocando-o como ramo distinto, conferir especialmente a doutrina em Espanha: LLOBREGAT, J. G. *Derecho administrativo sancionador práctico*. Barcelona: Editorial Boch, 2012. v. 1-2; e NIETO, A., *op. cit.*

[145] Essa Lei 9.784/99 regula o processo administrativo em âmbito federal. Todavia, consideramos tratar-se de verdadeira lei nacional, a ditar normas para todas as esferas de governo, mormente pelo fato de ser privativa da União a competência para legislar sobre o "processo", inclusive, como ensina Paulo Afonso Cavichioli Carmona, em sede de direito processual administrativo, tendo a repartição de competências legislativa, para além da carga normativa principiológica de conteúdo da referida lei processual (que, anote-se, já induz tratar-se

A questão de fundo posta em análise – o princípio da legalidade como norma jurídica – gira em torno da definição do conceito de "lei". Com fundamento no princípio da legalidade, previsto no art. 5º, XXXIX, da CF/1988, harmonizado com o mesmo princípio estatuído no *caput* do artigo 37 da mesma Constituição Federal brasileira de 1988, verifica-se a essência normativa de que a Administração Pública tem o dever de atuar *somente conforme a lei*, nos seus limites, não lhe sendo permitido agir *extra, ultra* ou *contra legem*, conquanto limitar-se à (e a não prescindir, na maioria dos casos, da) manifestação prévia da lei, a determinar ou a facultar o seu proceder.

A Administração somente age ou se omite à vista da previsão legal para o seu comportamento num ou noutro sentido. Distingue-se, deste modo, da faculdade de agir atribuída ao particular, que não encontra limites no silêncio da norma, sendo-lhe possibilitado qualquer tipo de proceder, comissivo ou omissivo, se a lei, ativamente não o proibir. A regulação jurídica distingue-se para um e para outro, particular e Administração, ao passo que esta última depende, para agir ou omitir-se, de manifestação legal, ao menos em forma de silêncio eloquente.[146]

---

de lei nacional e não apenas federal), retirado tal tema do âmbito das competências dos estados, do Distrito Federal e dos municípios. Sobre procedimentos administrativos, há competência concorrente; sobre o processo administrativo, apenas a competência da União. Em consonância ao que aqui se assinala, Paulo Afonso Cavichioli Carmona assinala que, "quanto à competência legislativa concorrente do art. 24, XI, CF (procedimentos em matéria processual), pedimos vênia para discordar dos doutrinadores que enxergam na norma apenas competência para estabelecer procedimentos em matéria processual jurisdicional (penal, civil ou trabalhista), uma vez que, a nosso ver, a competência contempla também procedimentos *administrativos* em matéria processual. Note-se que a competência para legislar em direito processual é privativa da União, *ex vi* do dispositivo disposto no art. 22, I, CF. Por isso, imprescindível apartar os conceitos de processo e procedimento" (CARMONA, P. A. C., *op. cit.*, p. 78). Os preceitos normativos da Lei 9.784/99, valores, princípio e regras, aplicam-se, no que couber, à Investigação Criminal Conduzida ou Realizada por Delegado de Polícia (ICDP), conquanto entendermos o termo "processo administrativo" versado por esse diploma legal em uma acepção ampla, para abarcar processos e procedimentos, em contraditório à vista de indivíduos acusados, ou investigativos, diante de indivíduos, por outro lado, ainda sob suspeita prelibatória de autoria de ilícitos administrativos, cíveis de improbidade administrativa, e, sem embargo, penais, como no caso da Investigação Criminal Conduzida ou Realizada por Delegado de Polícia (ICDP).

[146] Ressalva se faça para os casos de decretos autônomos da Administração, previstos na Constituição Federal brasileira de 1988, no artigo 84, VI, alíneas "a" e "b", nos seguintes termos: "Art. 84. Compete privativamente ao Presidente da República: (...) VI – dispor, mediante decreto, sobre: a) organização e funcionamento da administração federal, quando não implicar aumento de despesa nem criação ou extinção de órgãos públicos; b) extinção de funções ou cargos públicos, quando vagos".

O princípio da legalidade, no plexo de abrangência da normatividade administrativa, divide-se em dois outros distintos.[147] São eles o da (i) *primazia da lei*, que prescreve ao servidor público a limitação de agir ou de se omitir em conduta ofensiva à lei (o que, a nosso ver, fundamenta a instituição de regimes disciplinares), dando um efeito ativo à lei; e o da (ii) *reserva da lei*, que prescreve que a Administração Pública somente pode manifestar a sua vontade, agir ou se omitir, se houver previsão ou imposição legal para isso, apresentando um efeito negativo ao diploma normativo. Nesse último caso, a omissão legislativa representa, de fato, uma proibição de conduta para a Administração.

A normatividade do princípio da reserva legal assinala que a Administração Pública somente poderá agir perante autorização expressa de lei, fazendo-se constatar que "esse princípio, portanto, pede mais do que o princípio da primazia. Enquanto este apenas (negativamente) proíbe a infração contra leis existentes, aquele pede (positivamente) um fundamento legal para a atividade administrativa".[148]

Em passagem conhecida, a doutrina aborda o aspecto de "reserva da lei", assinalando que "na Administração Pública não há liberdade nem vontade pessoal. Enquanto que na administração particular é lícito fazer tudo que a lei não proíbe, na Administração Pública só é permitido fazer o que a lei autoriza".[149] Afere-se daí uma *relação de subordinação* da Administração Pública à lei, distinta da *relação legal de coordenação* regente dos assuntos particulares.[150] [151]

Essa liberdade de conduta deferida ao particular radica origem no direito privado clássico, do auge do modelo jurídico liberal,

---

[147] MAURER, H. *Direito administrativo geral*. Trad. Luiz Afonso Heck. 14. ed. São Paulo: Manole, 2006. p. 122.

[148] *Ibidem*, p. 122.

[149] MEIRELLES, H. L., *op. cit.*, p. 82.

[150] Nesse sentido, sustenta Maurice Hauriou que a Administração não se encontra totalmente animada por uma vontade livre interna, mas sim depende da lei para o seu agir. O seu atuar, por uma óptica interna é livre, porém sujeito a uma vinculação interna, representada pela lei. Assinala que "l'administration, ainsi que nous l'avons déjà montré, n'est pas animée, dans ce qu'elle fait, d'une volonté intérieure légale, elle est animée d'une volonté exécutive libre assujettie à la loi comme à un pouvoir extérieur" (HAURIOU, M. *Précis de droit administratif et droit public*. Paris: Éditions Dalloz, 2002. p. 356). Cf. também HAURIOU, M. *Principes de droit public*. Paris: Éditions Dalloz, 2010; e _____. *La gestion administrative*: étude théorique de droit administratif. Paris: Éditions Dalloz, 2012.

[151] Quanto às relações de subordinação e coordenação aventadas, Cf. MELLO, C. A. B. *Grandes temas de direito administrativo*. São Paulo Malheiros, 2010. t. 1-2.

garantidor da autodeterminação individual da autonomia privada, que apresentava estatuto regulatório jurídico distinto e estanque em relação ao do direito público. Orienta-se sob as balizas de normas, *e.g.*, regentes das pessoas e da proteção jurídica contra delitos, do direito de propriedade e da liberdade dos contratos, em uma ordem normativa exclusiva, sem imanentes compromissos ético-sociais, de modo a minimamente intervir nas esferas de direitos dos administrados.[152]

A par disso e da crescente eficácia horizontal dos direitos fundamentais para a imposição do reconhecimento e aplicação de categorias naturais do direito público ao âmago das relações privadas, sobretudo à luz da necessidade de não extinção da autonomia privada, mas de sua harmonização com a autonomia cidadã do particular e a autonomia pública regulatória, "o liame que vincula a Administração à lei é mais estrito que o travado ente a lei e o comportamento dos particulares".[153] No direito punitivo do estatal – e aqui a englobar *e.g.* o direito penal, o direito sancionador e o direito disciplinar, o direito processual penal e a investigação criminal –, o dever de legalidade é, sobretudo, menos flexível para o Estado e, sem embargo, para as partes processuais, quanto aos aspectos do direito material e do direito processual, posto que, sob o enfoque da persecução criminal, representa (i) o exercício de ações com fins públicos e coletivos, tendentes a suprimir direitos e (ii) a tensão entre direitos subjetivos de partes em litígio: o Estado, no exercício do *ius persequendi* e do *ius puniendi* e o indivíduo, jurisdicionado, no exercício de direitos fundamentais.

Em que pese a toda essa vinculação da Administração Pública ao princípio da legalidade, há de se anotar que isso se dá para a função típica por ela exercida, ou seja, para a função nomeadamente executiva, como fiel cumpridora da lei. Por outro lado, para a função atípica de investigação criminal, envolvente de atos jurídicos, administrativo-processuais penais, de concreção de direitos, de aplicação do direito ao caso concreto, essa *legalidade é modulada pela*

---

[152] Aduz-se resquício proveniente do Estado Liberal de Direito e isso se depreende do que verbaliza Miguel Reale, ao esclarecer que "não descamba o liberal para a pregação de uma sociedade sem leis, por estar convencido de que estas são inevitáveis. Mas se não há como fugir delas, que pelo menos sejam no menor número possível, limitando o menos possível as atividades privadas" (REALE, M. *Estudos de filosofia e ciência do direito*. São Paulo: Saraiva, 1978. p. 73).

[153] MELLO, C. A. B, *op. cit.*, p. 36.

juridicidade, trata-se de uma *legalidade mitigada* ou de uma *legalidade juridicizada*, para adequar a Investigação Criminal Conduzida por Delegado de Polícia (ICDP) aos escaninhos do atual Estado Democrático e Constitucional de Direito.[154]

4.2.2.2 A juridicidade administrativa, corolário do conceito de processualidade ampla, para abarcar os processos da Administração Pública e a Investigação Criminal Conduzida por Delegado de Polícia (ICDP)

A necessidade de atuação conforme a lei e o Direito representa um dos mais relevantes efeitos da aceitação da processualidade ampla, a alcançar não somente os processos jurisdicionais, mas também os processos nas diversas áreas do direito público.

Porta-se, sob esse vértice, a libertar o processo administrativo de seu inicial confinamento em um ambiente somente formal, para, a partir desse marco conceptivo, dar-lhe *substância*,[155] similarmente ao que já ocorre em sede jurisdicional. Por meio do exercício da juridicidade, a Administração age com notada ampliação de funções atípicas provenientes, na origem remota, do exercício jurisdicional (todavia modalizada, a ponto de jurisdição não se tratar), a serviço da cooperação complexa entre os poderes da República, na busca da aplicação do direito ao caso concreto, de modo eficiente, eficaz e efetivo dos direitos e garantias constitucionais fundamentais.[156]

Partindo-se da premissa de que cabe também à Administração Pública (a par do Poder Judiciário, o qual detém a última palavra em

---

[154] SARLET, I. W. Direitos fundamentais e direito privado: algumas considerações em torno da vinculação dos particulares aos direitos fundamentais. *Revista de Direito dos Tribunais, Doutrinas Essenciais de Direitos Humanos*, v. 1, p. 383-442, ago. 2011.

[155] O vocábulo "substancial" aqui é empregado no sentido de permeabilidade por *valores morais*, como se refere ao termo Gustavo Zagrebelsky (*La ley y su justicia*: tres capítulos de justicia constitucional. Madrid: Editorial Trotta, 2008).

[156] Nesse mesmo sentido, escreve Davi Chicoski que "nessa senda, vale ponderar que o jurista pode até pensar 'contra' a lei estrita, desde que tomando como referencial o ordenamento jurídico para, a partir daí, numa interpretação sistemática, negá-la. Mas em hipótese alguma o jurista poderia pensar independentemente da lei e do direito, isto é, pensar 'ajuridicamente', partindo de premissas que não fossem as premissas dogmáticas do direito administrativo. Assim, a inegabilidade dos pontos de partida é a parcela formal do direito administrativo, é o campo em que incide a legalidade estrita e é, por assim dizer, uma característica juspositivista que ainda se mantém" (CHICOSKI, D. A legalidade administrativa e a crise do positivismo jurídico. *Revista Digital de Direito Administrativo*, v. 3, n. 1, p. 265, 2016).

"dizer o Direito") o dever de interpretar e aplicar o direito, solucionando o caso concreto posto por lei em sua esfera de atribuição e de decisão, o princípio em comento delimita o agir da Administração conforme os preceitos legais em sentido lato e, assim, em consonância com o Direito, para englobar os pertinentes princípios, regras e valores.

A juridicidade haurida à qualidade de princípio impõe a atuação da Administração não somente conforme a *lei*, mas também conforme o *Direito* como um todo. A lei é o seu ponto de partida, e o Direito, como ciência, a sua fronteira intransponível.[157]

Há como balizas para a Administração (i) o direito haurido da *estrutura literal* da lei e (ii) o direito proveniente dos valores oriundos das possibilidades de interpretação dessa mesma lei, com fundamento em abertura normativa, de característica plurissignificativa e, mesmo, evolutiva. Não se trata de tese nova. Já esposada por Eduardo García de Enterría, na obra *Reflexiones sobre la ley y los principios generales del derecho*, em comentários ao artigo 103.1 da Constituição da Espanha, esclarece que a Administração Púbica, no uso de seu direito de ação procedimental deve agir "con sometimiento pleno a la Ley y al Derecho [y] examinado en sí mismo, este precepto es realmente notable, puesto que presupone de manera inequívoca que existe un Derecho que tiene otro origen distinto del de la Ley".[158]

Assegura, portanto, que toda a atividade do Estado no exercício da função administrativa pauta-se, no mais das vezes, em regras imperativas de comportamento. Estas previamente autorizam a ação ou a omissão estatal (legalidade estrita), sem embargo, de modo a imprimir um viés ampliativo, a ponto de o Estado utilizá-las, as leis e sistemas jurídicos e suas teorias, com a inclusão dos princípios e dos valores implícitos decorrentes das leis e do ordenamento jurídico como um todo. E assim se opera no âmbito da Administração, para a fundamentação de qualquer decisão, quer seja ela favorável ou desfavorável ao particular. Essa juridicidade afeta à função atípica da Administração Pública é, portanto, aplicável à seara da Polícia

---

[157] Quanto à defesa da possibilidade de juridicidade administrativa constitucional *contra legem*, conferir: ALBUQUERQUE JÚNIOR, R. P. *Juridicidade* contra legem *no processo administrativo*: limites à possibilidade à luz dos postulados da razoabilidade e da proporcionalidade. Porto Alegre: Livraria dos Advogados Editora, 2010.

[158] ENTERRÍA, E. G. *Reflexiones sobre la ley y los principios generales del derecho*. Madrid: Editorial Civitas, 1996. p. 93.

Judiciária e, destarte, à Investigação Criminal Conduzida por Delegado de Polícia (ICDP).

A doutrina tem denominado essa ampliação que vai para além das fronteiras da legalidade estrita como "bloco de legalidade",[159] na medida em que estende as margens dos institutos jurídicos justificantes da atuação administrativa, validando-a, desde que, partindo-se da legalidade estrita, mantenha-se dentro da ciência do Direito. Com isso, permite-se, *exempli gratia*, a deferência à força normativa dos princípios explícitos e implícitos do ordenamento para a fundamentação de decisões administrativas, inclusive em sede, como afirmado, de Investigação Criminal Conduzida por Delegado de Polícia (ICDP).

A Lei 9.784/99, no parágrafo único, inciso I, de seu art. 2º, prescreve que a Administração deverá observar na formalização e desenvolvimento de processos administrativos a atuação conforme a lei e o Direito.

Do enunciado do estatuto geral regente do processo administrativo em sede de Administração federal denotam-se dois *mandamentos*, quais sejam o de (i) atuação conforme a lei e o de (ii) atuação conforme o Direito. O primeiro decorre da necessidade de observância da estrita legalidade para fundamentar o agir administrativo, onde somente se tachará de legítima a conduta plenamente amparada na lei – princípio da legalidade estrita. Classificado como "atuação conforme o Direito", o segundo mandamento imprime a necessidade de a Administração somente se fundamentar, na condução de seu agir e na produção de processos administrativos, por regras jurídicas de interpretação e aplicação da lei, valendo-se, *e.g.*, das regras de hermenêutica e da dogmática jurídica. Importa, com isso, em uma Administração juridicizada, permeada pelas noções de ordenamento jurídico, sistema jurídico, normas-princípios, normas-regras, assim como valores nelas contidas, decorrentes desse ordenamento regente de seu agir ou de seu omitir.

Há, com efeito, submissão à lei e, não obstante, utilização das teorias do Direito, da Ciência Jurídica como metalinguagem do direito positivo como objeto, para a solução dos casos postos a seu cargo. Ao considerar-se essa adstrição à lei, o que não está nela incutido deve ser afastado. Assim, não se constituindo em valores imanentes do sistema, fica vedada a utilização de fundamentos extrajurídicos,

---

[159] BARROSO, L. R. *Curso de direito constitucional contemporâneo*. 6. ed. São Paulo: Saraiva, 2017.

a exemplo da equidade ou de valores morais não expressos ou implicitamente positivados, plasmados em comandos normativos, para a motivação de seus atos, sob as consequências de ofensa ao princípio em comento. O princípio da *atuação conforme a lei e o Direito*, ou *princípio da juridicidade*, reflete faceta do próprio *princípio da legalidade*, todavia, em seu sentido lato, a dar à Administração legitimidade interpretativa da lei, do texto-normativo, do direito-texto, para a resolução do caso concreto.[160]

Deste modo, é factível a assimilação desse princípio como plenamente aplicável à atividade da Polícia Judiciária e à *Inve*stigação Criminal Conduzida por Delegado de Polícia (ICDP), e, sem embargo, por analogia, à norma estatuída no novo Código Processual Civilista, Lei 13.105/2015, em seu artigo 140 e parágrafo único, ao assinalar, respectivamente, que, "o juiz não se exime de decidir sob a alegação de lacuna ou obscuridade do ordenamento jurídico" e "o juiz só decidirá por equidade nos casos previstos em lei".[161] Essa regra traz o princípio jurisdicional de proibição do *non liquet*, que representa a proibição de o juiz não decidir uma causa a ele formalmente submetida e, por conseguinte, consubstancia o dever de o órgão jurisdicional entregar ao jurisdicionado a prestação jurisdicional, mesmo que seja para não reconhecer o direito pretendido, sobre o qual se funda a lide. A obrigação se estende a todo e qualquer ente ou órgão estatal com poder de decisão, nos limites do exercício de cada típica ou atípica função do Estado – a judicial, a legislativa e a executiva. Com efeito, os entes e órgãos também do Poder Legislativo e do Poder Executivo – e não somente os do Poder Judiciário –, com atribuições de decisões procedimentais, ficam vinculados à vedação do *non liquet*, como princípio de prestação de serviços públicos e, igualmente, de sua continuidade eficiente.

Assim, também a Administração Pública, na qualidade de titular da atribuição de apuração do delito, como Polícia Judiciária – a exemplo do que ocorre em todo e qualquer processo administrativo, inclusive os não punitivos ou oriundos do direito de petição –, não

---

[160] OTERO, P. *Legalidade e administração pública*: o sentido da vinculação administrativa à juridicidade. Coimbra: Almedina, 2011. p. 152; 957; 966.

[161] No antigo Código de Processo Civil, Lei 5.869/73, o artigo 126 também prescrevia a mesma vedação do *non liquet*, ao assinalar que "o juiz não se exime de sentenciar ou despachar alegando lacuna ou obscuridade da lei. No julgamento da lide caber-lhe-á aplicar as normas legais; não as havendo, recorrerá à analogia, aos costumes e aos princípios gerais de direito".

se exime de atuar *ex officio* (*princípio da oficiosidade*)[162] e de decidir as *etapas processuais* (instauração, com a necessária descrição jurídica e capitulação jurídica dos fatos relevantes para a persecução penal) a seus cargos.

Não há de se alegar, destarte, lacunas ou obscuridade da lei ou do ato normativo ou regulamentar, e, para tanto, impõe-se recorrer à analogia, aos costumes e aos princípios gerais do Direito e aos princípios gerais de direito administrativo e persecutório do Estado.

No entanto, esse atuar consoante a lei e o Direito não representa poder absoluto, a distanciar o Estado-Administração (e isso vale para ao Estado-investigador) do *múnus* de gestor da coisa pública. Não lhe dá poderes, mas antes, deveres, na medida em que a juridicidade é regida pelo Estado Democrático de Direito e, sem óbices, também orientada pelo interesse público. Não há que se refutar o inafastável *princípio da ubiquidade*, vertido no controle judicial, jurisdicional e imparcial. Como bem observado, os atores executivos dos deveres-poderes público e administrativo – em um caminho que assim é dirigido do gênero à espécie – não prescindem da premissa original de que "a Administração em nome do Estado assume poderes orgânicos, ou funções que são poderes funcionais tão amplos e determinados que, na dinâmica dos fatos de governo, subordinam à atividade legiferante e à ação judicante ou jurisdicional".[163]

4.3 Mecanismo de gestão da ilegalidade administrativa processual e a correlação com a Investigação Criminal Conduzida por Delegado de Polícia (ICDP)

A legalidade modulada pela juridicidade administrativa permite instituições de rotinas jurídicas direcionadas aos contornos dos atos ilegais, podendo sua manutenção ser realizada sem a declaração de ilegalidade do processo administrativo. Sobressalta a finalidade do direito material sobre o processo, em que este e seus regramentos jurídicos passam a ser meramente coadjuvantes de uma necessidade de resposta jurídico-estatal à lide submetida à Administração.

---

[162] Nesses termos, prescreve a Lei 9.784/99, em seu artigo 2º, parágrafo único, inciso XII, que a Administração Pública deve observar o critério da "impulsão, de ofício, do processo administrativo, sem prejuízo da atuação dos interessados".

[163] FRANCO SOBRINHO, M. O. *Comentários à reforma administrativa federal*. São Paulo: Saraiva, 1983. p. 14.

Todavia, há verdadeiro desequilíbrio entre os ramos material e processual do direito administrativo processual, na medida em que a indiferença sobre os fins e funções das normas formais do processo acaba por constituir arbitrário direito punitivo em prol da coisa pública – do suposto interesse público representado pelo *ius persequendi* e *ius puniendi*. Com efeito, isso implica em patente detrimento de direitos fundamentais do administrado, parte processual em litígio com a Administração Pública, assim como, dos particulares, investigados, também submetidos em uma relação jurídica com a Administração Pública, na qualidade de Polícia Judiciária. Afirmamos, assim, existir uma relação jurídica processual entre o Estado e o investigado, na Investigação Criminal Conduzida por Delegado de Polícia (ICDP).

Essa precedência do sistema normativo material sobre o formal perfaz óbice à realização de uma processualidade administrativa alinhada às necessidades de tutela de direitos fundamentais dos administrados e investigados envolvidos em relação processual com a Administração Pública.

4.3.1 O princípio *pas de nullité sans grief* e a necessidade de releitura de seus contornos para a Investigação Criminal Conduzida por Delegado de Polícia (ICDP)

O *princípio do prejuízo* ou da *necessidade de ocorrência de prejuízo jurídico para uma das partes litigantes* perfaz instituto afeto ao direito processual, originário do direito francês sob a égide do Código Napoleônico, em que se encontrava permeado pelo ideal de dotar a legislação penal de todas as garantias para a manutenção da ordem social e do "eficientismo" persecutório do Estado.[164]

Na sua origem, não se externavam quaisquer preocupações com direitos dos acusados e, assim, os intérpretes e aplicadores do Direito se portavam de modo inquisitorial-utilitarista, para a "gestão de ilegalidades".[165] Visava apenas garantir que o processo seguisse o seu

---

[164] GRINOVER, A. P.; FERNANDES, A. S.; GOMES FILHO, A. M. *As nulidades no processo penal*. 10 ed. São Paulo: Revista dos Tribunais, 2008.

[165] GLOECKNER, R. J. *Uma nova teoria das nulidades*: processo penal e instrumentalidade constitucional. 2010. 637 f. Tese (Doutorado em Direito) – Faculdade de Direito, Setor de Ciências Jurídicas, Universidade Federal do Paraná (UFPR), Curitiba, 2010. p. 234-236.

iter procedimental, rumo à sua conclusão, sem percalços interferentes nos interesses estatais.

Desde a sua concepção, o princípio, em sua essência, exprime normatividade para prescrever que no processo jurídico estatal somente haverá o reconhecimento de nulidade (ou de anulabilidade) se houver, do ato ou da omissão questionados (do ato administrativo produzido de modo irregular, contrário à lei), decorrido prejuízo a uma das partes processuais e, nos casos de direito punitivo, à defesa do acusado – o que raramente se verificava e verifica na prática. Aplica-se em toda a extensão ao direito sancionador ou punitivo geral do Estado (abrangendo o direito material e o direito processual), a exemplo do direito processual penal, do direito processual-sancionador tributário e, dentre outros, do direito processual-sancionador fiscal. Estende-se também ao direito administrativo e à sua face da persecução penal, por ocasião do fato de eventuais atos administrativo-processuais penais relacionarem-se com eivas tachadas como meras irregularidades, concernentes à ausência de algum requisito ou pressuposto processual de desenvolvimento regular do processo.[166]

O direito processual brasileiro tem recepcionado o princípio de modo expresso. O Código de Processo Penal, Decreto-Lei 3.689/1941, prescreve em seu artigo 563 que "Nenhum ato será declarado nulo, se da nulidade não resultar prejuízo para a acusação ou para a defesa". O antigo Código de Processo Civil de 1973, Lei 5.869/1973, apresentava a literalidade do princípio em seu artigo 244, ao assinalar que "Quando a lei prescrever determinada forma, sem cominação de nulidade, o juiz considerará válido o ato se, realizado de outro modo, lhe alcançar a finalidade". O novo Código de Processo Civil brasileiro, Lei 13.105/2015, também, de modo expresso, assentou a normatividade do princípio *ne pas de nullité sans grief* (princípio da instrumentalidade das formas ou do formalismo moderado), ao enunciar em seu artigo 277 que "Quando a lei prescrever determinada forma, o juiz considerará válido o ato se, realizado de outro modo, lhe alcançar a finalidade". Trata-se, então, de se voltar à atenção não dos efeitos jurídicos dos atos processuais, mas sim das finalidades

---

[166] Os requisitos de existência do processo não carecem de demonstração do prejuízo, em razão de sua própria natureza jurídica, capaz de invalidar o procedimento com a simples demonstração de sua não materialização.

alcançadas, mesmo por efeitos jurídicos diversos, inesperados, imprevisíveis ou colaterais dos atos questionados.

A legislação afeta aos processos civil e penal é eloquente no reconhecimento do princípio e o próprio Código de Processo Civil vigente, Lei 13.105/2015, estende a normatividade do princípio *pas de nullité sans grief* ao processo administrativo, conforme a prescrição do artigo 15, que estipula que "na ausência de normas que regulem processos eleitorais, trabalhistas ou administrativos, as disposições deste Código lhes serão aplicadas supletiva e subsidiariamente". Não se referiu de modo expresso ao processo administrativo na vertente da Investigação Criminal Conduzida por Delegado de Polícia (ICDP), mas, pelo fato deste ser espécie do gênero processo[167] administrativo,[168] é alcançado pela norma em comento, sem embargo de seu lastro se encontrar também em sede de direito processual penal estrito, relação jurídica em contraditório da persecução penal, como expressão de ramo processual punitivo de *ultima ratio* do Estado sancionador. Esse é o entendimento da doutrina e da jurisprudência brasileira.[169]

À vista desse arcabouço de textos legais, a doutrina brasileira que estuda a teoria geral do processo é uníssona em concluir que "as formas só devem ser respeitadas na medida e nos limites em que sejam necessárias para atingir sua própria finalidade: conferir segurança às partes e objetividade ao procedimento".[170]

Por essa óptica, para o investigado, a alegação de nulidade de determinado ato da investigação criminal deve vir seguida de demonstração do prejuízo experimentado – *ne pas de nullité sans grief*

---

[167] Cf. PEREIRA, E. S. *O processo (de investigação) penal*: o "nó górdio" do devido processo. 2018. 603 f. Tese (Doutoramento em Direito) – Escola de Direito de Lisboa, Universidade Católica Portuguesa (UCP), Lisboa, 2018.

[168] DEZAN, S. L. Prólogo sobre a investigação criminal e sua teoria comum: o inquérito policial como fase do processo criminal. In: ZANOTTI, Bruno Taufner; SANTOS, Cleopas Isaías (Org.). *Temas avançados de polícia judiciária*. Salvador: Juspodivm, 2015. p. 21-34; _____. Os contornos jurídicos da cognição no indiciamento do investigado no inquérito policial: breves notas sobre o caráter objetivo e subjetivo-mitigado, limitado e não exauriente do ato de indiciamento. In: ZANOTTI, Bruno Taufner; SANTOS, Cleopas Isaías (Org.). *Temas atuais de polícia judiciária*. Salvador: Juspodivm, 2015. p. 255-276; _____. *Nulidades no processo administrativo disciplinar*. Curitiba: Juruá, 2016; e _____. *Fenomenologia e hermenêutica do direito administrativo*: para uma teoria da decisão administrativa. Porto: Juruá Editorial, 2018.

[169] BITENCOURT, C. R. *Tratado de direito penal*. 2. ed. São Paulo: Saraiva, 2006. v. 1; TUCCI, R. L. *Teoria do direito processual penal*: jurisdição, ação e processo penal (estudo sistemático). São Paulo: Editora Revista dos Tribunais, 2002; e TOURINHO FILHO, F. C. *Manual de processo penal*. 16. ed. São Paulo: Saraiva, 2013.

[170] GRINOVER, Ada Pellegrini; FERNANDES, A. S.; GOMES FILHO, A. M., *op. cit.*, p. 20.

("não há nulidade sem prejuízo"), pois, se não há a demonstração de *grave* e *relevante* violação a interesses processuais, não se tratará de nulidade absoluta do ato administrativo componente do processo penal de fase investigativa, mas sim de infringência a mero requisito--pressuposto processual de desenvolvimento regular da investigação criminal, sanável pelo seu próprio curso legal.

Por força do princípio *ne pas de nullité sans grief*, a convalidação automática, sem qualquer ação formal investigativa da Polícia Judiciária, impõe-se para esses casos como uma verdadeira espécie de mera preclusão temporal, por omissão do interessado processual, ou por irrelevância ou ausência dos prejuízos processuais experimentados pela parte interessada.[171]

Na doutrina administrativista, o fenômeno da preservação dos atos administrativos que, na essência, mantenham as suas finalidades, é assente.[172] No entanto, assim como aplicado, dota-se de carga axiológica para buscar a finalização e conclusão do procedimento ou do processo estatal a qualquer custo, em uma espécie de questão de política persecutório-punitiva estatal, sem, com isso, se atentar para a preservação de direitos e garantias fundamentais do investigado que figura na relação jurídico-processual investigativa com o Estado. Desprezam a *instrumentalidade constitucional do processo jurídico investigativo e corolário punitivo,*[173] esquecendo-se de que o *devido processo legal,* em sua acepção *substantiva,*[174] apresenta-se como essência jurídico-sancionadora a complementar a noção de democracia e de Estado Democrático e Constitucional de Direito.[175] As causas geradoras de nulidade em razão da teoria geral do ato administrativo ou decorrentes de previsão legal prescindem da demonstração do prejuízo, ante a consideração de nulidade absoluta e a presunção de

---

[171] ANTUNES, L. F. C. *A ciência jurídica administrativa.* Coimbra: Almedina, 2013. p. 232.

[172] *Ibidem.*

[173] GLOECKNER, R. J., *op. cit.*

[174] CASTRO, C. R. S. *O devido processo legal e os princípios da razoabilidade e da proporcionalidade.* 5. ed. Rio de Janeiro: Editora Forense, 2010; _____. *A constituição aberta e os direitos fundamentais*: ensaios sobre o constitucionalismo pós-moderno e comunitário. 2. ed. Rio de Janeiro: Editora Forense, 2010; PEREIRA, R. N. *O princípio do devido processo legal substantivo.* Rio de Janeiro: Editora Renovar, 2005; RODRIGUEZ, J. R. *Como decidem as cortes?* – para uma crítica do Direito (brasileiro). Rio de Janeiro: Editora FGV, 2013; EBERLE, E. J. Procedural Due Process: The Original Understanding. *Constitutional Commentary,* v. 4, p. 339-362, 1987; e AGABIN, P. A. Towards a Definition of Administrative Due Process in Regulatory Proceedings. *Philippine Law Journal – PLJ,* v. 61, p. 363-381, fourth quarter, 1986.

[175] BARROSO, L. R., *op. cit.*

prejuízo à defesa do investigado em sede de investigação criminal, como fase pré-contraditorial do processo penal.

A jurisprudência tem estendido o princípio do prejuízo também para as nulidades absolutas, previstas em lei, deferindo a necessidade do acusado (isso em fase processual em contraditório) demonstrar a ocorrência do prejuízo à sua defesa em razão do cometimento de nulidade absoluta nos autos do processo. Quanto às nulidades absolutas no seio da investigação criminal, são consideradas plenamente desprezadas. Essa ausência de reconhecimento das nulidades absolutas se aplica plenamente, segundo a jurisprudência dominante, aos processos administrativos. Verifica-se uma específica modulação, pelos órgãos jurisdicionais, dos efeitos das nulidades materiais dos atos quando estes passam a compor etapas de procedimentos da Administração Pública, deferindo-se o caráter nulificador do ato dentro do processo somente diante do concreto prejuízo para a defesa.[176]

Sem embargo do entendimento da doutrina clássica[177] de a presunção absoluta inferir-se da própria lei e declarar-se de pleno direito sem qualquer demonstração de prejuízo, os atuais julgados dos Tribunais Superiores têm entendido imperioso para a admissibilidade dessa nulidade *juris et de jure* a demonstração do prejuízo.

Assim procedem com vistas à observância dos princípios da economia processual, da celeridade processual e da razoável duração do processo, imprimindo, (i) *para as nulidades relativas*, o dever de demonstração do prejuízo defensivo pela própria defesa ou pelo investigado, e, (ii) *para as nulidades absolutas*, a inversão do ônus da prova, com o dever de demonstração de ausência de prejuízo à defesa ou ao investigado, o que também se aplica para os processos

---

[176] DEZAN, S. L. Prólogo sobre a investigação criminal e sua teoria comum: o inquérito policial como fase do processo criminal. In: ZANOTTI, Bruno Taufner; SANTOS, Cleopas Isaías (Org.). *Temas avançados de polícia judiciária*. Salvador: Juspodivm, 2015. p. 21-34; _____. Os contornos jurídicos da cognição no indiciamento do investigado no inquérito policial: breves notas sobre o caráter objetivo e subjetivo-mitigado, limitado e não exauriente do ato de indiciamento. In: ZANOTTI, Bruno Taufner; SANTOS, Cleopas Isaías (Org.). *Temas atuais de polícia judiciária*. Salvador: Juspodivm, 2015. p. 255-276; _____. *Nulidades no processo administrativo disciplinar*. Curitiba: Juruá, 2016; e _____. *Fenomenologia e hermenêutica do direito administrativo*: para uma teoria da decisão administrativa. Porto: Juruá Editorial, 2018.

[177] Cf. TÁCITO, C. *Direito administrativo*. São Paulo: Saraiva, 1975; _____. Voto relator na apelação cível nº 1.422. *Revista de Direito Administrativo*, São Paulo, v. 14, 1948; e SEABRA FAGUNDES, M. *O controle dos atos administrativos pelo poder judiciário*. 2. ed. Rio de Janeiro: José Konfino Editor, 1946.

administrativos em geral, inclusive os com conotação no processo penal, como, no caso, a investigação criminal.[178]

Entretanto, a nosso sentir, as normas que definem no direito brasileiro o princípio da instrumentalidade das formas ou do formalismo moderado somente se referem, malgrado isso se aferir de modo implícito em razão de omissão eloquente do legislador, às nulidades relativas, não tratando das nulidades absolutas. Isso se impõe a partir da premissa do direito processual como instrumento de concretização de regras, princípios e valores da ordem normativa como um todo e, especialmente, do direito constitucional, como garantia de óbices ao arbítrio estatal.

Com efeito, aferindo-se qualquer desvio na forma dos atos processuais (incluindo-se a omissão de fases processuais ou a inversão cronológica tumultuosa) a, apenas, supor a ocorrência de elisão de direitos ou garantias constitucionais fundamentais da parte processual ou do investigado, há de se constatar vício processual à vista de verdadeira nulidade absoluta, cuja presunção de prejuízo é *juris et de jure*: de pleno direito, independentemente de demonstração do prejuízo. No direito administrativo e, assim, no processo de investigação criminal, a *tipicidade do ato administrativo* como um de seus atributos[179] erige a forma dos atos administrativos processuais, a par de também elemento do ato e desde que associada ao seu conteúdo de viés preservador de direitos e garantias constitucionais fundamentais ou da ordem normativa em geral, ao verdadeiro princípio informativo das nulidades nesse ramo do Direito. Sob esse entendimento, permite-se falar em *princípio da tipicidade das formas processuais da investigação criminal.*

Anote-se que não somente os direitos e garantias constitucionais devem ser preservados, mas todo e qualquer "direito" estipulado pelo ordenamento jurídico, e, a depender da gravidade de violação, ainda com a imposição de ser revestido pelo *status* de nulidade absoluta.[180]

---

[178] Nesse sentido já decidiu o Supremo Tribunal Federal, em questão criminal: "o Supremo Tribunal Federal acolhe o entendimento de que o princípio geral norteador das nulidades em Processo Penal – *pas de nullité sans grief* – é igualmente aplicável em casos de nulidade absoluta" (HC 85.155/SP, Rel. Min. ELLEN GRACIE, DJU 15.04.05 e AI-AgR. 559.632/MG, Rel. Min. SEPÚLVEDA PERTENCE, DJU 03.02.06).

[179] DI PIETRO, M. S. Z. *Direito administrativo*. 12. ed. São Paulo: Atlas, 1999.

[180] GLOECKNER, R. J., *op. cit.*, p. 243.

Os atos inexistentes, assim como os atos eivados de nulidades absolutas, relativas e de mera irregularidade,[181] sob um aspecto de direito administrativo material, devem ser inseridos com os seus efeitos ou ausência de efeitos jurídicos no ambiente administrativo processual e, destarte, processual penal. E, disso, à luz da teoria geral do ato administrativo e da teoria geral do processo, importa extraírem-se as consequências prejudiciais aos direitos constitucionais e legais dos investigados, sob a lente de ser o sistema de persecução sancionadora um vértice de garantias à aplicação direita da pena sem processo, ou de qualquer consequência da investigação sem o devido processo legal, refletindo a essência do princípio do devido processo legal substancial e garantidor de direitos fundamentais.[182]

Sob a óptica da juridicidade (atuação conforme a *lei* e o *Direito*) da Administração Pública dedicada a aplicar a *teoria geral do ato administrativo* e a *teoria geral do processo* ao amparo dos elementos e pressupostos materiais dos atos administrativos e processuais de existência e de validade, é afastada outra faceta do princípio da instrumentalidade das formas, concebida como o "princípio da não declaração de nulidade sem *previsão legal*" (noção decorrente do positivismo jurídico e do dogma da completude da ordem jurídica,[183] em que o prejuízo já se encontra previamente demonstrado, *juris et de jure*, não por força da análise do intérprete e aplicador do Direito, mas sim por obra do legislador), ou seja, o *princípio da taxatividade estrita das nulidades* ou *ne pas de nullité sans texte*.[184]

Nesse contexto, o princípio *pas de nullité sans grief* (princípio da instrumentalidade das formas, do formalismo moderado ou da transcendência) e toda a legislação nacional que o acolhe cedem espaço ao *princípio da tipicidade das formas processuais*, alinhavadas à necessidade de tutela de direitos e garantias constitucionais e legais dos acusados em geral e dos indivíduos submetidos à investigação

---

[181] Classificação esposada também em sede de direito processual penal. Conferir, por todos: BADARÓ, G. H. R. I. *Direito processual penal*. Rio de Janeiro: Elsevier, 2008. t. 1.

[182] SARLET, I. W. *A eficácia dos direitos fundamentais*: uma teoria geral dos direitos fundamentais na perspectiva constitucional. 13. ed. Porto Alegre: Livraria do Advogado, 2018.

[183] BOBBIO, N. *O positivismo jurídico*: lições de filosofia do direito. São Paulo: Editora Ícone, 2006; e _____. *Teoria do ordenamento jurídico*. Trad. Ariani Bueno Sudatti. São Paulo: Edipro, 2014.

[184] GLOECKNER, R. J., *op. cit.*, p. 246-254.

criminal.[185] Assim se há de inferir, na medida em que "nenhum defeito pode ser considerado sanável ou insanável sem uma análise concreta e à luz da principiologia constitucional",[186] incidindo, inclusive, o princípio do *in dubio pro reo*, para que se proceda à anulação do ato questionado, em caso de dúvida quanto ao fato de o defeito do ato processual tocar ou não princípios constitucionais e legais de tutela do acusado e do investigado criminal.

4.3.2 *Pas de nullité sans grief* e o dever de convalidação dos atos administrativos processuais e a correlação com a Investigação Criminal Conduzida por Delegado de Polícia (ICDP)

O dever de a Administração Pública (e, no caso, a Polícia Judiciária) convalidar os atos sanáveis, cujos defeitos se compreendem em um conceito de anulabilidade, decorre, em sede de direito material administrativo, de construção doutrinária pautada pela necessidade de busca e tutela do interesse público. Em âmbito do processo administrativo e da Investigação Criminal Conduzida por Delegado de Polícia (ICDP), o dever de convalidação se afere do plexo de normatividade do princípio *ne pas de nullité sans grief*, assim também representado no caso brasileiro pela lei que regula os processos administrativos federais, Lei 9.784/99.[187]

Da análise da ordem jurídica brasileira e da combinação dos institutos da convalidação e da instrumentalidade das formas é possível perceber dois ambientes distintos, porém mutuamente relacionados, a comporem uma espécie de regime da gestão dos efeitos jurídicos dos atos administrativos. O primeiro, para os atos administrativos editados de forma isolada, ou seja, aqueles não componentes ou originários de processos administrativos em contraditório ou de procedimentos

---

[185] ABRÃO, G. R.; RIEGER, R. J. C. Nulidades no processo penal brasileiro: regras gerais do Código de Processo Penal e do Projeto 156 – a necessária leitura do sistema de invalidades à luz das categorias próprias do processo penal. *Revista Bonijuris*, v. 22, n. 556, p. 18-25, mar/2010.

[186] LOPES JÚNIOR, A. *Direito processual penal e sua conformidade constitucional*. Rio de Janeiro: Lumen Juris, 2009. v. 2, p. 386.

[187] Sobre a convalidação no bojo do processo administrativo, Cf. PORTO NETO, B. Pressupostos do ato administrativo nas leis de procedimento administrativo. In: MUÑOZ, Guillermo Andrés; SUNDFELD, C. A. (Coord.). *As leis de processo administrativo*: lei federal 9.784/99 e lei 10.177/98. São Paulo: Malheiros, 2000. p. 109-125.

sem contraditório (os atos matérias em si mesmos considerados). O segundo, para os atos administrativos processuais, componentes ou originários de processos administrativos em contraditório, ou inseridos no bojo de investigação criminal.

Em que pese o processo penal, à vista da doutrina com a qual concordamos,[188] dividir-se em duas fases, uma pré-contraditorial, representada pela investigação criminal, e outra contraditorial e, destarte, inaugurada como o recebimento da denúncia ou da queixa-crime em juízo, interessa-nos ambos os momentos processuais penais, mas, em maior grau, o primeiro, a abordar o tema sob a óptica do dever de convalidação pela conjunta normatividade do princípio da instrumentalidade das formas contidas no processo investigativo como fase pré-contraditorial do processo penal.

De plano, fazem-se necessárias duas inquirições iniciais: (i) *quanto à intensidade do defeito do ato*: essa atividade corretiva da Administração na função de Polícia Judiciária é incidente somente nos atos anuláveis, ou se estende também aos atos nulos e atos inexistentes? (2) *Quanto à situação do investigado*: esse *dever* de manutenção se refere a todo e qualquer ato administrativo-processual penal, ou somente aos que representem, com a convalidação, benefícios ao (ou não prejudique o) investigado?

Analisemos a temática sob a luz da doutrina administrativista, entretanto, totalmente aplicável ao que se ora propõe para a investigação criminal, como fase processual penal pré-contraditorial.

Assim, temos que, corolário do princípio *pas de nullité sans grief*, a *convalidação*, por essa óptica de normatividade reflexa e interativa, também se apresenta como princípio a informar o processo (a incluir sob a nomenclatura *processo*, ou *processo administrativo*, a investigação criminal, antes tida como "procedimento") da Administração Pública, determinando que, nos procedimentos administrativos, os atos administrativos sanáveis, nesses termos considerados os eivados de vícios meramente anuláveis por irregularidades tênues, devem ser validados pela Administração Pública (no caso da investigação criminal, pela autoridade policial, responsável pela presidência do inquérito policial) e mantidos os seus efeitos processuais, objetivados inicialmente

---

[188] Cf. PEREIRA, E. S. *O processo (de investigação) penal*: o "nó górdio" do devido processo. 2018. 603 f. Tese (Doutoramento em Direito) – Escola de Direito de Lisboa, Universidade Católica Portuguesa (UCP), Lisboa, 2018.

e que deveriam ser exarados pelo ato próprio. Argumenta-se o dever de convalidação para a observância dos princípios da eficiência e da celeridade processual. Mister reparar que a concepção de graus de nulidades (atos inexistentes, atos nulos, atos anuláveis e atos de mera irregularidade) é imprescindível à operacionalização do ato de convalidação.

A convalidação pode ser entendida como a correção de um ato eivado de irregularidade, em razão da exclusão da eiva por meio de edição de ato novo, cujos efeitos sejam retroativos à origem da ilegalidade e, sem embargo, tendo em vista que esse "suprimento pode derivar de um ato da Administração ou de um ato do particular afetado pelo provimento viciado".[189] É também denominada de *aperfeiçoamento* ou *sanatória*, a considerar-se como "o processo de que se vale a Administração para aproveitar atos administrativos com vícios superáveis, de forma a confirmá-los no todo ou em parte",[190] sendo somente aceitável pela doutrina dualista, que compreende a possibilidade de existência de atos nulos e atos anuláveis, como espécies distintas de vícios dos atos administrativos.[191]

Afere-se, destarte, que a *convalidação* do ato administrativo (a incluir o administrativo-processual penal) configura a correção por meio de edição de novo ato unilateral da Administração Pública, que mantenha o ato questionado, dando-lhe nova roupagem por intermédio de manifestação fundamentada da vontade administrativa que lhe reconheça os efeitos. Todavia deve ser concretizada antes da impugnação do ato pelo destinatário. Incide sobre o defeito contido em ato anulável, o que consubstancia a sua possibilidade em casos de aferição de nulidades relativas e, portanto, sanáveis, à vista da prática de um novo ato, também administrativo, tendo como premissa *a inexistência de incidência de prejuízos* (i) à própria Administração e (ii) ao interesse público, bem como (iii) a terceiros de boa-fé. Esse instituto pode ser levado à prática pela mesma autoridade que tenha editado o primeiro ato, motivo pelo qual recebe a denominação de *ratificação*. Se convalidado por outra autoridade receberá a denominação de *confirmação*. Assim se têm por convalidação o *aperfeiçoamento*, a

---

[189] MELLO, C. A. B. *Curso de direito administrativo.* 10. ed. São Paulo: Malheiros, 1997, p. 405.

[190] CARVALHO FILHO, J. S. *Manual de direito administrativo.* Rio de Janeiro: Lumen Juris, 2004. p. 144.

[191] *Ibidem*, p. 144.

sanatória, a *ratificação* e a *confirmação*. Todas denominações seguem aqui o mesmo regime jurídico e, para os estudos desenvolvidos, são tratadas apenas pelo gênero "convalidação". No entanto, imperioso anotar que a convalidação dos atos administrativo-processuais penais no bojo da investigação criminal somente pode ocorrer por meio de novo ato editado pela autoridade policial legalmente designada para atuar no feito, ou seja, a autoridade policial presidente do inquérito policial ou da investigação criminal de outra espécie.

Desta feita, legitima-se a Administração por meio da mesma autoridade e, antes de haver impugnação pelo particular atingido pelo ato anulável, ratifica-se o ato sanável, produzindo novo ato isento de eiva, ou por intermédio de outra autoridade, conquanto provida de atribuição legal, confirma-se a exação de caráter anulável, produzindo novo ato nesse sentido, também com efeitos retroativos. Nos processos administrativos se constatam possíveis tanto a ratificação, quanto a confirmação.

Anote-se mais uma vez que a convalidação do ato adminis-trativo somente se pode operar antes da impugnação por parte do administrado. Se o ato era na essência convalidável e a Administração não procedera à sua sanatória no momento oportuno, fica impedida de assim proceder após a manifestação formal do administrado, requerendo a sua anulação.[192]

Assim, se o investigado pleitear a nulidade, com demonstração de prejuízo, de ato convalidável que a autoridade policial deixou de convalidar em momento oportuno da investigação criminal, ela deve efetivar a anulação, e não a convalidação do ato, pois esta última medida somente seria legítima se acaso fosse levada a efeito antes de qualquer questionamento de invalidade formulado no processo penal em sua fase pré-contraditorial. O ato é convalidável enquanto não se alegue a sua invalidade pelo administrado, particular, no caso do direito administrativo sancionador, ou pelo investigado, no caso de investigação criminal.

O tema, em linhas gerais, é tratado na legislação brasileira, em âmbito federal, pela Lei 9.784/99, em seu artigo 55, em que prescreve que "em decisão na qual se evidencie não acarretarem lesão ao interesse público nem prejuízo a terceiros, os atos que apresentarem defeitos sanáveis poderão ser convalidados pela própria Administração".

---

[192] MELLO, C. A. B., *op. cit.*

Repare que a lei não fala em "prejuízo à parte acusada no processo", limitando-se o normativo somente a referir-se aos prejuízos (i) à Administração Pública, ao mencionar a expressão "lesão ao interesse público", e (ii) a particulares, administrados, alheios ao processo, ao mencionar a expressão "nem prejuízo a terceiros". Em uma leitura inicial, a lei, por um equívoco de redação, deixa implícito o dever de convalidação mesmo para os casos em que, por meio da convalidação, advenha de prejuízo à parte acusada no processo (e este tem sido o entendimento dos tribunais brasileiros, o que não condiz com o devido tratamento do tema ao amparo do sistema de direitos fundamentais previsto na ordem normativa). Ocorre que, diante de eventual irregularidade que não tenha provocado prejuízo ao administrado, mas à vista da previsão legal de nulidade que, sem embargo, venha a se operar a convalidação, esta medida, por si só, já se posiciona como prejudicial ao acusado, na medida em que superou a segurança jurídica firmada pela lei positivada, em eventual surpresa à tese defensiva. Assim nos parece, a menos que se entenda que na primeira situação, a que não admite a convalidação para os casos de "lesão ao interesse público", a categoria "interesse público" abarque também o prejuízo ao acusado. Ao se considerar como de interesse público o "dever de não lesão" (*neminem laedere*)[193] [194] ao acusado ou ao investigado, ou a qualquer pessoal que se relacione com o Estado (dever esse atribuído ao Estado e defendido, de um modo genérico e contextual, pelos teóricos contratualistas dos séculos XVI e XVIII),[195] mesmo nos casos de atos administrativos processuais eivados de nulidades relativas, a convalidação dos atos anuláveis fica impedida, acaso se demonstre prejuízo à parte processual no expediente administrativo, ou ao investigado, administrativo processual penal.

Desta forma, não se legitima a convalidação incidente sobre ato administrativo processual que tenha provocado prejuízo à

---

[193] Cf. ANTUNES, L. F. C. *A ciência jurídica administrativa*. Coimbra: Almedina, 2013.

[194] Ao nosso sentir, o "princípio da não lesão administrativa" dá azo ao princípio da eficiência e, do mesmo modo, ao princípio da continuidade do serviço público. Sobre este último princípio, cf. GOFFI, A. M.; SCARTEZZINI, F. *O princípio da continuidade do serviço público*. São Paulo: Malheiros, 2006.

[195] ROUSSEAU, J-J. *Do contrato social*: princípios do direito político. 2. ed. São Paulo: Revista dos Tribunais, 2010; LOCKE, J. *Dois tratados sobre o governo*. São Paulo: Martins Fontes, 2006; e HOBBES, Thomas. *Leviatã*. São Paulo: Martin Claret, 2006.

parte relacional-processual,[196] pois, concluindo a medida sanatória, os prejuízos – e seus efeitos danosos – se perpetrariam, permeando todos os demais atos processuais decorrentes do ato convalidado. Essa é uma face de aplicação do princípio *pas de nullité sans grief*, devendo ser decretada a nulidade do ato convalidável, em face do prejuízo demonstrado. Com efeito, nem sempre há de haver convalidação para todo e qualquer caso. Todavia, também não se permite falar de discricionariedade ou de faculdade do agir administrativo de autotutela.

Por outra óptica, sob o amparo do mesmo texto do artigo 55 da Lei 9.784/99, parte da doutrina afirma que o ato de convalidação não perfaz um dever administrativo, mas sim uma faculdade da Administração Pública, figurando, assim, a medida sanatória como ato administrativo discricionário, porém de ação limitada à premissa de *não lesão* exclusivamente a terceiros ou à Administração. Nesses termos, a convalidação somente se apresenta "possível quando os atos inválidos não acarretarem [literalmente] lesão ao interesse público nem prejuízo a terceiros",[197] posto que, "em caso contrário, tem-se que entender que a Administração está obrigada a anular o ato, ao invés de convalidá-lo".[198] [199] Ou seja, ocorrendo lesão (i) ao interesse público ou (ii) a terceiro (não envolvido em relação processual com a Administração Pública) a faculdade é afastada, para se vislumbrar um dever de anulação. No entanto, esse viés não faz menção ao fato de a lei omitir os "prejuízos à parte processual" distinta da

---

[196] Usamos a expressão "parte relacional-processual" para aludir a toda e qualquer pessoa que possua relação jurídica procedimental-processual com o Estado, quer seja em processo contraditorial, quer seja em procedimento sem contraditório, também aqui definidos como processo pré-contraditorial.

[197] DI PIETRO, M. S. Z. *Direito administrativo*. 12. ed. São Paulo: Atlas, 1999. p. 228.

[198] *Ibidem*, p. 228.

[199] Todavia, a autora, a partir da 13ª edição de sua obra, mudou de posicionamento, para considerar a obrigatoriedade de convalidação dos atos dotados de nulidades relativas, acompanhando o posicionamento de Weida Zancaner, para quem em apenas em um caso o ato com nulidade relativa pode ser anulado ou convalidado, a critério discricionário da autoridade competente, qual seja: o caso do *ato discricionário praticado por autoridade incompetente*. Neste caso, afigura-se sanável a incompetência da autoridade que praticou o ato, cuja essência discricionária permite à real autoridade apta à prática do ato confeccionar novo ato que mantenha os efeitos do ato anterior, operando-se a convalidação, ou, ao seu juízo de valor, anulá-lo, por considerá-lo contrário ao interesse público. Diferentemente do caso de *ato vinculado praticado por autoridade incompetente*, quando presentes os demais requisitos legais para a prática do ato, ocasião em que somente resta a convalidação pela real autoridade apta para a prática do ato. Nas palavras da autora: "*se estiverem presentes os requisitos para a prática do ato; a convalidação é obrigatória, para dar validade aos efeitos já produzidos; se os requisitos legais não estiverem presentes, ela deverá necessariamente anular o ato*" (DI PIETRO, M. S. Z. *Direito administrativo*. 15. ed. São Paulo: Atlas, 2003. p. 232).

Administração Pública. Não faz menção, como visto, a uma terceira hipótese, qual seja, (i) a lesão à parte ré do processo administrativo, não compreendida como "terceiro" e, sim, em simetria com a Administração, parte processual.

Sem óbices a essa constatação, parcela dos estudiosos do tema apontam para a existência fática de um dever, mas não um *dever de convalidar*, e sim um *dever de recomposição da legalidade ofendida, da legalidade ferida*, sendo que essa recomposição da ordem normativa se realiza tanto por meio da *convalidação* quanto por meio da *anulação* do ato administrativo, cabendo somente à Administração, por exercício de um juízo de valoração ao amparo do caso concreto, escolher entre uma ou outra medida.[200] Nesse viés, mesmo que do ato de convalidação advenham prejuízos a terceiros ou à Administração, caberá a ela própria o juízo de valor acerca da edição ou não do ato de sanatória. Para esta percepção, a convalidação compreende, assim, providência discricionária da Administração Pública, "voltada à melhor solução para o Direito, com vistas ao cumprimento do fim específico de interesse público do ato em revisão, pois o fim especial do novo ato é o resguardo da ordem jurídica.[201]

Neste ponto, cremos acreditarem os defensores dessa espécie de medida que a melhor solução para os casos de discricionariedade – se assim se considerar a faculdade de convalidação – seria a produção do "ato ótimo", que, na essência, consubstanciar-se-ia em uma única possível decisão, "a melhor decisão", impositiva, dessarte, à Administração Pública.[202]

Esse ato ótimo levaria em consideração não os prejuízos imediatos a terceiros ou ao interesse público, mas os benefícios gerais mediatos aferíveis com a medida corretiva, o que representaria um interesse público ainda maior que a não lesão imediata ao administrado, parte passiva processual.

Em que pese às teses acima esposadas e ao fato de a lei fazer menção à expressão "poderão ser convalidados", entendemos tratar-se,

---

[200] ARAÚJO, E. N. *Convalidação do ato administrativo*. São Paulo: LTr, 1999. p. 135.

[201] *Ibidem*, p. 135.

[202] Sem ser esta a posição dos autores que se seguem, mas para aprofundar estudos sobre "a melhor decisão" em casos de discricionariedade, Cf. MELLO, C. A. B. *Discricionariedade e controle jurisdicional*. São Paulo: Malheiros, 2000; DWORKIN, R. *Levando os direitos a sério*. São Paulo: Martins Fontes, 2010; e _____. *Justiça para ouriços*. Trad. Pedro Elói Duarte. Coimbra: Almedina, 2012.

para os casos de *atos sanáveis* somente, de um dever de correção do ato. Em análise ao sistema jurídico (que em vários aspectos e por meio de diversas outras normas visa sempre ao interesse público como um todo), não se está, notadamente, diante propriamente de uma faculdade, mas sim de *vinculação* – e a medida administrativa se faz, por isso, obrigatória. Hão de se considerar os princípios da segurança jurídica, da economia processual, da eficiência e da indisponibilidade do interesse público, regentes de todo agir e omitir-se do Estado – o que, de todo, valem para a Investigação Criminal Conduzida por Delegado de Polícia (ICDP).

Da mesma forma, embora a lei fale na "possibilidade" de saneamento do ato somente quando com a convalidação não for evidenciada lesão ao interesse público, ou prejuízo a terceiros, é imprescindível ponderar que no caso dessas ocorrências (lesão do interesse público ou prejuízo a terceiros) não se estará diante de ato anterior convalidável, mas sim absolutamente nulo quanto ao objeto ou conteúdo. Isso se faz inferir na medida em que *a carga de efeitos jurídicos de qualquer ato administrativo válido deve ser legalmente prevista*, não causadora de qualquer lesão desabalizada da sua previsão legal aos particulares ou ao próprio interesse coletivo, compreendendo o dever de não lesão – *neminem laedere* ou *alterum non laedere* – que rege o Estado. Esse dever de não lesão atribuído ao Estado, ou melhor, vinculante do agir estatal, estende-se, também, à atividade funcional da autoridade policial para a realização da investigação criminal, em que o interesse público da Administração Pública se confunde com o dever-poder de proteção e de concretização de direitos fundamentais.[203]

Não há de haver surpresa diante do texto legal específico a ditar as balizas para a edição dos atos administrativos. Ou seja: só poderá haver lesão a terceiros se a lei assim expressamente estipular e, todavia, tendo em mira um interesse maior e qualificado na quadra do interesse público. E essas razões são aplicáveis também aos casos de lesão ou prejuízo à parte relacional-processual (no caso da investigação criminal conduzida por delegado de polícia, o investigado pela prática do delito), uma vez que o *princípio da não lesão estatal* está contido no conceito de interesse público e é amplo o bastante para alcançar a tutela de direitos e garantias da parte administrativa-processual penal da investigação criminal (mister reparar que, aqui, falamos em "parte"

---

[203] JUSTEN FILHO, M., *op. cit.*

para reportarmo-nos ao investigado, na medida em consideramos o investigado espécie de parte da relação jurídica formal que o vincula ao Estado-investigador, ou seja, parte na relacional-processual penal pré-contraditorial).

No caso, o ato anulável, sanável, enquanto não convalidado (ou anulado) estará produzindo efeitos válidos e, assim, se evidenciada a ausência de lesão ao interesse público (incluindo nessa concepção a não surpresa lesiva à parte relacional-processual investigada) e a terceiros, não restará margens à faculdade, devendo-se convalidar a produção administrativa de Polícia Judiciária. Assim se faz a medida adequada, pois ante essas constatações não se fará presente motivo legal para a invalidação, conquanto seja exigência do próprio interesse público a validação do ato, tendo em vista ser mais dispendioso o invalidar e o reeditar de novo ato para o alcance da finalidade pública já atendida. Eis uma faceta da aplicação do princípio da eficiência alinhada, no processo administrativo, ao princípio do contraditório, da ampla defesa e do devido processo legal. Destarte, o dispositivo legal mencionado não deve ser entendido como faculdade-poder, mas sim como dever-poder de restauração da legalidade,[204] temperado pelos limites impostos pela própria lei.

---

[204] Sem embargo da lei que regula o processo administrativo federal, argumenta Di Pietro (*Direito administrativo*. 15. ed. São Paulo: Atlas, 2003. p. 225) sobre a natureza dos vícios dos atos administrativos, que podem e, como assinalado, devem ser objeto de convalidação: "convalidação ou saneamento é o ato administrativo pelo qual é suprido o vício existente em um ato ilegal, com efeitos retroativos à data em que foi praticado. Seabra Fagundes, refutando-se à possibilidade de se aplicar a teoria das nulidades do direito civil, entende que os atos viciosos podem agrupar-se em três categorias: atos absolutamente inválidos ou nulos, atos relativamente inválidos ou anuláveis e atos irregulares. *Atos anuláveis* são os que infringem as regras atinentes aos cinco elementos do ato administrativo, mas em face de razões concretamente consideradas, se tem como melhor atendimento ao interesse público pela sua parcial validez; para o autor, tratando-se de ato relativamente inválido, se estabelece uma hierarquia entre dois interesses públicos: o abstratamente considerado, em virtude do qual certas normas devem ser obedecidas, e o ocorrente na espécie, que se apresenta, eventualmente, por motivos de ordem prática, de justiça e de equidade em condições de superar aquela. *Atos irregulares* são os que apresentam defeitos irrelevantes, quase sempre de *forma*, não afetando ponderavelmente o interesse público, dada a natureza leve da infringência das normas legais; os seus efeitos perduram posto constatado o vício". O entendimento é uníssono na doutrina em afirmar que vícios quanto à forma (como já afirmamos, os vícios quanto à competência delegável e à forma são convalidáveis, ao passo que os vícios quanto à finalidade, ao motivo e ao objeto do ato administrativo não são passíveis de convalidação, devendo, destarte, nesses casos, ser o ato anulado pela Administração ou pelo Poder Judiciário, se acaso provocado), ou quanto às formalidades legais e à competência (delegável), são sanáveis, portanto, convalidáveis, e a lei agora obriga a aplicação dessa convalidação. Esta Lei 9.784/99, embora ainda omissa em alguns aspectos relevantes, veio a facilitar o trabalho de aplicação do direito, fazendo parte da sistemática em

À vista do caso concreto, a Administração, na qualidade de Polícia Judiciária e por meio da autoridade policial atuante no feito, deverá, obrigatoriamente, ou convalidar, ou declarar a nulidade do ato administrativo. Esse proceder, todavia, não compreende uma discricionariedade para os casos em que é cabível a convalidação.[205] Conclui-se não se tratar de opção livre entre uma ou outra medida, uma vez que a convalidação é juridicamente preferível à anulação, já que se ampara em outras normas do sistema e, sem embargo, reconhece normatividade aos princípios da segurança jurídica e da boa-fé. Assim, afluem mais razões jurídicas à convalidação, quando os pressupostos desta se fizerem presentes, que à invalidação. Apenas em única hipótese poderia haver discricionariedade administrativa para a ação administrativa de convalidar ou de anular, qual seja, nos casos de vícios de competência, cujo conteúdo seja discricionário e o ato, acaso se decida pela manutenção, ainda possa ser validamente produzido.[206] Com efeito, a regra admite exceção no que tange à discricionariedade em convalidar ato praticado por funcionário de fato, vício quanto à competência do sujeito – sanável –, quando este ato praticado com vício for discricionário do sujeito competente.[207] Neste ponto, cabe ao agente competente para a prática original do ato sopesar acerca da convalidação ou invalidação do ato praticado pelo funcionário de fato.[208]

O art. 55 da Lei 9.784/99 não trouxe ao ordenamento jurídico uma faculdade, mas sim uma obrigação de restaurar a legalidade, a qual deve estar adstrita à Administração, por força do art. 37, *caput*, de nossa Constituição Federal. Por outro lado, presentes os requisitos do art. 55 da Lei 9.784/99, ou seja, tratando-se de ato com defeito, porém defeito este factível de sanatória pela convalidação

---

processo disciplinar ao ser aplicada subsidiariamente à Lei 8.112/90 e aos demais diplomas federais específicos, como, por exemplo, à Lei 4.878/65, estatuto dos servidores policiais federais.

[205] MELLO, C. A. B. *Curso de direito administrativo*. 10. ed. São Paulo: Malheiros, 1997. p. 301.

[206] MELLO, C. A. B. *Discricionariedade e controle jurisdicional*. 2. ed. São Paulo: Malheiros, 2000. p. 407-408.

[207] MELLO, C. A. B. *Curso de direito administrativo*. 10. ed. São Paulo: Malheiros, 1997.

[208] Todavia, contrariando a tese de faculdade de convalidação para esse caso e no sentido do dever de convalidação a refutar a discricionariedade da medida pela Administração, Weida Zancaner assinala que "só poderia haver possibilidade de opção discricionária, como pretende parte da doutrina, caso houvesse norma jurídica que concedesse à Administração Pública possibilidade de agir com discrição" (ZANCANER, W. *Da convalidação e da invalidação dos atos administrativos*. 2. ed. São Paulo: Malheiros, 2001. p. 47).

(a par da convalidação impositiva, como posto em referência) e assim impeditivo da anulação, sua *revogação* é também obstada por motivos de oportunidade e conveniência – *proibição de revogação do ato anulável*. Deste modo se procede nos termos da essência normativa da combinação das partes primeira e segunda do enunciado da Súmula 473 do Supremo Tribunal Federal.[209] A revogação somente incide sobre ato válido, sem qualquer ilegalidade, mesmo que se trate de ilegalidade ínfima. Para esses casos, impõe-se a convalidação, desde que dela não advenham prejuízos à Administração, a terceiros e à parte no processo administrativo, incluindo-se o processo administrativo-penal pré-contraditorial, compreendido como sendo a investigação criminal.

Cumpre ressaltar, ainda, que a discricionariedade está na faculdade de se revogar ou não o ato válido, mas nunca, diante de um ato anulável, de invalidá-lo ou de o convalidar se verificada a ausência de ofensa a interesse público e a direito de terceiro, ressalvada, em todo caso, a possibilidade de invalidação pelo Judiciário, por motivo de ofensa ao ordenamento. Tem-se para a Administração Pública a vinculação nos atos de convalidar ou anular outro ato produtor de efeitos jurídicos, de acordo com o atendimento ou não aos ditames do art. 55 da Lei 9.784/99. Importante, assim, ter assente que a autoridade policial, no exercício da função de Polícia Judiciária e, com efeito, na realização da investigação criminal, deve buscar a concretização e tutela do interesse público, sendo este, à luz do atual Estado Democrático e Constitucional de Direito, os direitos fundamentais do investigado, entretanto, sem se descurar de sua função investigativa como essência e, assim, a convalidação é a regra e a anulação, a exceção. A exceção – e, destarte, a invalidação dos atos administrativo-processuais penais – toma lugar justamente quando da ofensa a direitos fundamentais do investigado ou de terceiro de boa-fé.

Portanto, para os defensores do princípio *pas de nullité sans grief*, deve-se, em analogia (instituto de integração da norma permitida em direito administrativo) ao direito processual penal, levar em consideração – sem embargo do já citado princípio da instrumentalidade das formas – o princípio da insignificância dos efeitos processuais danosos, ou o princípio do prejuízo. Essa norma assinala que os

---

[209] "A administração pode anular seus próprios atos, quando eivados de vícios que os tornam ilegais, porque deles não se originam direitos; ou revogá-los, por motivo de conveniência ou oportunidade, respeitados os direitos adquiridos, e ressalvada, em todos os casos, a apreciação judicial" (Súmula 473 – Supremo Tribunal Federal).

atos com pequenos vícios em nada prejudicam a legalidade, a ampla defesa, o contraditório, a gestão administrativa, enfim, em nada alteram, materialmente ou juridicamente, o resultado a ser alcançado, não devendo ser merecedores da atenção da Administração, que ao anulá-los acabaria apenas por produzir atos meramente substitutivos, improdutivos de vantagens práticas. Assim deve ocorrer desde que a análise incida sobre atos anuláveis, não atos nulos, e que do ato de convalidação, ou seja, da manutenção do ato e de seus efeitos jurídicos, não advenham prejuízos ao interesse público e a terceiros interessados, e, principalmente e essencialmente, não sejam provocados prejuízos à parte relacional-processual investigada no bojo da investigação criminal conduzida por delegado de polícia, ou, mesmo, acusada no processo sancionador estatal. Caso contrário, decorrente o prejuízo, o ato deve ser anulado e, se ainda possível, refeito sob os ditames da lei de regência.

Com isso respondemos a primeira indagação e a segunda indagação se, (i) *quanto à intensidade do defeito do ato*: essa atividade corretiva da Administração é incidente somente nos atos anuláveis, ou se estende também aos atos nulos e atos inexistentes; e se, (2) *quanto à situação da parte relacional-processual investigada ou acusada*: esse *dever* de manutenção se refere a todo e qualquer ato administrativo-processual, ou somente aos que representam, com a convalidação, benéficos ao (ou não prejudique o) indivíduo envolvido na relação jurídica com o Estado.

Não restando prejuízos, a invalidação de atos de essência convalidável, com fundamento no simples e cômodo "anular", e em muitos casos sem a devida motivação, a provocar a renovação do procedimento em detrimento da economia processual, é, ao menos, descaso administrativo. Do mesmo modo, configura ação desrespeitadora, dentre outros, do princípio básico da eficiência, contido no *caput* do art. 37 da Constituição Federal e, agora, com o advento da Lei 9.784/99, é desrespeitadora, também, do princípio da legalidade, viga sustentadora de todo o regime jurídico-administrativo, passível, inclusive, de sanção na seara cível, penal e administrativa.

A insignificância dos efeitos jurídicos dos vícios[210] contidos nos atos meramente irregulares ou convalidáveis, anuláveis, é óbice

---

[210] Ressalte-se que não se está a comentar acerca do princípio da bagatela, aplicável à insignificância dos danos materiais.

à invalidação. Deve-se essa conclusão ao fato da inexistência de qualquer prejuízo ao interesse público e às partes envolvidas, pois tais vícios em nada interferem no direito constitucionalmente garantido à ampla defesa ou à observância dos princípios da legalidade, da impessoalidade, da moralidade, da publicidade e da eficiência da Administração Pública nas apurações em processo legal – não se afeta assim o devido processo legal administrativo-processual penal (investigação criminal, dedicada a exaurir efeitos no âmbito do direito processual penal). Se atos ferirem esses princípios, não teremos produções irregulares, mas nulas, ou até mesmo inexistentes e merecedoras da autotutela administrativa.[211]

Assim, necessário harmonizarem as produções administrativas com o sistema jurídico-administrativo e, consequentemente, com o sistema jurídico-constitucional, a fim de afastarem as produções equivocadas e desnecessárias.

Por esse motivo a Constituição da República se preocupou com a finalidade que deve ser alcançada pela Administração, instituindo em seu bojo um capítulo especialmente destinado à Administração Pública e a seus agentes, para, com princípios basilares, ser o ápice do sistema infraconstitucional pertinente à matéria, orientador de toda manifestação de vontade das entidades que compõem a Administração direta e indireta, em todas as esferas de governo – federal, estadual e municipal.

Esses princípios constitucionais são reflexos de construções doutrinárias, assentados em sede constitucional e provenientes das categorias que Paulo de Barros Carvalho[212] tachou de *sobreprincípio* e Celso Antônio Bandeira de Mello[213] considerou como axioma originário de todos os demais princípios do direito administrativo – a indisponibilidade do interesse público.

Em obediência a essa indisponibilidade do interesse público e para a sua garantia, a Administração tem o dever de restaurar o princípio da legalidade toda vez que o ferir. Isto se opera pela

---

[211] Ressaltamos, com base na doutrina de André Hauriou (A utilização em direito administrativo das regras e princípios do direito privado. Trad. Paulo da Mata Machado. *Revista de Direito Administrativo*, v. 1, fasc. 2, 1945), que essa classificação de atos administrativos quanto ao seu grau de validade é oriunda do direito privado, do direito civil, e plenamente aplicável ao direito administrativo.

[212] CARVALHO, P. B. *Curso de direito tributário*. São Paulo: Saraiva, 1999.

[213] MELLO, C. A. B. *Curso de direito administrativo*. 12. ed. São Paulo: Malheiros, 1999.

SANDRO LÚCIO DEZAN
DIREITO ADMINISTRATIVO DE POLÍCIA JUDICIÁRIA

autotutela – na modalidade de anulação[214] – ou pela convalidação de seus próprios atos.

Para a distinção entre produções administrativas nulas e anuláveis, a doutrina majoritária[215] transpôs para o direito administrativo a classificação oriunda do direito civil, mantendo a subdivisão apresentada por este último quanto à validade dos atos jurídicos, assimilando a partição dos atos jurídicos administrativos em atos *válidos, nulos, anuláveis* e *inexistentes*. Três espécies de defeitos dos atos administrativos, portanto.

Essa classificação, defendida em favor da justiça das persecuções por meio do direito processual administrativo investigativo e sancionador, nada mais é – sem embargo de sua essência privatística – que a base da teoria das nulidades no processo penal, aplicada ao procedimento e ao processo administrativo de toda e qualquer ordem, pois todos os seus princípios processuais (de direito processual penal) vão ao encontro da finalidade perquirida pela Administração ao desenvolver o processo jurídico.[216]

Essa deve ser a classificação adotada pela Administração, não só por atender completamente a todos os princípios supracitados, mas também por obrigação legal com o advento da Lei 9.784/99, em que a correção incide apenas sobre os atos administrativos cujos defeitos se façam sanáveis.

Mas o que são defeitos sanáveis? Vejamos como o os pontos vão se encaixando, corroborando tudo aqui exposto, de modo a mostrar que, para a Administração Pública, a *forma* é mero instrumento para a persecução do interesse público. Não um fim em si mesmo. Porém, os direitos e garantias constitucionais e legais fundamentais do investigado em sede de inquérito policial, ou da parte ré (em processo punitivo em geral e, assim no processo disciplinar),[217] encontram-se

---

[214] Nesse caso não é cabida a revogação, que só se aplica, em caso de conveniência e oportunidade, aos atos válidos.

[215] Cf. CRETELLA JÚNIOR, J. *Direito administrativo do Brasil*: atos e contratos administrativos. São Paulo: Revista dos Tribunais, 1961. v. 3; e MELLO, C. A. B. *Curso de direito administrativo*. 32. ed. São Paulo: Malheiros, 2015.

[216] Em sede de processo administrativo disciplinar aceitamos o uso da analogia para se aplicar a institutos e ao direito processual penal, suprindo lacunas legislativas não intencionais.

[217] Vislumbrando o conflito entre o interesse público e os direitos fundamentais do acusado, há de se considerar prevalentes os direitos da parte ré, e isso se dá também no âmago do processo administrativo disciplinar, a se inferir da "teoria da posição prevalente", consoante: MARTEL, L. C. V. Hierarquização de direitos fundamentais: a doutrina da

no âmago do conceito de interesse público[218] a ser concretizado pela Administração como um dos escopos do processo administrativo. Este instrumento não é unilateral, voltado à satisfação dos interesses investigativos e punitivos da parte-autora, a Administração Pública, e, para a investigação criminal, a Polícia Judiciária. Compreende bilateralidade, para, de modo dialético, atender à ordem normativa, materializando a apuração de ilícitos sem prescindir dos direitos e garantias fundamentais – realização do interesse público, pelas vias do devido processo legal.[219]

Por tudo, há de se considerar que a convalidação e a anulação de atos administrativos são partes do processo jurídico administrativo e, assim, também, do ato de decisão administrativa. A decisão deve ser o resultado do equilíbrio entre o "decidir motivado" e as estipulações legais de interesse público e, sem embargo, posta a garantir os direitos fundamentais das partes processuais, de modo a afastar qualquer suposto dever de "vinculação cega à lei". O equilíbrio da decisão administrativa configura-se por não quedar adstrita ao positivismo jurídico e ao seu "passivismo formalista"[220] e, tampouco, ao "decisionismo ativista", fonte de insegurança jurídica.

O intérprete-aplicador do Direito deve-se conduzir a partir do juízo de justificação firmado *prima facie* pelo legislador, em ambiente em que já se encontram sopesados os valores e os interesses morais, assim como os valores pragmáticos e ético-políticos, na formulação do texto de lei. A partir desse juízo, empenha-se em concretizar o juízo de aplicação da lei ao caso concreto.[221]

Os argumentos de justificação formulados originariamente pelo legislador devem ser considerados como premissa para a decisão. Esta, a decisão, como juízo de aplicação da lei, fica adstrita à essência valorativa firmada *prima facie* no momento da concepção da lei, sem se afastar da formulação de argumentos novos, porém harmônicos com os que já se encontram valorados pelo texto normativo.

---

posição preferencial na jurisprudência da suprema corte norte-americana. *Revista de Direito Constitucional e Internacional*, v. 51, p. 346-361, abr. 2005.

[218] JUSTEN FILHO, M., *op. cit.*

[219] *Ibidem.*

[220] Expressão utilizada por Álvaro Ricardo de Souza Cruz (*Habermas e o direito brasileiro.* 2. ed. Rio de Janeiro: Lumen Juris, 2008. p. 209).

[221] *Ibidem.*

Assim, há de haver o dever de declaração de vícios do processo administrativo (inclui-se, como alhures afirmado, todo e qualquer processo e, aqui, a investigação criminal como processo em sentido amplo) com base em nulidades vinculativas, previamente descritas em lei (nulidades absolutas), e, por outro lado, o dever de convalidação das nulidades não vinculativas, em razão de constatação de meras irregularidades processuais (nulidades relativas), cujo erro processual não provoque prejuízos a qualquer das partes.

Trata-se de um sistema misto de declaração de nulidades processuais que leva em consideração os juízos de justificação e de aplicação do texto de lei,[222] em que se dá deferência a direitos fundamentais dos administrados acusados e investigados. Assim, é possível abrir o debate para a necessidade de *compreensão complexiva* e *de alteridade* entre o *direito material* e o *direito processual*, para o adequado enfrentamento do tema das "nulidades processuais".

---

[222] Corroborando o que ora se expõe, cf. GÜNTHER, K. *Teoria da argumentação no direito e na moral*: justificação e aplicação. Introdução à edição brasileira de Luiz Moreira. Trad. Claudio Molz. São Paulo: Landy, 2004; e CRUZ, A. R. S, *op. cit.*

CAPÍTULO 5

A INTERAÇÃO DE NORMAS MATERIAIS E PROCESSUAIS EM SENTIDO LATO DO DIREITO PUNITIVO E PERSECUTÓRIO ESTATAL, PELA ÓPTICA DO PARADIGMA DA COMPLEXIDADE E DA ÉTICA DA ALTERIDADE: UMA CORRELAÇÃO COM A INVESTIGAÇÃO CRIMINAL CONDUZIDA POR DELEGADO DE POLÍCIA (ICDP)

5.1 Ética, alteridade e juridicidade na investigação criminal

A teoria do pensamento complexo compreende espécie paradigmática de investigação científica da epistemologia contemporânea, estudada e detalhadamente desenvolvida por Edgar Morin, em um contexto que se insere no campo da filosofia pós-estruturalista, do qual, dentre outros pensadores ocidentais, também fazem parte Emmanuel Lévinas, Jacques Derrida, Jean-François Lyotard e Gilles Deleuze.

Edgar Morin assinala que "o problema do conhecimento é um desafio porque só podemos conhecer, como dizia Pascal, as partes se conhecermos o todo em que se situam, e só podemos conhecer o todo se conhecermos as partes que o compõem",[223] e nessa medida apresenta em seus estudos a necessidade de acréscimo ao pensamento

---

[223] MORIN, E. Da necessidade de um pensamento complexo: para navegar no século XXI – tecnologias do imaginário e cibercultura. Porto Alegre: Sulina, 2003, p. 1.

disjuntivo (firmado na disjunção/redução/simplificação)[224] da teoria do *princípio conjuntivo*, posta a entender a natureza complexa do que cerca o homem e suas diversas pretensões de ciência. Busca afastar o reducionismo falso e simplificador de complexidade, que se põe como anteparo a ofuscar ou a iludir o observador, como uma "cortina de fumaça", acerca das inter-relações "rizomáticas" (para utilizar expressão de Gilles Deleuze)[225] dos objetos de investigação e, desse modo, a essência das coisas.[226] Visa-se, assim, à superação dos paradigmas cartesiano e pragmático-positivista, que, ao reduzirem à falsa singularidade os seus objetos de estudo, acabam por descartar parte importante do todo para uma melhor compreensão do fenômeno.

---

[224] Assinala Edgar Morin que "o paradigma simplificador é um paradigma que põe ordem no universo, expulsa dele a desordem. A ordem se reduz a uma lei, a um princípio. A simplicidade vê o uno, ou o múltiplo, mas não consegue ver que o uno pode ser ao mesmo tempo múltiplo. Ou o princípio da simplicidade separa o que está ligado (disjunção), ou unifica o que é diverso (redução)" (MORIN, E. *Introdução ao pensamento complexo*. Tradução de Eliane Lisboa. 5. ed. Porto Alegre: Sulina, 2015. p. 59).

[225] DELEUZE, G.; GUATTARI, F. *Mil platôs*: capitalismo e esquizofrenia. Trad. Aurélio Guerra Neto e Célia Pinto Costa. Rio de Janeiro: Editora 34, 2009. v. 1.

[226] Assegura Morin que a ciência clássica possuía algumas ideias-chave, dentre as quais se compreendia a concepção de "separabilidade". Segundo o autor, "conhecer é separar. Em face de um problema complicado, dizia Descartes, é preciso dividi-lo em pequenos fragmentos e trabalhá-los um após o outro. Assim, as disciplinas científicas são desenvolvidas a partir da divisão do interior das grandes ciências, a física, a biologia etc., o que dá origem a compartimentos sempre novos. No limite, pode-se dizer que a separação entre ciência e filosofia e, mais amplamente, entre ciência e cultura humanista – filosofia, literatura, poesia etc. –, está instituída em nosso século como uma necessidade legítima. Nas ciências, a separação entre o observador e sua observação, ou seja, entre nós, humanos, que consideramos os fenômenos, e estes (os objetos de conhecimento), tinha valor de certeza absoluta. O conhecimento científico, objetivo, implicava a eliminação do indivíduo e da subjetividade. Se existisse um sujeito, ele causaria perturbação – seria um ruído" (MORIN, E. A inteligência da complexidade. *Ensaios Thot, Associação Palas Athena*, São Paulo, n. 67, p. 13, 1998). Esclarece que "A caminhada consiste, ao contrário, em fazer um ir e vir incessante entre certezas e incertezas, entre o elementar e o global, entre o separável e o inseparável. Do mesmo modo, utilizamos a lógica clássica e os princípios de identidade, de não-contradição, de dedução, de indução, mas conhecemos seus limites, sabemos que em certos casos é preciso transgredi-los. Não se trata, portanto, de abandonar os princípios da ciência clássica – ordem, separabilidade e lógica –, mas de integrá-los num esquema que é, ao mesmo tempo, largo e mais rico. Não se trata de opor um holismo global e vazio a um reducionismo sistemático; trata-se de ligar o concreto das partes à totalidade. É preciso articular os princípios da ordem e da desordem, da separação e da junção, da autonomia e da dependência, que estão em dialógica (complementares, concorrentes e antagônicos), no seio do universo. Em síntese, o pensamento complexo não é o contrário do pensamento simplificador, ele integra este último – como diria Hegel, ele opera a união da simplicidade e da complexidade, e até no metassistema que ele constitui ele faz com que a sua própria simplicidade apareça. O paradigma da complexidade pode ser enunciado não menos simplesmente do que o da simplificação: este último impõe disjuntar e reduzir; o paradigma da complexidade ordena juntar tudo e distinguir". (MORIN, E.; LE MOIGNE, J-L. *A inteligência da complexidade*. São Paulo: Petrópolis, 2000. p. 205).

Adverte Inocêncio Mártires Coelho fazer parte da essência humana a tendência à apreensão reducionista, fragmentada nos aspectos simples e superficiais de um todo que, por vezes, demonstra-se, em uma análise mais acurada, complexo e multivariável.[227]

Essa simplificação leva a conclusões apressadas, indutoras de fenômenos inexistentes – ou, por outro lado, a desprezar fenômenos existentes e importantes ao contexto – e descompromissadas com os objetos observados e os princípios pseudodisjuntivos. Isso pode também ser considerado, agora na visão de Edgar Morin, uma forma "de conhecimento fragmentado", na medida em que "o nosso modo compartimentado de conhecimento produz uma ignorância sistemática, ou uma consciência retardatária dos efeitos perversos de ações consideradas [*prima facie*] salutares",[228] limitativo da percepção do todo e de suas intensas implicações de causa e efeito, diretos e reflexivos. Sob esses vértices, Inocêncio Mártires Coelho afirma que a mente humana tende a fazer "analogias superficiais", empregadas em tirar "conclusões de modo inopinado"[229] [na medida em que] "despreza a variedade de pormenores bem como a existência de exceções, e desse modo procede como se estivesse a tecer uma teia de origem puramente interna para impô-la à natureza".[230] Por todo o exposto, "como os meios e fins inter-retro-agem uns sobre os outros, a vontade realista de eficácia pode recorrer a meios pouco morais capazes de corromper a finalidade moral".[231]

Esses são importantes efeitos comprometedores de uma melhor assimilação do todo sistêmico em forma de sistema aberto, receptivo e reflexivo. O reducionismo compreensivo limita a análise e, por conseguinte, imprime contornos notadamente equivocados dos reais limites do objeto de estudo. Por tudo – e não se está aqui a defender qualquer espécie de positivismo científico ou jurídico –, leva a conclusões nem sempre confiáveis do ponto de vista da pretensão de cientificidade. Todavia, advirta-se que esse pensamento complexo

---

[227] COELHO, I. M. *Da hermenêutica filosófica à hermenêutica jurídica*: fragmentos. São Paulo: Saraiva, 2010. p. 26.

[228] MORIN, E. *O método 6*: ética. 4. ed. Trad. Juremir Machado da Silva. Porto Alegre: Editora Sulina, 2011. p. 43.

[229] COELHO, I. M., *op. cit.*, p. 24.

[230] *Ibidem*, p. 26.

[231] MORIN, E., *op. cit.*, p. 44.

é fruto do estágio evolutivo da coletividade,[232] embrincando ciência e complexidade em uma espécie de enlace temporal a induzir à concepção de que "a ciência é complexa porque é inseparável de seu contexto histórico e social"[233] e, por via análoga, a complexidade permeia e molda a cientificidade nos justos limites das percepções humanas, historicamente forjadas.

Afirma Edgar Morin[234] que "deveríamos, portanto, ser animados por um princípio de pensamento que nos permitisse ligar as coisas que nos parecem separadas umas em relação às outras" 235 e, sob esse vértice, a *hipersimplificação* não permite que se veja a *complexidade* do real. Com isso, os aspectos científicos que comumente se têm investigado de forma autônoma, disjuntiva, reducionista, ou unidirecional, apesar de se manterem epistemologicamente afastados, não mais se devem encontrar estanques, incomunicáveis e, por esse olhar, passam a compartilhar múltiplos pontos de convergência, de conjunção e, simultaneamente, de distinção, em forma de sistema aberto, imprescindível ao exercício de uma racionalização interativa, inter-relacional de causas e efeitos.[236]

Com o paradigma da complexidade intenciona-se o afastamento do método da hipersimplificação epistemológica, haurida, para utilizar a expressão de Morin, de uma "patologia do saber", "inteligência cega".[237] Objetiva-se uma unidade complexa do objeto de estudo e de seus métodos de abordagem.

A complexidade dos objetos de estudo, por outro lado, reconhece um preambular afastamento, mas não a indiferença epistemológica, o que importa no fenômeno em que objetos inicialmente tidos como cientificamente unidirecionais, fechados em sistemas singulares de conhecimento, interconectam-se em compartilhado sistema aberto, para a necessária interação de reconhecimento de pontos de proximidade e de dispersão, todavia, mutuamente influentes, reflexivos, em relação de codependência, o que nos permite falar em simultaneidade de *relações de alteridade e de complexidade conjuntiva*, em que a identificação da

---

[232] GADAMER, H-G. *Verdade e método*. Petrópolis: Vozes, 2002. v. 1-2.

[233] COELHO, I. M., *op. cit.*, p. 24.

[234] MORIN, E. *Da necessidade de um pensamento complexo*: para navegar no século XXI – tecnologias do imaginário e cibercultura. Porto Alegre: Sulina, 2003. p. 1-27.

[235] MORIN, E. *Introdução ao pensamento complexo*. Trad. Eliane Lisboa. 5. ed. Porto Alegre: Sulina, 2015.

[236] MORIN, E. *Introdução ao pensamento complexo*. 5. ed. Trad. Eliane Lisboa. Porto Alegre: Editora Sulina, 2015.

[237] *Ibidem*, p. 11.

parte não impede a identificação do todo, assim como a identificação deste último não obsta à identidade de efeitos de partes específicas sistêmicas.

O pensamento complexo, por outro giro, abre caminho à percepção dos contornos de incidência do *princípio da alteridade* como pressuposto ético de inter-relações subjetivas e objetivas. Essa questão foi desenvolvida por Emmanuel Lévinas, ao considerar que o "outro" não se confunde com o "eu" e, por isso, não deve ser equivocamente considerado como uma espécie de "eu projetado", tendenciosamente a manter as mesmas características do "eu", em forma de singularização e redução de complexidade, a ponto de excluir a individualidade e, por conseguinte, a existência do "outro".[238] Reportou-se ao conceito de "infinito" para expressar a impossibilidade do "eu" adentrar na essência do "outro", podendo, tão somente, quedar-se adstrito ao seu reconhecimento, como unidade distinta e complexa de mútua existência, ou de cooriginalidade.[239] No reconhecimento do "outro" como unidade distinta há de se aferir a complexidade das relações intersubjetivas e, por que não dizer, também objetivas, para abarcar indivíduos e fenômenos objetivos, a servirem todos como objeto de uma metalinguagem que os aborda e relaciona. Com isso, *denota-se a correlação entre alteridade e complexidade.*

Sob esses vértices referenciais, ao se aplicar a teoria da complexidade e a ética da alteridade ao *direito de Polícia Judiciária e, com efeito à investigação criminal alinhavada à correlação entre o direito administrativo e o direito processual penal*, há de se aferir que o *racionalismo complexo* nos leva a entender os ramos material e formal da persecução de modo conjunto, e mais: a *conjuntividade* dos ramos direito administrativo e direito processual penal para a adequação da investigação criminal ao atual Estado Democrático e Constitucional de Direito.

Assente-se que ambos e todo esse fenômeno não podem ser tomados como elementos isolados e incomunicáveis do dever-poder persecutório e sancionador estatal, todavia, sem se descurar da sensível distinção epistêmica dada a um e a outro, pela necessidade de alteridade dos microssistemas formadores do macro. Essa interação compreende, sob essa óptica, o que Edgar Morin denominou de "princípio dialógico",

---

[238] Cf. também: MORIN, E. *O método 6*: ética. 4. ed. Trad. Juremir Machado da Silva. Porto Alegre: Editora Sulina, 2011.

[239] MORIN, E. *Introdução ao pensamento complexo*. 5. ed. Trad. Eliane Lisboa. Porto Alegre: Editora Sulina, 2015. p. 74 *et seq.*

que "nos permite manter a dualidade no seio da unidade. Ele associa dois termos ao mesmo tempo complementares e antagônicos".[240] Complementares quanto ao escopo de justiça jurídica e antagônicos quanto à distinção epistêmica.[241]

Com efeito, sob essa concepção da *dialogicidade*, abarcam-se um ao outro, direito material e direito processual, em um ambiente de persecução para a aferição de responsabilidades, em um macrossistema "ambiental", inserido no bojo da relação jurídica processual, sem desequilíbrios que levem à prevalência de um sobre o outro. A relação processual, quer seja ela a relação processual penal em sentido estrito, quer seja a relação processual penal pré-contraditorial formada na investigação criminal, vale-se do direito material (administrativo) e do direito processual (processual penal e, por vezes, processual administrativo), tratando-os de modo cooriginário e reflexivo, de ação e retroação dialógicas. No bojo do conceito de *ação*, a persecução penal se inicia e se desenvolve; todavia, pela retroação, permite-se a essa relação processual se reiniciar o quanto for preciso, para atender aos lineamentos do direito posto.

Nisso se verifica a necessidade de uma teoria clara das nulidades processuais, que não privilegie somente a ação, mas também, dialogicamente equilibradas, ação e retroação, ao amparo das normas jurídicas, que possa   atingir também e em igual intensidade, com relação de pertinência ao Estado Democrático e Constitucional de Direito, a Investigação Criminal Conduzida por Delegado de Polícia (ICDP).

A complexidade conjuntiva é obtida dessa codependência regrada por normas jurídico-reguladoras legais e, essencialmente, constitucionais, em que a óptica de limitação do poder estatal verte deferência à dignidade da pessoa humana, como *metavalor* a nortear os demais princípios e regras de todo o ordenamento jurídico. Nesse sentido, não se concebe a classificação de ser o direito processual o

---

[240] MORIN, E., *op. cit.*, p. 74.

[241] Nesse mesmo sentido, ao defender uma filosofia do direito processual com vistas a dar autonomia à teoria do processo, sem perder de vista a inter-relação entre processo e direito material, afirma Sebastián Betancourt Restrepo que "merced a una fundamentación iusfilosófica, el derecho procesal podrá erguirse como autónomo y único, dejar de ser el 'derecho adjetivo' de la normatividad sustancial, dado que el derecho procesal no depende en lo absoluto de aquélla, y *a contrario sensu*, el derecho sustancial no es calificado ni caracterizado por aquél" (RESTREPO, S. B. *Filosofía del derecho procesal*. Medellín: Universidad Autónoma Latinoamericana; Facultad de Derecho; Teoría General del Proceso, 2008. p. 9).

ramo adjetivo do direito material, este o ramo substantivo. Ambos se empregam a adjetivar e a substantivar um ao outro, em uma relação complexa de alteridade, a integrarem-se sem a "desidentificação" dos contornos sistêmicos de cada unidade epistêmica.[242]

Na *práxis* administrativa, porém, e, não obstante, jurisdicional da processualidade administrativa, a interação complexa está longe se ser substancializada. Apercebe-se, de um lado, o Estado a se apropriar (do) e a personificar o direito material punitivo e ver no direito processual – e em suas formas e formalismos – um entrave ao pleno e efetivo exercício de seu direito sancionador (a figurar, de modo "patológico", como o seu "eu", o "eu" estatal punitivo, em que somente importam as possibilidades fáticas de concretização desse direito-poder punitivo)[243] e, de outra face, o investigado, ou o particular, ou, ainda, o jurisdicionado, processual-personificado. Ou seja, está a se apropriar (do) e personificar o direito processual, na tentativa de (sem olvidar de uma parcela dos acusados e investigados dedicados à busca de todo e qualquer tipo de óbice à aplicação do ato punitivo) fazer valer seus direitos e garantias fundamentais frente a eventuais arbítrios estatais.

Vislumbra-se a "polarização personificada do processo", fenômeno que podemos denominar de *direito material acusador* e de *direito processual defensivo*.

Nesse contexto, as circunstâncias denotam, especialmente por obra do Estado, responsável[244] pela persecução formal, a unicidade

---

[242] Sobre a teoria dos sistemas na filosofia do direito, cf. CANARIS, C-W. *Pensamento sistemático e conceito de sistema na ciência do direito*. 5. ed. Trad. A. Menezes Cordeiro. Lisboa: Fundação Calouste Gulbenkian, 2012.

[243] Essa tendência do Estado-sancionador de somente fazer valer os institutos jurídicos, processuais e materiais, pela óptica de seus interesses de célere persecução e sanção, amolda-se ao que Edgar Morin denomina de "racionalização" em oposição à "racionalidade". Assinala que "[a] racionalidade e a racionalização têm exatamente a mesma fonte, mas ao se desenvolverem tornam-se inimigas uma da outra. É muito difícil saber em que momento passamos da racionalidade à racionalização; não há fronteiras; não há sinal de alarme. Todos nós temos uma tendência inconsciente a afastar de nossa mente o que possa contradizê-la, em política como em filosofia [o que se denomina racionalização]. Tendemos a minimizar ou a rejeitar os argumentos contrários. Exercemos uma atenção seletiva sobre o que favorece nossa ideia e uma desatenção seletiva sobre o que a desfavorece. Com frequência, a racionalização se desenvolve na própria mente do cientista" (MORIN, E. *Introdução ao pensamento complexo*. 5. ed. Trad. Eliane Lisboa. Porto Alegre: Editora Sulina, 2015. p. 70).

[244] E aqui, sob esse prisma da responsabilidade, há de se aferir o dever de vinculação do Estado à concepção de ética da alteridade, em Lévinas, e de ética da responsabilidade, em Hans Jonas, em que a responsabilidade deve ser vista como princípio a reger as inter-relações entre o coletivo social e entre o Estado, a sociedade e o indivíduo, em um contexto em que

não "complexiva" da dicotomia epistemológica entre direito material e direito processual, para incutirem a concepção reducional do conceito de devido processo legal ao formalismo necessário ao exercício do direito material sancionador-punitivo. Patente em questão uma espécie de "racionalização seletiva" estatal, desprovida da necessária autocrítica dos verdadeiros propósitos do direito punitivo, o que justifica a assertiva de Edgar Morin, ao discorrer sobre *razão, racionalidade* e *racionalização*, ao ressaltar que "devemos lutar sem cessar contra a deificação da razão que, entretanto, é nossa única ferramenta confiável, à condição de ser não só crítica, mas autocrítica".[245]

Sem embargo, à vista do *paradigma da complexidade* e da ética da alteridade aplicados ao direito positivo material e processual, não se concebem normas que, ao contrariarem dispositivos da Constituição Federal, ponham-se, por meio de *polarizações personificadas do processo*, a inferir assimetria ou desproporção entre os ramos jurídicos epistemológicos afetos à persecução processual. Do mesmo modo, não se deve deferir legitimidade a interpretações normativas que se portem a unificar cegamente ramos distintos do direito, em notado não reconhecimento do "outro", refletido no processo e no direito positivo, a projetar-se à subjetividade distinta da concepção de "eu".

Essa polarização do direito positivo, mesmo sob o argumento de busca da finalidade pública e do interesse público, pelo fato de "atropelar" o Direito como um todo, o Direito como lei, o ordenamento jurídico e, não obstante, a ciência do Direito, não só ignora a complexidade[246] das interações entre categorias jurídicas. Ignora também a complexa influência recíproca existente entre os sujeitos envolvidos e dependentes do processo como fator de concretização

---

as ações e omissões de cada indivíduo devem ser pensadas e projetadas para o todo, que, assim, poderia ser concebido, em Morin e em Lévinas, como o "Outro Coletivo", para o qual todos, individualmente, ou em sociedade, devem consideração e respeito. Nesses termos, cf. LÉVINAS, E. *Entre nós*: ensaios sobre a alteridade. Trad. Pergentino Stefano Pivatto (Coord.), Evaldo Antônio Kuiava, José Nedel, Luiz Pedro Wagner e Marcelo Luiz Pelizolli. Petrópolis: Editora Vozes, 2009; MORIN, Edgar, *op. cit.*; e JONAS, H. *O princípio responsabilidade*: ensaios de uma ética para a civilização tecnológica. Rio de Janeiro: Contraponto; PUC – Rio, 2006. Conferir também, sobre a ética da responsabilidade: BECK, U. *Sociedade de risco*: rumo a uma outra modernidade. 2. ed. São Paulo: Editora 34, 2011.

[245] MORIN, E. *Introdução ao pensamento complexo*. 5. ed. Trad. Eliane Lisboa. Porto Alegre: Editora Sulina, 2015. p. 71.

[246] *Ibidem*.

da justiça. Age sem deferência aos paradigmas da alteridade[247] e da responsabilidade[248] como princípios que se esperam do Estado Democrático e Constitucional de Direito. O Estado-sancionador, com o exercício do *ius persequendi* e do *ius puniendi*, com esse comportamento jurídico-patológico, ignora o que se pode denominar de o "outro coletivo", representado por todo o corpo social, que se caracteriza, nesses moldes, como vítima direta da manipulação equivocada dos instrumentos do Direito, que passam ao largo de uma condução adequada do controle de litígios. A investigação criminal não está isenta dessas críticas.

A verdade é que, ao polarizar um ou outro lado do direito positivo, por exemplo, o fato de ver no direito material a substantividade que é servida por um direito "adjetivo", aplica-se ao fenômeno um método reducionista. Esse método, malgrado pseudointegrador dos ramos material e processual – como se conjuntivo fosse –, opera de modo disjuntivo (reducionista de complexidade) quanto aos resultados buscados, na justa medida em que afasta dos resultados possíveis a concretização de direitos fundamentais, *v.g.*, reduzindo as funções da investigação criminal a mero procedimento administrativo, plenamente dispensável à fase processual penal em contraditório. Levam ao esquecimento a função da investigação criminal de comportar-se como filtro de justa causa, à luz da tutela do interesse público do Estado-investigador e dos direitos fundamentais do investigado, para evitar o *strepitus processus*.

Por exemplo, se dissermos que somente haverá nulidade no processo punitivo ou investigativo se a parte ré, ou o investigado, demonstrar cabalmente a ocorrência de agravo a seu direito, polarizaremos inadvertidamente o direito material em detrimento da distinção epistemológica do direito processual e isso, em princípio, pareceria um raciocínio complexo e conjuntivo. Mas, por outro lado, não devemos desconsiderar que essa distinção epistemológica inicial se faz necessária para a conjunção dos resultados buscados pelo processo punitivo: o não afastamento, pela decisão processual, entre "interesse público" e "direitos fundamentais" dos investigados e acusados. Eis

---

[247] LÉVINAS, E. *Entre nós*: ensaios sobre a alteridade. Trad. Pergentino Stefano Pivatto (Coord.), Evaldo Antônio Kuiava, José Nedel, Luiz Pedro Wagner e Marcelo Luiz Pelizolli. Petrópolis: Editora Vozes, 2009.

[248] JONAS, H. *O princípio responsabilidade*: ensaios de uma ética para a civilização tecnológica. Rio de Janeiro: Contraponto; PUC – Rio, 2006.

a interação complexiva que se pretende, como uma forma de ética da justiça[249] do Direito pelo processo – uma espécie de racionalidade prática teleológica da justiça pela via da complexidade entre direito material e direito processual.

Além do mais, a percepção do Direito como instrumento formado pela complexidade e pela alteridade vai de encontro – para lhe dar uma resposta – à teoria de Habermas.[250] Por mais que essa teoria tenha buscado desautorizar a *teoria do processo como relação jurídica* – mormente no bojo da relação jurídica formada no processo jurisdicional –, as críticas não se sustentam. Isso se constata na medida em que, por mais que Habermas tenha-se fundamentado na ausência de *ação comunicativa* (na sua concepção de participação do todo coletivo na confecção da norma) no bojo da relação jurídica processual, ao colocar o julgador em posição de superioridade sobre as partes litigantes, e, destarte, proferir decisões solipsistas, sem a participação do potencial coletivo a ser afetado ou influenciado pela decisão *inter partes, o pensamento do Direito como sistema complexo* dota-se da necessária alteridade. O Direito complexivo e *permeado pela alteridade* leva em consideração a assimilação do interesse público como interesse coletivo a ser mirado – apresenta-se a figura do "outro coletivo", em harmonia com a ética da alteridade, em Lévinas.[251]

Sob esse olhar, o julgador passa a ter compromisso com as partes (e o investigador com o objeto da investigação criminal – com o investigado) e, sem embargo, com o interesse aposto pelo consenso do coletivo social, representado como faceta do interesse público a ser concretizado pela Administração Pública, por meio do processo.

Identifica-se assim, como assinala Castanheira Neves, o ato concreto, como resultado da aplicação do Direito, com a norma

---

[249] ARISTÓTELES. Ética a *Nicômaco*. Trad. Antônio de Castro Caiero. São Paulo: Atlas, 2009; _____. Ética a *Eudemo*. Traduzido por Edson Bini. São Paulo: Edipro, 2015.

[250] "a neutralidade do juiz em relação às partes conflitantes – a *venda nos olhos da Justiça* – é agora insuficiente como modelo de práxis de fundamentação exigida. Pois nela devem tomar parte, com igualdade de direitos, todos os membros enquanto potencialmente envolvidos, de modo que não haja mais uma separação de papéis entre um terceiro privilegiado e as partes envolvidas em cada caso. Agora, todos igualmente se tornam partes que pretendem se convencer reciprocamente na competição pelo melhor argumento" (HABERMAS, J. *Verdade e justificação*: ensaios filosóficos. Trad. Milton Camargo Mota. São Paulo: Landy, 2004. p. 298).

[251] LÉVINAS, E. *Entre nós*: ensaios sobre a alteridade. Trad. Pergentino Stefano Pivatto (Coord.), Evaldo Antônio Kuiava, José Nedel, Luiz Pedro Wagner e Marcelo Luiz Pelizolli. Petrópolis: Editora Vozes, 2009.

jurídica, afastando dessa visão a interpretação do texto de lei.[252] Daí porque, sob esse olhar de especialização do conceito de norma aos atos concretos, a decisão *inter partes* ser de interesse coletivo e geral. Nesse âmbito, não divergem Castanheira Neves, pelos argumentos colocados, e Ronald Dworkin.[253] Para este último, a fonte do direito seria a interpretação da ordem jurídica, ao passo que para Castanheira Neves a interpretação da lei leva à norma, como resultado do ato interpretativo.[254] Afere-se, de toda forma, a migração de foco do conceito de Direito como direito positivo, para uma combinação entre o direito-texto e o seu resultado,[255] aferível por obra da argumentação

---

[252] Cf. NEVES, A. C. *Metodologia jurídica*: problemas fundamentais. Coimbra: Coimbra Editora, 1993; _____. *Curso de metodologia jurídica*. Rio de Janeiro: Universidade Federal do Rio de Janeiro, 1994; e _____. *O actual problema metodológico da interpretação jurídica*: 1. Coimbra: Coimbra Editora, 2003.

[253] Cf. DWORKIN, R. *O império do Direito*. São Paulo: Marins Fontes, 2007; e _____. *Justiça para ouriços*. Trad. Pedro Elói Duarte. Coimbra: Almedina, 2012.

[254] No mesmo sentido, conferir as noções de "interpretação-atividade" e "interpretação-produto" em: MOTTA, O. V. *Justificação da decisão judicial*: a elaboração da motivação e a formatação de precedentes. São Paulo: Revista dos Tribunais, 2015.

[255] Sob o argumento da segurança jurídica a dar azo ao conceito de "ato administrativo típico", dotado da previsibilidade do ato a ser produzido ao amparo dos fatos apresentados, Leme de Barros sustenta que "a ideia de aplicação de precedentes administrativos encontra sua base justificada pela Lei federal de processo. Basta verificar sua fundamentação extraída dos princípios enumerados do artigo 2º, *caput* (segurança jurídica e eficiência) e do seu parágrafo único, inciso XIII ou do artigo 50, inciso VII. É com base no princípio da segurança jurídica, que é possível exigir da administração pública a mesma decisão para casos substancialmente similares, e que eventuais alterações também aconteçam quando restarem demonstradas as diferenças para casos futuros. (...) É evidente que o grande esforço deste princípio (e das regras de decadência desdobradas) foi consagrar no país o princípio da proteção à confiança. Embora, na atualidade, o mesmo princípio também sirva de base para a aplicação de precedentes administrativos, a sua correta aplicação como forma de justificação pode fortalecer as situações de previsibilidade para os administrados guiarem as suas condutas diante da administração. (...) Por fim, outra regra prevista na Lei federal que também justifica a aplicação de precedentes administrativos é o artigo 50, inciso VII, que dispõe que os atos administrativos deverão ser motivados, com indicação dos fatos e dos fundamentos jurídicos, quando deixem de aplicar jurisprudência firmada sobre um caso concreto. Novamente, o ponto se refere à mudança de interpretação e da não aplicação de jurisprudência firmada sobre determinado caso. Em outras palavras, prevalece um grande esforço da administração para motivar uma decisão quando não for seguir um precedente. (...) Ainda, deve-se destacar que a ideia de força gravitacional se relaciona ao efeito da aplicação do precedente segundo a teoria interpretativista do precedente (DWORKIN, 2003; MACCORMICK, 2008; MACCORMICK, SUMMERS, 1997), na qual se afirma que a força do precedente, seja vinculante ou persuasiva, decorre das razões constantes da decisão de um caso concreto. É graças às abstrações realizadas a partir da justificação de algumas razões – *ratio decidendi* – que determinada decisão se torna um precedente. Percebe-se, ademais, que nem toda decisão é um precedente e nem todas as razões expostas na justificação têm força vinculante ou persuasiva" (BARROS, M. A. L. L. Processo, precedentes e as novas formas de justificação da Administração Pública brasileira. *Revista Digital de Direito Administrativo*. v. 3, n. 1, p. 138-139, 2016).

e da interpretação jurídica,[256] em que as normas abstratas seriam formadas por regras e por princípios[257] e, em concreto, o ato decisional,[258] administrativo ou jurisdicional.

A alteridade e a complexidade do Direito trazem para dentro do processo jurídico persecutório e sancionador, seja ele penal ou administrativo, os interesses da comunidade contextualizada, o interesse do coletivo social e, nesse diapasão, também passam a corroborar a necessidade de *integridade* e de *coerência*,[259] [260] [261] decorrentes do princípio da "igual consideração e respeito", como face do princípio da igualdade idealizado por Ronald Dworkin,[262] [263] para fazer oposição

---

[256] Como acentua Josep M. Vilajosana, "si durante mucho tiempo los estudios de los teóricos del derecho tenían la actividad del legislador como el centro básico de su análisis, ahora el centro se ha desplazado del momento de la legislación al momento de la adjudicación o aplicación del derecho. Las decisiones del intérprete y del juez ocupan el lugar privilegiado que antes ocupaban las decisiones de legislador como objeto de estudio" (VILAJOSANA, J. M. *Identificación y justificación del derecho*. Madrid: Marcial Pons, 2007. p. 90). Todavia, a nosso sentir, essa mutação de centro não impõe o exercício sem limites pelos intérpretes e aplicadores do direito.

[257] DWORKIN, R. *Uma questão de princípios*. 2. ed. São Paulo: Martins Fontes, 2005; _____. *O império do Direito*. São Paulo: Marins Fontes, 2007; e _____. *Justiça para ouriços*. Trad. Pedro Elói Duarte. Coimbra: Almedina, 2012.

[258] NEVES, A. C. *O actual problema metodológico da interpretação jurídica*: 1. Coimbra: Coimbra Editora, 2003.

[259] A abordagem tem "precedente" jurídico, adotado pela óptica dos precedentes jurisdicionais por Ronald Dworkin sob a tese do "romance em cadeias" para desenvolver o conceito de Direito como integridade. Vêm ganhando contornos os estudos de direito administrativo, sob o vértice da teoria dos atos administrativos próprios, dotados de apontamentos de previsibilidade das decisões administrativas futuras. Para aprofundamento das análises sobre o tema, conferir: BARROS, M. A. L. L. Processo, precedentes e as novas formas de justificação da Administração Pública brasileira. *Revista Digital de Direito Administrativo*. v. 3, n. 1, p. 133-149, 2016.

[260] Em consonância com o método de investigação científica por meio da argumentação levado a efeito por Ronald Dworkin, Neil MacCormick desenvolve estudo sobre "o lugar dos argumentos a partir de princípios gerais na argumentação jurídica", e acrescenta a "'coerência' no sentido de que as numerosas normas de um sistema jurídico desenvolvido deveriam 'fazer sentido' quando consideradas em conjunto" (MACCORMICK, N. *Argumentação jurídica e teoria do Direito*. Tradução Waldéia Barcellos. São Paulo: Martins Fontes, 2006. p. 198).

[261] O novo Código de Processo Civil brasileiro, Lei 13.105/2015, em seu art. 926, inovou a ponto de incluir a necessidade de interpretação do Direito com integridade e coerência pelos tribunais, o que, de todo, se aplica à Administração Pública na sua tarefa de interpretação e aplicação do direito sancionador. O referido artigo, em seu *caput*, prescreve que "os tribunais devem uniformizar sua jurisprudência e mantê-la estável, íntegra e coerente".

[262] DWORKIN, R. *O império do Direito*. São Paulo: Martins Fontes, 2007; _____. *Levando os direitos a sério*. São Paulo: Martins Fontes, 2010.

[263] Menelick de Carvalho Netto afirma ser a teoria do Direito de Ronald Dworkin uma espécie de evolução do *juspositivismo* idealizado, dentre outros, por Hans Kelsen e, nesses termos, esclarece que "Dworkin retoma a questão da interpretação precisamente ali onde Kelsen termina. A sua afirmação de uma única decisão correta para o caso assenta-se na unicidade

CAPÍTULO 5
A INTERAÇÃO DE NORMAS MATERIAIS E PROCESSUAIS EM SENTIDO LATO DO DIREITO PUNITIVO E PERSECUTÓRIO ... | 151

ao que se denominou de *convencionalismo*[264][265] e de *pragmatismo*[266] e, assim, contra a possibilidade de decisão diante de uma suposta "zona de penumbra" do Direito, para propiciar a "criação intersticial do direito" (Herbert. L. A. Hart),[267] ou suposta "discricionariedade"[268] do julgador, quando constatada a omissão regulatória da ordem jurídica,[269] a equiparar os órgãos encarregados das interpretações

---

e irrepetibilidade que marca cada caso, a ressaltar a complexidade de um ordenamento de princípios e regras, que se apresenta por inteiro e de forma concorrente no que se refere aos seus princípios, para regê-lo, vez que o mesmo deve ser reconstruído de todas as perspectivas possíveis no sentido de se alcançar a norma adequada, a única capaz de produzir justiça naquele caso específico. Essas reflexões de Dworkin marcam o emergir de um novo paradigma que vem, enquanto tal, de forma cada vez mais difundida e internalizada se afirmando através da constituição de um novo senso comum social, de um novo pano-de-fundo para a comunicação social, no qual são gestadas pretensões e expectativas muito mais complexas, profundas e rigorosas no que respeita ao Direito, seja como ordenamento ou esfera própria da ação comunicativa, do reconhecimento e do entendimento mútuo dos cidadãos para o estabelecimento e a implementação da normativa que deve reger sua vida em comum, seja como simples âmbito específico de conhecimento e exercício profissionais. E esse novo paradigma que tem sido denominado pela Doutrina 'Estado Democrático de Direito' e que, no Brasil, foi inclusive constitucionalmente consagrado" (CARVALHO NETTO, M. A interpretação das leis: um problema metajurídico ou uma questão essencial do direito? – De Hans Kelsen a Ronald Dworkin. *Caderno da Escola do Legislativo*, Belo Horizonte, v. 3, n. 5, p. 27, jan./jun. 1997).

[264] HART, H. L. A. *O conceito de direito*. São Paulo: Martins Fontes, 2012.

[265] AUSTIN, J. L. *How to do Things with Words*. Oxford: Clarendon Press, 1982.

[266] KELSEN, H. *Teoria pura do Direito*. São Paulo: Martins Fontes, 1999.

[267] Cf. HART, H. L. A., *op. cit.*

[268] Posicionando-se de modo a reconhecer a discricionariedade por meio de omissões legislativas a condicionarem o ato de decisão, em alguns momentos, para o campo de uma "zona de penumbra" do direito-texto, argumenta Luis Pietro Sanchís que, "en suma, frente a la 'pesadilla' de algunos realistas que disuelven el Derecho en una suma inconexa de fallos judiciales y frente al 'sueño' de quienes pretenden que el juez *encuentra* sin más todas las claves de su sentencia, la verdad se sitúa en algún lugar intermedio; las normas son importantes y condicionan hasta cierto punto el sentido del fallo, pero, a partir de ese punto se abre paso la discrecionalidad donde la teoría del Derecho (descriptiva) poco tiene que decir. Así pues, la que pudiéremos llamar judicialización de la teoría del Derecho puede resultar compatible con la explicación positivista (…) sin embargo, a partir de un cierto momento de la argumentación, sobre todo los casos difíciles, esas reglas se muestran insuficientes y se abre paso la discrecionalidad judicial; una discrecionalidad que no tiene por qué ser equivalente a arbitrariedad, (…) y de ahí que lo que se llama 'Derecho vigente' no puede garantizar la unidad de solución o la única respuesta correcta ante un caso concreto. En resumen, la judicialización de la teoría del Derecho puede mantenerse fiel al normativismo – al menos, en este aspecto – y no tiene que desembocar necesariamente en las tesis de la unidad de solución justa" (SANCHÍS, L. P. *Sobre principios y normas*: problemas del razonamiento jurídico. Madrid: Centro de Estudios Constitucionales, 1992. p. 98-99).

[269] Sob a óptica do positivismo jurídico, a analisar a possibilidade de criação do Direito por meio da interpretação, para os casos de discricionariedade, ou de zonas de penumbra normativas, a partir da noção de "derrotabilidade das normas jurídicas", para a aceitação de omissões involuntárias levadas a efeito pela ordem normativa, cf. RÓDENAS, Á. *Los intersticios del derecho*: indeterminación, validez y positivismo jurídico. Madrid: Marcial Pons, 2012.

autênticas à qualidade de verdadeiros legisladores, na medida em que se lhes atribui a possibilidade de criação do Direito, como afirmou Hans Kelsen.[270][271]

---

[270] Kelsen, por exemplo, após esclarecer, no Capítulo VIII da segunda edição francesa da *Teoria pura do Direito*, que a interpretação autêntica do direito positivo seria aquela produzida, por ato de conhecimento e de vontade, pelos órgãos oficiais encarregados de dizer o Direito ao caso concreto e, assim, aceitar a possibilidade de o julgador decidir "fora da moldura" de normatização positiva (o que se denominou de "giro decisionista" de Kelsen, para inserir a possibilidade de discricionariedade no direito positivo e, deste modo, a nosso sentir, a impregnação de argumentos outros, fundados em normas extrajurídicas, mormente a moral e a política), assevera que "a interpretação feita pelo órgão aplicador do Direito é sempre autêntica. Ela cria Direito. Na verdade, só se fala de interpretação autêntica quando esta interpretação assuma a forma de uma lei ou de um tratado de Direito internacional e tem caráter geral, quer dizer, cria Direito não apenas para um caso concreto, mas para todos os casos iguais, ou seja, quando o ato designado como interpretação autêntica represente a produção de uma norma geral. Mas autêntica, isto é, criadora de Direito é a interpretação feita através de um órgão aplicador do Direito ainda quando cria Direito apenas para um caso concreto, quer dizer, quando esse órgão apenas crie uma norma individual ou execute uma sanção. A propósito importa notar que, pela via da interpretação autêntica, quer dizer, da interpretação de uma norma pelo órgão jurídico que a tem de aplicar, não somente se realiza uma das possibilidades reveladas pela interpretação cognoscitiva da mesma norma, como também se pode produzir uma norma que se situe completamente fora da moldura que a norma a aplicar representa. Através de uma interpretação autêntica deste tipo pode criar-se Direito, não só no caso em que a interpretação tem caráter geral, em que, portanto, existe interpretação autêntica no sentido usual da palavra, mas também no caso em que é produzida uma norma jurídica individual através de um órgão aplicador do Direito, desde que o ato deste órgão já não possa ser anulado, desde que ele tenha transitado em julgado. É fato bem conhecido que, pela via de uma interpretação autêntica deste tipo, é muitas vezes criado Direito novo – especialmente pelos tribunais de última instância" (KELSEN, H. *Teoria pura do direito*. São Paulo: Martins Fontes, 1999. p. 294). Nesse sentido, conferir também: COURA, A. C.; AZEVEDO, S. A. Indeterminação do Direito e discricionariedade judicial: pensando a crise do positivismo jurídico a partir de Kelsen, Hart e Dworkin. In: COURA, Alexandre de Castro; BUSSINGER, Elda Coelho de Azevedo (Org.). *Direito, Política e Constituição*: reflexões acerca da tensão entre constitucionalismo e democracia à luz do paradigma do Estado Democrático de Direito. Curitiba: Editora CRV, 2014. p. 101-142; e COURA, A. C.; FREIRE JÚNIOR, A. B. Existe uma resposta correta sobre o problema da resposta correta no direito? Existe uma resposta correta sobre o problema da resposta correta no Direito? *Revista de Derecho de la Pontificia Universidad Católica de Valparaíso*, Valparaíso, Chile, v. 45, p. 681-695, 2º semestre 2013; e ZANOTTI, B. T.; COURA, A. C. (Pós) positivismo jurídico e a teoria do direito como integridade de Ronald Dworkin. In: COURA, Alexandre de Castro; BUSSINGER, Elda Coelho de Azevedo (Org.). *Direito, Política e Constituição*: reflexões acerca da tensão entre constitucionalismo e democracia à luz do paradigma do Estado Democrático de Direito. Curitiba: Editora CRV, 2014. p. 27-40.

[271] Estudos de departamentos jurídicos estrangeiros confirmam essa evolução do positivismo jurídico para o neopositivismo ou mesmo para o neojusnaturalismo moderado, como uma evolução engendrada pelo novo direito constitucional implantado na América Latina, mormente no Brasil. Afirma-se que "Dagli anni '80, nella scia del processo di transizione democratica, la maggior parte dei Paesi dell'area latinoamericana ha promulgato nuove Costituzioni e/o realizzato importanti riforme costituzionali. In questo periodo di ricostruzione istituzionale, pur nelle specificità storiche, politiche e giuridiche dei singoli Paesi, possono essere identificati elementi comuni, riguardanti il processo di positivizzazione costituzionale e le materie privilegiate nei nuovi testi costituzionali (e cioè il contenuto dei nuovi diritti costituzionalmente assicurati) – che contrassegnano un momento di sintomatica

CAPÍTULO 5
A INTERAÇÃO DE NORMAS MATERIAIS E PROCESSUAIS EM SENTIDO LATO DO DIREITO PUNITIVO E PERSECUTÓRIO ... | 153

A interação complexiva entre o direito material e o direito processual, para além do acima exposto, ainda apresenta influência sobre o aspecto intrínseco dos atos que formam o processo e do seu corolário, o ato de decisão processual, na medida em que a eles (o processo e o ato decisional) se impõe (i) guardar a coerência, a consistência, à axiologia firmada, para além do direito positivo como ponto de partida, em princípios e valores morais basilares dos princípios e regras, e à consequência do ato decisório, pervagando detalhadamente por todas as premissas e fundamentos do texto ou do ato de fala;[272] assim como (ii) definir a problematização das premissas, abordando todos os argumentos, para, ao final, editar a conclusão.[273]

Nesses termos, apresenta-se também, sem óbices à coerência e integridade externa apontada por Dworkin, uma necessidade de coerência e integridade interna do próprio ato decisional.

Sobre esse vértice, a necessária integridade coerente externa com toda a ordem normativa constitui-se em fator essencial à interpretação jurídica e à produção do ato de decisão processual. Do mesmo modo, há de haver a conjugação desse aspecto extrínseco com a integridade e coerência internas, por meio da estruturação metodológica do conteúdo da decisão, em forma de razões[274] lógicas e consistentes,

---

espansione del diritto costituzionale, collegato a quel processo di trasformazioni della teoria costituzionale, definito da molti autori *neocostituzionalismo*" (MELO, M. P. *Le nuove tendenze del diritto costituzionale nell'America Latina*: neocostituzionalismo? Napoli: Centro di Ricerca sulle Istituzioni Europee (CRIE); Università Suor Orsola Benincasa di Napoli, 2010. p. 7).

[272] Inocêncio Mártires Coelho esclarece a importância dos princípios como normas jurídicas, ao afirmar que "Se é verdade que todo princípio aspira a virar regra – como afirmou Häberle, por exemplo, acerca dos direitos fundamentais – não é menos verdade, igualmente, que em relação aos princípios a realização desse 'desejo' depende da conjugação de dois fatores até certo ponto distintos, mas necessariamente correlacionados: a situação de fato, como problema, e o modo como, à luz dos princípios que entende lhe sejam aplicáveis, o operador do direito formulará a respectiva regra de decisão" (COELHO, I. M. *Interpretação constitucional*. 4. ed. São Paulo: Saraiva, 2011. p. 124).

[273] MACCORMICK, N. *Retórica e o Estado de Direito*. Trad. Conrado Hübner Mendes e Marcos Paulo Veríssimo. Rio de Janeiro: Elsevier, 2008. Essa coerência interna necessária às decisões jurídicas pode ser compreendida, na visão de Dascal, como "princípio da caridade", em que o intérprete e aplicador do Direito "deve atribuir ao texto o significado que maximize a sua 'racionalidade'" (DASCAL, M. *Interpretação e compreensão*. Trad. Márcia Heloisa Lima da Rocha. São Leopoldo: Editora Unisinos, 2006. p. 344).

[274] Essas razões são apontadas por Luis Pietro Sanchís e, a nosso sentir e por mais que o autor divirja da possibilidade de o analista do Direito proferir uma decisão que seja considerada como a "única resposta correta" para o caso jurídico, prestam-se a denotar uma espécie de interação entre as teorias positivistas e, por exemplo, a teoria do Direito "como integridade" de Ronald Dworkin, na medida em que afirmam que os valores morais de qualquer decisão jurídica devem ser empregados com limites e parcimônia e, nesse viés, diante de omissão da "moldura" positivista, há o julgador que se quedar adstrito aos valores e

firmadas em normas-regras e normas-princípios, conforme assinalam Ronald Dworkin[275] e Inocêncio Mártires Coelho.[276] Com amparo nesses argumentos, há que se reconhecer a interação complexa e envolta à ética da alteridade entre os atos administrativos que formam o processo administrativo e o próprio processo em si (o processo de investigação criminal e o processo penal estrito) – inter-relação complexiva entre direito material e direito processual, a abarcar os elementos e os pressupostos, como requisitos de validade do processo administrativo sancionador geral como um todo.

Faltando requisitos relevantes de um ou de outro sistema para a higidez legal do ato punitivo final, não há que se falar em "validade", em sentido estrito ou em sentido amplo, do ato eivado e, por conseguinte, do processo e do ato administrativo decorrente da sua conclusão, de seu encerramento. Nesses termos, os elementos, pressupostos e requisitos dos atos administrativos inseridos no bojo do processo para a sua formação cronológica são também relevantes,[277] em certa medida e de modo equilibrado com o novo

---

princípios sistêmicos, postos originalmente pelo legislador. Nesses termos, verificando, para a legitimidade das decisões jurídicas, a vinculação do julgador aos valores e princípios positivados ao menos implicitamente pelo legislador, assegura que "el nudo del problema no se habla, pues, en comprobar quién sostiene con mayor énfasis la insuficiencia de la ley el carácter creativo de la interpretación, sino en definir la naturaleza y legitimidad de las 'fuentes' extrasistemáticas que proporcionan al juez las pautas para decidir. Concebir a los jueces como órganos de producción jurídica supone, sencillamente, entender que los valores y principios morales que inspiran sus fallos no son más objetivos, ni más legítimos, o justos, que los del legislador" (SANCHÍS, L. P. *Ideología e interpretación jurídica*. Madrid: Tecnos, 1993. p. 109).

[275] DWORKIN, R. *Uma questão de princípios*. 2. ed. São Paulo: Martins Fontes, 2005; _____. *O império do Direito*. São Paulo: Martins Fontes, 2007; e _____. *Justiça para ouriços*. Trad. Pedro Elói Duarte. Coimbra: Almedina, 2012.

[276] COELHO, I. M. *Interpretação constitucional*. 4. ed. São Paulo: Saraiva, 2011.

[277] Em sentido similar ao que ora propomos (ou seja, a mútua conjugação dos elementos do ato administrativo e dos elementos do processo administrativo), porém sob a influência de referencial teórico distinto e, sem embargo, sob a argumentação de "autonomia do procedimento administrativo como unidade do exercício da função administrativa", por meio de uma óptica alheia à "ética da alteridade" e da "epistemologia complexiva", "reflexiva", todavia (consoante nossa proposta), a partir da distinção entre o elemento "forma", como requisito de validade do ato administrativo material – forma em *sentido estrito* (p. 124-125) –, e "formalidades", como requisito de validade do procedimento como um todo, formado pelo encadear de atos administrativos, a deferir ao procedimento o "caráter de estrutura conformadora de interesses conflitantes" – forma em sentido *lato*, a abarcar a forma estrita (p. 124-125) –, posicionam-se Ana Paula Magalhães Maciel e Natalia Torquete Moura no sentido de que "Algumas [formas e formalidades] têm maior relevância e um caráter substancial por estarem relacionadas com a proteção de verdadeiros direitos fundamentais procedimentais do administrado. A inobservância de uma formalidade desta natureza pode

sistema, o processual, para a formação dos elementos e pressupostos processuais de existência, de validade e de desenvolvimento regular do processo, embrincando teorias afetas aos dois sistemas, o de direito administrativo material e o de direito administrativo processual, sob o aporte, ainda, da teoria geral do Direito e da teoria geral do processo, para a higidez, *v.g.*, de uma *investigação criminal constitucionalizada*.

Esse fenômeno complexo, reflexivo e de caráter conjuntivo, permeado pela alteridade para o reconhecimento do "outro",[278] é derivado da conjugação dos princípios da inclusão e da exclusão, em que este último se faz responsável por garantir a identidade de categorias e regras setoriais e aquele a tutelar o funcionamento sistêmico do todo juridicizado. A sistemática assim exposta traz a necessidade de revisão da carga de normatividade de uma série de institutos jurídicos, dentre os quais, com maior veemência, o princípio da instrumentalidade das formas, ou seja, o de que não há nulidade sem prejuízos – *pas de nullité sans grief* – para que seja tratado de modo moderado.

---

levar tanto à anulabilidade como à nulidade do ato administrativo. Por outro lado, outras formalidades têm menor relevância, por serem de caráter meramente burocrático, ou por expressamente a lei facultar a sua observância. São as chamadas formalidades não essenciais ou porque, apesar de não observadas em um determinado caso concreto, tiveram os fins visados alcançados de outra maneira. É a chamada degradação das formalidades essenciais em não essenciais. (...) Nessa concepção, as formalidades do procedimento administrativo tornam-se um elemento autônomo e fundamental do ato administrativo, verdadeira forma de atuação da Administração Pública, estrutura para formação da decisão administrativa, cuja inobservância pode levar a uma ilegalidade e consequente invalidade ou irregularidade do ato administrativo. Assim, ao contrário do consagrado pela doutrina clássica aqui citada, é possível concluir, no mínimo, como aponta Caupers (2003, p. 175), pela existência de dois elementos formais distintos do ato administrativo: a forma, compreendida apenas como modo de exteriorização da vontade administrativa; e as formalidades (procedimento), 'que são os ritos destinados a garantir a correta formação ou execução da vontade administrativa ou o respeito pelos direitos e interesses dos particulares'. Consequentemente, existem duas modalidades distintas e autônomas de vícios: (a) os vícios procedimentais, que correspondem à inobservância de qualquer das formalidades que compõem o procedimento administrativo, ou seja, englobam todas as patologias que afetam as diversas formalidades que compõem o procedimento de formação do ato administrativo até à sua manifestação no mundo exterior que é a decisão administrativa; (b) os vícios de forma, que correspondem à inobservância do elemento forma e englobam as patologias que interferem numa correta exteriorização da decisão administrativa" (MACIEL, A. P. M.; MOURA, N. T. Forma e formalidades: a superação da centralidade do ato administrativo na Administração Pública contemporânea. *Revista Digital de Direito Administrativo*, v. 3, n. 1, p. 125-126, 2016).

[278] O "outro" como método de preservação das essências distintivas e conjugadas dos interesses individuais e coletivos, bem como sistematizações intercorrentes entre o direito material, o direito processual e seus institutos.

5.2 A ilusória amorfia do processo administrativo e os reflexos na Investigação Criminal Conduzida Por Delegado De Polícia (ICDP)

O processo administrativo investigativo, que se presta a compor o processo penal, assim como toda espécie de processo estatal encontra-se, para uma teoria majoritária,[279] [280] quedado sob

---

[279] Por todos, Cf. DINAMARCO, C. R. *A instrumentalidade do processo*. 12 ed. São Paulo: Malheiros, 2005; CINTRA, A. C. A.; GRINOVER, A. P.; DINAMARCO, C. R. *Teoria geral do processo*. 19. ed. São Paulo: Malheiros, 2003; MARQUES, J. F. *Instituições de direito privado civil*. Campinas: Millennium, 2000. v. 2; e _____. *Manual de direito processual civil*. Campinas: Millennium, 1998. v. 1.

[280] As decisões dos Tribunais Superiores brasileiros o reconhecem de modo inquestionável, conforme se afete a ementa do julgado do Recurso Especial 870.838, Superior Tribunal de Justiça (STJ): "PROCESSUAL CIVIL. PRECEITO CONSTITUCIONAL. COMPETÊNCIA DO STF. SUFICIÊNCIA PROBATÓRIA. SUCUMBÊNCIA RECÍPROCA. SÚMULA 07/ STJ. AÇÃO CONDENATÓRIA MOVIDA EM DESFAVOR DA UNIÃO, SUCESSORA DA PORTOBRÁS. PERITO OCUPANTE DE CARGO DE DIREÇÃO NO MINISTÉRIO DOS TRANSPORTES. IMPEDIMENTO. INOCORRÊNCIA. AUSÊNCIA DE GRAVAME. 1. A via estreita do especial não comporta o exame de suposta afronta a preceitos constitucionais, sob pena de usurpação da competência do Supremo Tribunal Federal, nos termos do art. 102 da Carta Magna. 2. No que concerne à arguição de afronta aos arts. 333, 334 e 515 do CPC, todas as manifestações da Corte de origem acerca do tema seja no voto condutor e no voto-vista do aresto que desacolheu a apelação, seja no acórdão que rejeitou os embargos aclaratórios são categóricas no sentido de que não foram trazidos aos autos documentos suficientes a autorizar a procedência total do pleito deduzido na inicial. 3. Assim sendo, para alterar-se a orientação de que os elementos probatórios dos autos não são hábeis a autorizar a procedência absoluta do pedido, seria indispensável profunda incursão na seara fático-probatória, o que é defeso nos termos da Súmula 07/STJ. 4. O Tribunal *a quo* entendeu caracterizada a sucumbência recíproca sem declinar maiores considerações sobre as circunstâncias que a cercaram, de modo que a modificação desse posicionamento, além da ausência de prequestionamento, passa necessariamente pelo revolvimento do acervo fático-probatório, com a incidência da Súmula 07/STJ. 5. Narra-se nos autos que DOLFIM ENGENHARIA S/A ingressou ação ordinária em desfavor da União sucessora da extinta EMPRESA DE PORTOS DO BRASIL S.A. – PORTOBRÁS, requerendo o pagamento de quantia oriunda do inadimplemento de contrato administrativo celebrado para a prestação de serviços de assessoria técnica e fiscalização das obras de ampliação e da execução de estudo para a referida ampliação de portos e terminais. 6. Conforme a inteligência conjunta dos arts. 134, VI, e 138, III, do CPC, é vedado ao perito atuar em processo judicial na hipótese em que for órgão de direção ou administração de pessoa jurídica que figure como parte na lide, de maneira a preservar a imparcialidade e evitar eventuais favorecimentos. 7. No caso concreto, o perito nomeado pelo magistrado de primeira instância ocupava o cargo comissionado de Diretor do Departamento de Transportes Rodoviários da Secretaria de Produção do Ministério dos Transportes (DAS 101-5), exercendo função que não possuía qualquer correlação com as atividades anteriormente desempenhadas pela empresa recorrente junto à PORTOBRÁS. 8. Como bem registrou o aresto impugnado, o perito não teve qualquer participação nas relações que ensejaram o surgimento da lide tampouco laborava nos setores da Administração Pública diretamente interessados no resultado do litígio, de maneira que não se pode presumir de maneira absoluta que o laudo seria tendencioso somente pela circunstância do *expert* exercer cargo em comissão no âmbito federal. 9. No mais, ainda que assim não fosse, é igualmente certo que a recorrente não alegou, tampouco

os efeitos do princípio da instrumentalidade das formas processuais, ou do formalismo moderado, a ditarem as regras de validade e de nulidades processuais, sob o argumento de não se declarar nulidades sem a demonstração de prejuízos à (e pela) defesa, parte acusada, normativo representado pelo princípio *pas de nullité sans grief*. Essa concepção é realizada ao máximo quando se trata de investigação criminal, na medida em que, equivocadamente, a ela se atribui pouca relevância para o Estado Democrático e Constitucional de Direito, por desconhecimento dos seus efeitos de filtro de justa causa, obstativos do *strepitus processus*.

Esse fenômeno ocorre em face de uma espécie de busca de eficiência e efetividade da razão punitiva do Estado-sancionador, patenteada a afastar qualquer forma de interpretação jurídica que "tempere" ou "pondere" as importâncias equânimes do direito material e do direito processual, empregados na persecução punitiva, o que denota, por parte do Estado, o que Edgar Morin classificou como "racionalidade seletiva".[281]

Não obstante, sob um exercício de autocrítica, há de se considerar que direito material e direito processual encontram-se em interação cooriginária e complexa, submetidos à ética da alteridade, a formarem o dever de observância dos propósitos teleológicos, funções e finalidades

---

demonstrou, elementos e circunstâncias capazes de lançar dúvidas concretas a macular a atuação do perito. 10. A empresa recorrente apegou-se única e exclusivamente ao fato de que o *expert* ocupava cargo em comissão no Ministério dos Transportes, reclamando, assim, a anulação do laudo pericial com base em meras suposições, todas de cunho essencialmente abstrato, no sentido de que teria ocorrido favorecimento da parte adversa. 11. Contudo, não se pode esquecer que a moderna doutrina do processo civil consagrou o princípio da instrumentalidade das formas, o qual encontra expresso amparo legal no art. 244 do CPC. Sob o influxo desse princípio, conclui-se que não basta anular a perícia da alegação de que o *expert* detinha cargo em comissão no Ministério dos Transportes, aliás, em setor administrativo completamente diverso daquele eventualmente responsável pelas relações com a extinta PORTOBRÁS. 12. Em uma situação como a dos autos, é necessário que se indique, ainda que de maneira superficial, razões substanciais que sejam aptas a questionar a higidez do labor do perito, uma vez que o mero exercício de cargo comissionado em órgão do Poder Executivo Federal não importa, por si só, a automática proibição para se atuar como *expert* em causas envolvendo a União. 13. Não havendo vínculo direto entre as atribuições do cargo em comissão exercido pelo perito, os fatos que levaram à instauração da controvérsia e os interesses governamentais eventualmente envolvidos, não há que se cogitar de impedimento. 14. Ademais, dada a falta da demonstração de gravame às partes, seria profundamente lamentável e equivocada a anulação da perícia e o retrocesso procedimental, com a devolução dos autos à primeira instância para que se reinicie um feito que se arrasta pelo Poder Judiciário por mais de 17 (dezessete) anos. 15. Recurso especial conhecido em parte e não provido".

[281] MORIN, E. *Introdução ao pensamento complexo*. 5. ed. Trad. Eliane Lisboa. Porto Alegre: Editora Sulina, 2015.

constitucionais da relação jurídico-administrativa investigativa e, sem embargo, em contraditório.

Sob esse olhar, pode-se declinar que os efeitos jurídicos dos princípios *pas de nullité sans grief* e seus corolários (instrumentalidade das formas e formalismo moderado) subjazem adstritos ao mínimo necessário à concretização dos direitos e garantias fundamentais dos investigados e acusados. Assim, analisaremos os referidos princípios jurídicos sob o vértice da natureza teleológico-constitucional do processo, permeada pela ética da complexidade e da alteridade, como um dever de autocrítica estatal a evitar a *racionalização seletiva*, que tem reduzido à insignificância a teorização das nulidades processuais.

5.2.1 O princípio do formalismo moderado (instrumentalidade das formas) vs. as finalidades do processo, sob o amparo da ética, da moral e da complexidade (*o princípio da tipicidade das formas processuais e a investigação criminal*)

A Investigação Criminal Conduzida por Delegado de Polícia, como categoria da modalidade "processo administrativo" e derivada ainda da categoria "processo jurídico" (subespécie e espécie do gênero deste último),[282] possui funções e finalidades que têm uma razão de ser dentro da ordem normativa e do sistema jurídico de direito sancionador e punitivo geral aplicado a persecução penal,[283] como componente reflexivo do Estado de Direito e da busca de superação do Estado Social, a partir de necessidade de realização do ideal democrático.

Direito material e direito processual, ao passo em que perfazem ramos epistemológicos distintos a se afastarem por meio de seus distintos princípios informativos, completam-se mutuamente quanto ao escopo de realização estatal da justiça pelas mãos da jurisdição

---

[282] Nesse sentido: MENEGALE, J. G. *O estatuto dos funcionários*. São Paulo: Forense, 1962. v. 1-2. Em sentido contrário é a doutrina de Direito espanhol, que identifica distintas características entre o direito disciplinar e o direito sancionador, assim como entre o direito penal geral, a exemplo de: LLOBREGAT, J. G. *Derecho administrativo sancionador prático*. Barcelona: Editorial Boch, 2012. v. 1-2; e NIETO, A. *Derecho administrativo sancionador*. 5. ed. Madrid: Tecnos, 2012.

[283] Conferir, por todos: ENTERRÍA, E. G.; FERNÁNDEZ, T-R. *Curso de derecho administrativo*. 16. ed. Madrid: Civitas, 2013. v. 1; e ENTERRÍA, E. G.; FERNÁNDEZ, T-R. *Curso de derecho administrativo*. 13. ed. Madrid: Civitas, 2013. v. 2.

e da juridicidade,[284] ao ponto de se afirmar que um não existe sem o outro. O direito material, no escopo de concretizar-se, encontra-se na dependência do correspondente devido processo legal que, por sua vez, somente tem razão de ser, para a justa aplicação da lei ao caso concreto.

Não raro, o direito material traça as linhas mestras do esboço inicial do processo devido. No direito administrativo o processo adveio da percepção de ato material administrativo a alcançar a perfeição formal em etapas distintas. Vejamos, assim, que as concepções de procedimento e de processo administrativo evoluíram da noção de ato administrativo complexo,[285] distinguindo-se deste último instituto – fruto da insuficiência da noção de *contrato administrativo*, para explicar que o "concurso de vontades não necessariamente gerava obrigações recíprocas entre as partes"[286] – na medida em que o ato administrativo complexo envolve a vontade e a ação de mais de um ente ou órgão autônomo ou independente, vontades e ações essas inter-relacionadas e volvidas a um único ato final.[287]

Bem sabido que o Direito é uma disciplina dinâmica e não seria diferente para com o direito administrativo, com reflexos no processo penal inclusive, em que o surgimento de interações subjetivas e relações novas comumente passam a não prescindir de reformas ou de novas construções jurídicas, tendentes à transmudação de institutos e adaptações diversas, inclusive internamente a um mesmo ramo do Direito. A evolução impõe (com manutenção ou extinção

---

[284] Distinguimos aqui *jurisdição* de *juridicidade*, na medida em que (como já deixamos implícito em todo o texto) a primeira aplica a lei e o Direito de modo imparcial, com substitutividade de partes litigantes e com definitividade do conteúdo decidido, ao passo que a segunda, aplica a lei e o Direito apenas com o dever de observância ao princípio da legalidade. A primeira encontra-se, comumente, afeta ao Poder Judiciário; a segunda, a juridicidade, é atribuível aos Poderes Executivo e Legislativo, no exercício de suas funções atípicas de julgamento.

[285] Sobre a assertiva de ser o processo administrativo espécie de ato administrativo complexo, cf. REIS, P. M. *Processo disciplinar*. Brasília: Consulex, 1999.

[286] CRETELLA JÚNIOR, J. *Direito administrativo do Brasil*: atos e contratos administrativos. São Paulo: Revista dos Tribunais, 1961. v. 3, p. 77.

[287] Cf. MEDAUAR, O. *A processualidade no direito administrativo*. 2. ed. São Paulo: Revista dos Tribunais, 2003; _____. *O direito administrativo em evolução*. São Paulo: Revista dos Tribunais, 2003; _____. *Direito administrativo moderno*. São Paulo: Revista dos Tribunais, 2013; CRETELLA JÚNIOR, José. *Direito administrativo do Brasil*: processo administrativo. São Paulo: Revista dos Tribunais, 1962. v. 5; e MELLO, C. A. B. *Curso de direito administrativo*. 32. ed. São Paulo: Malheiros, 2015.

da categoria originária) – e não a revolução –, de modo gradual, as transformações necessárias.[288]

A essência de cada vontade e atos praticados é, em especial, de mesma natureza, com a única finalidade de completar as etapas necessárias à produção do ato administrativo objetivado. Compreende "o acordo de várias vontades para dar vida a um ato com escopo comum a todos os participantes, ainda que colidentes, como contrato".[289] O ato complexo, sob esse escopo, "pode ser definido como todo ato administrativo que só se concretiza com a manifestação de vontade, concomitante ou sucessiva, de mais de um órgão do Estado",[290] cuja extinção, por força do paralelismo das formas, somente se extingue ou se desfaz "pela ação conjugada dos mesmos órgãos que lhe deram existência e validade".[291]

No *ato administrativo complexo* há que se conciliarem a *vontade* e a *individualidade* de cada ente público ou órgão que se manifesta para a composição estrutural do ato final. Isso, todavia, não se confunde com a definição do conceito de *procedimento* e *processo*, posto que nestes últimos institutos, em que pese a possível participação de mais de um ente ou órgão, inclusive com atuações de particulares administrados, na prática de atos secundários à formação do ato final conclusivo do *iter* procedimental, envolve-se aqui a concepção de vontades ligadas à prática de atos com o fim substancial e formal.[292] Compreende o fim, de encadeamento de fases procedimentais, em que os atos secundários não necessariamente visam à produção de um ato principal último, mas sim à conclusão, temporal, de uma "marcha cronológica". Esta, suscitada como essência da acepção do termo "processo", proveniente de sua origem etimológica do latim *procedere*, que significa "prosseguir", "seguir adiante", "seguir o próprio curso".[293] Novamente aqui a concepção de *substância* e *forma* complexamente correlacionadas, para a resolução de uma atividade

---

[288] BERGEL, J-L. *Théorie générale du droit*. Paris: Dalloz, 2003. p. 22.

[289] MIRANDA, S. J. *Do ato administrativo complexo*. São Paulo: Malheiros, 1998. p. 45-46.

[290] CRETELLA JÚNIOR, J. *Curso de direito administrativo*. 6. ed. Rio de Janeiro: Editora Forense, 1981. p. 245.

[291] *Ibidem*, p. 245.

[292] Direito material e direito processual se intercalam de um modo especial, em cada ato administrativo, com o fim de produção do procedimento processual e de sua manutenção nas balizas da ordem jurídica.

[293] PEDRA, A. S. Processo e pressupostos processuais. *Revista da Advocacia Geral da União – AGU*, n. 68, p. 1-20, set. 2007.

administrativa, a exemplo dos processos licitatórios, de contratação efetiva de agentes públicos e, sem óbices, de apuração de infrações administrativas nos casos, por meio de procedimentos e processos administrativos, fiscal-sancionador e disciplinar, no que se refere a ilícitos praticados por particulares ou por agentes públicos e aos processos (em um sentido lato)[294] de investigação criminal, conduzidos por delegado de polícia.[295]

Já acrescentava Galdino Siqueira no âmbito do direito penal, ao referir-se a passagens de Liszt e Mezger, a necessidade da sanção ser precedida de lei prescritora, tanto da conduta proibida, quanto da pena a ser aplicada (aspecto de reserva legal). Essa precedência posta de forma a alçar o princípio da legalidade ao *status* de verdadeira *Magna Charta* do delinquente, na medida em que lhe servia de proteção para a sanção estatal que não lhe coubesse (Liszt). Assim, também, a figurar como uma *Magna Charta* do não delinquente, como forma de garantia da não intervenção arbitrária do Estado (Mezger).[296] Para nós, essa concepção também facilmente se aplica ao direito administrativo-processual penal, ao apresentar-se o princípio da legalidade como uma *Magna Charta* a surtir efeitos desde o início da investigação criminal, contra a intervenção arbitrária do Estado-Administração-investigador. Esse é o aspecto material de garantia.

Entretanto, da mesma forma, pelo aspecto formal, o processo e a eficiência, eficácia e efetividade de suas convenções de nulidades, à luz (i) da *instrumentalidade constitucional do processo*[297] para além da forma como mero adorno à legitimação da pena e (ii) do princípio do *devido* processo legal, apresentam carga categorial de *Magna Charta* dos investigados submetidos à Investigação Criminal Conduzida por Delegado de Polícia (ICDP). Não somente a figurar como caminho necessário à validade, como justa causa da formação da relação processual penal em contraditório e do exercício do *ius persequendi* e

---

[294] Cf. PEREIRA, E. S. *O processo (de investigação) penal*: o "nó górdio" do devido processo. 2018. 603 f. Tese (Doutoramento em Direito) – Escola de Direito de Lisboa, Universidade Católica Portuguesa (UCP), Lisboa, 2018.

[295] Cf. MIRANDA, S. J., *op. cit.*; CRETELLA JÚNIOR, José. *Curso de direito administrativo*. 6. ed. Rio de Janeiro: Editora Forense, 1981.

[296] SIQUEIRA, G. *Tratado de direito penal*: parte geral. Rio de Janeiro: José Confino Editor, 1947. t. I. p. 101.

[297] GLOECKNER, R. J. *Uma nova teoria das nulidades*: processo penal e instrumentalidade constitucional. 2010. 637 f. Tese (Doutorado em Direito) – Faculdade de Direito, Setor de Ciências Jurídicas, Universidade Federal do Paraná (UFPR), Curitiba, 2010.

do *ius puniendi* pelo Estado, mas sim, em um Estado verdadeiramente Democrático de Direito, a prestar-se como intransponível fórmula e fonte de direitos e garantias ao investigado e ao acusado, a não se admitir, *e.g.*, qualquer convalidação de nulidades processuais que tenda a agravar a situação jurídica, relacional processual, do investigado ou do acusado.

Nesse arcabouço, com a polarização personificada do que denominamos de *direito material persecutório-acusador* e de *direito processual defensivo*, contrapõem-se a necessidade de preservação de garantias dos criminalmente investigados e processados, diante do tendente excesso e arbítrio de poder por quem o exerce, no caso o Estado-Administração-investigador e o Estado-juiz.[298]

Majoritária doutrina é assente em esclarecer que "el poder estatal se coloca frente a los individuos en forma drástica y peligrosa. Todo manejo del pode envuelve la posibilidad de abusos".[299] Há de se sobressair, como faceta do *devido processo legal constitucionalmente qualificado*,[300] o princípio do processo justo à vista do respeito ao dever de invalidação frente a atos nulos, provenientes de normas de qualquer hierarquia e implícitos ou explícitos nessas normas, atentando-se para o fato de que "en tema de principios procesales, universalmente no se distingue entre los que emergen de la ley fundamental (Constitución política) y los que tienen su origen en la legislación común",[301] para, em um sentido de cooperação mútua entre as partes em litígio – Polícia Judiciária e investigado –, a *desapropriação* e *despersonificação* dos ramos epistemológicos material e processual do direito sancionador e punitivo estatal.

---

[298] BINDER, A. M. La fuerza de la Inquisición y la debilidad de la República. *Ciencias Penales*, São José da Costa Rica, v. 17, n. 23, 2005.

[299] EBERHARD, S. *Los fundamentos teóricos y constitucionales del derecho procesal penal*. Córdoba: Lerner, 2006. p. 26.

[300] O que se afirma encontra amparo, por tratar-se de teoria aplicada não somente à *common law*, mas a todas as teorias de respeito aos direitos fundamentais, na "doutrina da posição preferencial" da Suprema Corte americana, em que, constatadas relações jurídicas processuais envolvendo direitos fundamentais, ao se empregar pelo tribunal a técnica do *balancing* e a razoabilidade, defere-se inicialmente, de plano, mais peso ao direito litigioso que contenha valores fundamentais da pessoa humana, ou seja, que se encontre permeado por direitos fundamentais, e "isso ocorrerá quando estiver em questão uma privação de um Direito Fundamental que ocupe posição preferencial" (cf. MARTEL, L. C. V. Hierarquização de direitos fundamentais: a doutrina da posição preferencial na jurisprudência da suprema corte norte-americana. *Revista de Direito Constitucional e Internacional*, v. 51, p. 348, abr. 2005).

[301] EBERHARD, S., *op. cit.*, p. 239.

CAPÍTULO 5
A INTERAÇÃO DE NORMAS MATERIAIS E PROCESSUAIS EM SENTIDO LATO DO DIREITO PUNITIVO E PERSECUTÓRIO ... | 163

As formas e formalizações das fases procedimentais – assim como os elementos e pressupostos materiais dos atos administrativos que formam o procedimento –, sob essa óptica, prestam-se à contenção, ao limite e ao controle da correta aplicação da lei processual ao caso concreto. Impõem-se o caráter de preservação da higidez do *devido processo legal*, como direito fundamental estampado na Constituição Federal brasileira de 1988, e, do mesmo modo, a oferta de todas as faces dos direitos e das garantias materiais e processuais aos acusados, a assinalar o princípio da *"nulla poena sine processum praevio"*,[302] alinhado à noção de instrumentalidade constitucional.[303]

O *princípio do formalismo moderado*, faceta do *princípio da instrumentalidade das formas* procedimentais, apesar de encontrar ampla difusão não somente na doutrina e na jurisprudência pátria, mas também entre os aplicadores do Direito nos países de tradição jurídico-ocidental,[304] [305] deve aqui ser investigado com parcimônia

---

[302] "Por ello se ha sostenido que la reacción penal no es inmediata a la perpetración de un delito, sino mediata a ella, a través y después de un procedimiento regular que verifique el fundamento de una sentencia de condena; ello ha sido traducido afirmando la *mediatez de la conminación penal*, en el sentido de que el poder penal del Estado no habilita, en nuestro sistema, a la *coacción directa*, sino que la pena instituida por el Derecho penal representa una previsión abstracta, amenazada al infractor eventual, cuya concreción solo puede ser el resultado de un procedimiento regulado por la ley, que culmine en una decisión formalizada autorizando al Estado a aplicarla" (EBERHARD, S., *op. cit.*, p. 249).

[303] GLOECKNER, R. J., *op. cit.*

[304] MAGRA, S. *Principio di conservazione del provvedimento amministrativo fra nullità, annullabilità e inesistenza*. Roma: Overlex, 2006. No mesmo sentido de manutenção do procedimento sob o amparo do princípio da instrumentalidade das formas processuais, conferir também a Decisão do Tribunal Administrativo de Vêneto: "Tribunale Amministrativo Regionale per il Veneto, Sezione Prima, Sentenza del 16 settembre 2014 n. 1209 in tema di acquiescenza, sul legittimo impedimento di cui all'art. 9, co. 5 del D.P.R. n. 487/1994 e sul quando debba operare il principio di collegialità perfetta". Em tradução livre: "Tribunal Administrativo Regional de Vêneto, Seção Um, acórdão de 16 de setembro de 2014 nº 1209 em termos de cumprimento, por tal falha no art. 9º, c/c art. 5º do Decreto Presidencial nº 487/1994 e quando ele precisa para operar o princípio da colegialidade perfeita".

[305] Exceção à aceitação pacífica do princípio da instrumentalidade das formas e do formalismo moderado é apresentada nos estudos de Luís Filipe Colaço Antunes, que assinala que, mormente para os casos do contencioso administrativo português, "o problema da neutralização dos vícios formais e procedimentais tem-se colocado entre nós ao abrigo da teoria do aproveitamento do ato administrativo, nos seguintes termos: a violação de normas de natureza adjetiva ou procedimental, se implicarem apenas a anulabilidade do ato administrativo, não deve conduzir à sua anulação contenciosa quando o seu conteúdo, visto à luz da legalidade substantiva que o conforma, não possa ser outro senão o que ele expressa e contém" (ANTUNES, L. F. C. *A ciência jurídica administrativa*. Coimbra: Almedina, 2013. p. 250). "Por quê então esta *invalidade não pronunciada*? Em primeiro lugar, de invalidade se trata, uma vez que estamos perante um ato ilegal com refrações ao nível da responsabilidade administrativa e disciplinar. Já quanto à não pronúncia (da ilegalidade) pelo juiz, o problema é mais fundo. A nosso ver, baseia-se numa visão dicotômica que não

e cautela. Importa entendê-lo de modo desarraigado (para utilizar expressão de Edgar Morin) do exercício de uma "racionalização seletiva",[306] uma vez que, por se tratar de conceito jurídico plurissignificativo, pode levar à completa aniquilação das teorias das nulidades processuais, relegando ao processo a função de mero "chancelador" formal de um mérito pré-concebido à vista da inicial notícia do ilícito. O fim do processo não pode ser compreendido como o alcance da suposta "verdade" a qualquer custo, mormente porque sem o instrumento jurídico formal adequado, o que ocorre é, de fato, o afastamento desses propósitos de verdade e de justiça do Direito. Por mais contraditório que se pareça à primeira vista, há de se aferir um aspecto substancial, material, do processo. O meio, o processo e o procedimento, são os instrumentos concebidos pelo Estado Democrático de Direito, para, *exempli gratia*, a solução aceitável da *lide* e, deveras, para o sentimento de conformismo do condenado com o resultado da atividade administrativa e com a qualidade e quantidade da sanção a ser cominada. As normas processuais – independentemente daquelas afetas à cronologia e à regularidade do procedimento, que também nos importam – hauridas da Constituição Federal e de toda a ordem jurídica adjacente, conferindo substância às garantias dos jurisdicionados, dos administrados e dos acusados em geral, impõem-se ao demandarem observância precedentemente obrigatória ao enfrentamento e resolução do mérito do processo.

A compreensão do Direito correlaciona, ou assim busca concatenar, a lei e a justiça, à vista do aprimoramento das relações sociais, de modo a, reiteradamente, evoluir e apresentar à ordem

---

valora devidamente os aspectos formais como lugar do axiológico-normativo e do conteúdo do ato" (*ibidem*, p. 252).

[306] Como já apontado em nota alhures, mas em razão da sua importância, imperioso esclarecer que essa tendência do Estado-sancionador somente ver os institutos jurídicos pela óptica de seus interesses punitivos amolda-se ao que Edgar Morin denomina de "racionalização" em oposição à "racionalidade". Assinala que "[a] racionalidade e a racionalização têm exatamente a mesma fonte, mas ao se desenvolverem tornam-se inimigas uma da outra. É muito difícil saber em que momento passamos da racionalidade à racionalização; não há fronteiras; não há sinal de alarme. Todos nós temos uma tendência inconsciente a afastar de nossa mente o que possa contradizê-la, em política como em filosofia [o que se denomina racionalização]. Tendemos a minimizar ou a rejeitar os argumentos contrários. Exercemos uma atenção seletiva sobre o que favorece nossa ideia e uma desatenção seletiva sobre o que a desfavorece. Com frequência, a racionalização se desenvolve na própria mente do cientista" (MORIN, E. *Introdução ao pensamento complexo*. 5. ed. Trad. Eliane Lisboa. Porto Alegre: Editora Sulina, 2015. p. 70).

jurídica regras justas, a serem aplicadas de modo equitativo.[307] Essa compreensão também diz respeito aos ramos do direito administrativo e, nas palavras de Caio Tácito, "a chave de abertura do direito administrativo se identifica, em suma, com a vigência do *princípio de legalidade* que serve de limite ao arbítrio do poder e identifica a fronteira da competência da Administração Pública".[308] Sob esse olhar, as legais fases procedimentais, assim como os elementos e os pressupostos afetos aos atos administrativos que a compõem, demandam essenciais observâncias, para a garantia de uma atuação administrativa conciliada com o Estado de Direito e Democrático. Esse "conceito externo de legalidade se aprofunda no reconhecimento de que a norma de competência do administrador não é um cheque em branco, mas deve ser ajustada em função do fim específico a que se destina a atividade administrativa".[309]

A "legalidade procedimental e processual" administrativa há de ser reforçada, e não relegada a um segundo plano de normatividade, subjugada ao resultado material pretendido pelo Estado. Sem embargo de se tratar de instrumento de garantia do particular, o procedimento e o processo administrativo compreendem a sede própria, legítima e adequada de atuação da Administração. Afere-se, assim, único meio de ação administrativa de resolução de conflitos, que mescla e coloca em "paridade de armas" os "poderes" administrativos e direitos e garantias dos administrados, para o reconhecimento dessa função administrativa, a função investigativa de efeitos processual penais, pelo Estado Democrático de Direito – forma de legitimação do exercício do dever-poder apuração dos indícios de autoria e de prova da materialidade delitivas.[310]

(i) O *formalismo moderado* e (ii) as *finalidades dos processo*s se encontram em posições de forças contrapostas, de inicial tendência antagônica, todavia, conciliáveis[311] e, diante disso, a formar um

---

[307] BERGEL, J-L. *Théorie générale du droit*. Paris: Dalloz, 2003. p. 22.

[308] TÁCITO, C. Transformações do direito administrativo. *Revista de Direito Administrativo FGV*, Rio de Janeiro, v. 214, p. 28, out./dez. 1998.

[309] *Ibidem*, p. 28.

[310] ANTUNES, L. F. C. *A ciência jurídica administrativa*. Coimbra: Almedina, 2013; _____. *A teoria do acto e da justiça administrativa*: o novo contrato natural. Coimbra: Almedina, 2015.

[311] Como já apontamos, conferir a concepção de "ética rizomática" e de "ética da alteridade" em Lévinas (LÉVINAS, E. *Entre nós*: ensaios sobre a alteridade. Trad. Pergentino Stefano Pivatto (Coord.), Evaldo Antônio Kuiava, José Nedel, Luiz Pedro Wagner e Marcelo Luiz Pelizolli. Petrópolis: Editora Vozes, 2009), assim como de "ética da responsabilidade" em

substrato vetorial sempre a buscar a refutação desarrazoada, infundada, desproporcional e não devidamente fundamentada e demonstrada, por exemplo, do brocado do "não reconhecimento de nulidade sem que seja demonstrado o prejuízo ao acusado ou ao investigado", ou da "manutenção do ato administrativo nulo, em proveito da continuidade e conclusão do processo". O princípio do prejuízo (*pas de nullité sans grief*) não pode ser empregado para reduzir toda a teoria das nulidades dos processos jurídicos à necessidade do interessado demonstrar que foi desfavorecido com a ofensa à lei ou a alguma forma ou formalidade processual. Não se pode aceitar, nessa seara, a inversão do ônus de provar o prejuízo ocasionado à defesa, pela própria defesa, em um processo investigativo ou sancionador, ou, ainda, punitivo. Há de haver a identificação pela doutrina, assim como pelos tribunais, e, sem embargo, pela ordem jurídica, de nulidades processuais *juris et de jure*, absolutas e de pleno direito, e, de toda sorte, também de outras diversas e convalidáveis, *juris tantum*, como realidade de um direito processual substancializado a concretizar o direito material de modo realmente justo. "O processo é o instrumento que garante ao homem que a justiça pelas próprias mãos não precisa ser feita, porque ela será aperfeiçoada pelo Estado em forma processada segundo paradigmas jurídicos bem definidos e previamente estabelecidos e conhecidos".[312] Essa noção de segurança jurídica depende do adequado reconhecimento das formas hígidas do processo e de seus procedimentos, com efeitos coercitivos eficientes e eficazes, a cercar os arbítrios, *exempli gratia*, da máquina administrativa e, assim, a fornecer os contornos da democracia e do Estado de Direito, tornando-o verdadeiro Estado Democrático de Direito. Sem essas garantias firmadas em normas jurídicas impositivas, com sanções

---

Hans Jonas (JONAS, H. *O princípio responsabilidade*: ensaios de uma ética para a civilização tecnológica. Rio de Janeiro: Contraponto; PUC – Rio, 2006). Sob esse prisma, deve-se voltar a Aristóteles e sua noção de "ética do cuidado" e de "ética como morada do ser" (ARISTÓTELES. Ética a *Nicômaco*. Trad. Antônio de Castro Caiero. São Paulo: Atlas, 2009; _____. Ética a *Eudemo*. Trad. Edson Bini. São Paulo: Edipro, 2015; e _____. *The Works of Aristotle*: Magna Moralia, Ethica Eudemia and De Virtutibus et Vitiis. Translated into English under the Editorship of W. D. Ross. Oxford: At the Clarendon Press, 1915). Nesse sentido, ver também HEIDEGGER, M. *El ser y el tiempo*. Trad. José Gaos. México: Fondo de Cultura Económica, 1993. "Há um núcleo ético e um núcleo moral em todos os povos, mesmo os politeístas. Aristóteles: Ética a Nicômaco, Ética a Eudemo e *Magna moralia*. O fim individual da ética de cada homem é buscar a felicidade individual de cada um e o fim social da ética é concretizar o bem comum da coletividade".

[312] ROCHA, C. L. A. Princípios constitucionais do processo administrativo no direito brasileiro. *Revista de Direito Administrativo FGV*, Rio de Janeiro, v. 209, p. 190, jul./set. 1997.

procedimentais e processuais concretas, e, destarte, "sem confiança nas instituições jurídicas, não há base para a garantia das instituições políticas. O processo é, pois, uma garantia da Democracia realizável pelo Direito, segundo o Direito e para uma efetiva justiciabilidade".[313]

A norma processual não é acessória. Não é *adjetiva*, a servir de mera qualificadora de um direito substantivo de fato importante e válido, como o fundamental direito do Estado de Direito. Assim também ocorre (ou deveria ocorrer) em relação às normas processuais administrativas. O mito da *simplificação administrativa* e da Administração Pública como um todo, em prol de maior eficiência e efetividade de suas ações concretistas, infere a anomia processual. A imposição, a qualquer custo, da necessidade de concreção e efetividade de leis portadoras de direitos materiais (influenciada pela noção de *iter* evolutivo da máquina estatal, pervagante pelas teorias da Administração burocrática, da Administração gerencial e da Administração dialógica),[314] é, em parte, responsável pela "queda crescente de densidade da legalidade procedimental-formal".[315] E isso se afigura como fenômeno a produzir efeito paradoxal e em curto prazo de ineficiência e inefetividade do *procedimento processual* – que se transmuda para algo meramente simbólico – e, assim, das próprias ações concretas administrativas, em face das incertezas jurídicas e das injustiças decorrentes desse fenômeno.

Por tudo, cumpre esclarecer que não estamos aqui a defender um *formalismo exacerbado*, ou "a forma como um fim em si mesmo". Não se sustenta qualquer culto a teorias desarraigadas da necessidade de tutela a direitos fundamentais. Todavia, no âmbito da Investigação Criminal Conduzida por Delegado de Polícia (ICDP), sem a coerente deferência às formalidades de essência das teorias das nulidades dos atos administrativos e das nulidades processuais, em um sentido lato, o processo "pode ser a certeza do governante antidemocrático da insegurança constituída sob formas que deveriam conduzir ao objetivo contrário, qual seja, a segurança que somente o direito democrático pode oferecer".[316] O processo administrativo é dotado de uma característica peculiar, qual seja a possibilidade de o ato

---

[313] *Ibidem*, p. 190.
[314] LIMA, R. M. R. *Administração Pública dialógica*. Curitiba: Juruá, 2013.
[315] ANTUNES, L. F. C. *A ciência jurídica administrativa*. Coimbra: Almedina, 2013. p. 250.
[316] ROCHA, C. L. A., *op. cit.*, p. 191.

administrativo processual apresentar *vícios intrínsecos* e *extrínsecos* (*materiais* e *formais*). Os primeiros a comprometerem o ato de dentro para fora. A partir de sua essência como ato jurídico ou como ato administrativo aos efeitos exarados no encadeamento procedimental de atos administrativos no processo. A segunda espécie de vícios do ato, os extrínsecos e formais, parte, no geral, de atos administrativos desprovidos de vícios intrínsecos, porém funcionalmente irregulares, ilegítimos, ilegais em seus propósitos de efeitos no bojo do procedimento processual. Os atos administrativos processuais podem apresentar essas duas espécies de vícios isoladamente ou conjugados, compondo o gênero que a doutrina portuguesa denomina de *vícios orgânicos* do procedimento administrativo.[317]

A *substância* do Direito deve ser regrada à *forma* do Direito – e a *forma* à *substância*, em uma inter-relação verdadeiramente complexa –, sem o quê não se há de sustentar a democracia e o Estado de Direito, frente ao arbítrio que se pode instalar com a aplicação normativa desprovida de sua essência formal a garantir segurança jurídica ao sistema regulatório. Contudo, o formalismo do Direito, por si só, também não é sinônimo de garantia de justiça, e já se demonstrou na história, a exemplo de seu emprego pelos regimes autoritários, com a sua utilização mecânica, por um viés autômato, prestar-se a mascarar e a ilegitimamente "validar" as mais diversas expressões de injustiça. Estas, de todas as ordens, em nome da pseudoaplicação de um direito legal, positivo e textual, votado e aprovado pelo Estado em nome de seus representados.

Nesse contexto se insere a importância das teorias das nulidades, quer sejam de características *materiais,* quer de características *processuais,* a iterarem entre si e ainda em espectros *substancial* e *formal*,[318] fundadas

---

[317] ANTUNES, L. F. C. *A ciência jurídica administrativa*. Coimbra: Almedina, 2013; _____. *A teoria do acto e da justiça administrativa*: o novo contrato natural. Coimbra: Almedina, 2015.

[318] Reparemos que os vocábulos "substancial" e "formal" podem se referir, o primeiro, ao direito natural e valorativamente moralizado, e o segundo, ao direito positivo, em interação entre a filosofia idealista do direito e a filosofia positivista do direito; e, sem embargo, a ambos como espécies do gênero direito positivo, em que o vocábulo "substancial" se referiria ao direito material, ao passo que "formal" se referiria ao direito processual. Gustavo Zagrebelsky emprega os termos nesses dois conceitos (ZAGREBELSKY, G. *La ley y su justicia*: tres capítulos de justicia constitucional. Madrid: Editorial Trotta, 2008), ao passo que Jean-Louis Bergel apenas se vale da primeira noção, referindo-se à percepção substancial do Direito e à percepção formal do Direito. A primeira, aferindo a justiça do Direito, sob um viés valorativo do ordenamento jurídico. A segunda, a forma, como necessidade de segurança jurídica, pelas mãos das regras de direito positivo (BERGEL, J-L. *Théorie générale du droit*. Paris: Dalloz, 2003). Jürgen Habermas assinala a inter-relação entre as "normas

não somente no direito-texto, formalizado pelo Estado, mas também como essencialmente matizadas nos estudos científicos doutrinários. Permite-se reportar, por exemplo, à *teoria geral das nulidades dos atos administrativos* e à *teoria geral do processo*, a identificarem, a par de princípios e de regras expostos pelos textos regulatórios em geral, *princípios e valores normativos implícitos* na ordem jurídica, hauridos de conceitos *qualitativos* e *quantitativos* pré-fundantes dos sistemas e regimes jurídicos.

Não há que se conceber a substância do Direito, o direito material, sob a roupagem formalista do Direito, o direito-texto, sem que, sobre esse objeto, faça incidir um olhar de ordem valorativa, ética e moral, oriundo do contexto sociocultural que forma, em que pese ser mutável e flexível no tempo, a noção de justiça da ordem jurídica. Há de se afastar o Direito de uma hermenêutica "cega" aos substanciais princípios e valores constitucionais e legais, "como pura força formalizada, como mera legalidade".[319] Aqui se emprega um raciocínio inverso ao dos defensores do *substancialismo puro do Direito*, que se referem às arbitrariedades que podem ser levadas a efeito em nome da aplicação da lei, do direito-texto, pois defendemos a positivação regrada por teorias que revelem suas nulidades no *iter* de aplicação do direito material, no evoluir racional e dialético dos atos das partes da relação jurídica, para a justa solução do litígio. Por meio do processo é possível moldar o direito material e extrair desse aporte substancial os conceitos valorativos, ético-jurídicos e jurídico-morais. O *substancialismo* e o *formalismo* devem se inter-relacionar de modo equitativo, harmonicamente funcional e interdependente, para a

---

morais e jurídicas, sobre a relação de complementariedade entre moral racional e direito positivo", afastando-se sensivelmente das concepções de prescrições substanciais do Direito e prescrições formais do Direito, formuladas por Zagrebelsky (ZAGREBELSKY, G., *op. cit.*) e Bergel (BERGEL, J-L., *op. cit.*), na medida em que estes dois últimos ainda mantêm a moral valorativa como inserida dentro do próprio Direito, ainda como norma jurídica, ao passo que Habermas distingue duas espécies de norma, a norma moral e a norma jurídica, em que pese assentir na interação fundamental entre elas (HABERMAS, J. *Direito e democracia*: entre facticidade e validade. 2. ed. Rio de Janeiro: Edições Tempo Brasileiro, 2012. v. 1, p. 139-142).

[319] "Ya que el positivismo jurídico se convirtió en el enemigo principal de los juristas del régimen, se han dado por obvias estas equivalencias: sustancialismo, expresión jurídica del pensamiento totalitario; formalismo, expresión jurídica del pensamiento democrático. Pero esta historia nos muestra precisamente la otra cara de la moneda. Tras ser abatida la democracia parlamentaria e instaurarse el totalitarismo nazi, estos elementos se invirtieron porque la idea de la validez de derecho con independencia de su sustancia como un mero revestimiento formal de la fuerza, mostraba ser el *vademécum* del poder arbitrario ávido de rendir todo límite a su propia omnipotencia" (ZAGREBELSKY, G., *op. cit.*, p. 19).

operacionalização do Direito, material e processual, como expressão de justiça.[320]

O equilíbrio entre direito material e o seu pertinente ramo processual – e estes regrados pelas teorias das nulidades materiais e processuais, provenientes da teoria geral do Direito – não deve ser sumariamente afastado sob o argumento do formalismo moderado dos procedimentos e processo e da instrumentalidade das formas. O alcance instrumental das formas equivocadas e alijadas das prescrições normativas deve ser cabalmente aferido a ponto de aclarar a ausência de todo e qualquer prejuízo ao jurisdicionado e, nos processos administrativos investigativos, ao investigado, sob pena de patenteamento da aplicação do direito material, por meio de um devido processo legal apenas *fictício, simulado, simbólico, irreal.*

Como visto, há de haver um dualismo equilibrado entre os dois polos do Direito e, acaso, apresentando-se o campo normativo em apenas uma de suas duas concepções, ou sobressaindo normatividade de um núcleo sobre o outro, ou ainda, por outro lado, essas concepções vindo a perder a tensão de estabilidade e concordância, "porque ambos lados se confunden y son indistintos, la sociedad está en peligro y, como se ha dicho, el sistema jurídico-político puede transformarse en una máquina letal".[321] Nesse sentido, é imprescindível se afigurarem as teorias das nulidades materiais e processuais do Direito como instrumentais à estabilidade da ordem normativa como um todo. "En efecto, el derecho con una sola dimensión escapa a cualquier examen, pudiendo convertirse en un instrumento de dominio ciego e acrítico".[322]

O princípio *pas de nullité sans grief*, como instrumentalidade das formas sob o viés de formalismo moderado, do modo como tem sido empregado sem balizas e indistintamente pelo Estado-investigador,

---

[320] "(…) la polaridad de los dos campos jurídicos – sustancial y formal – non es una complicación que deba ser simplificada, un inconveniente que haya que ignorar o un defecto que deba ser corregido para una concepción más 'pura', 'lineal' y 'rigurosa', sino un dato constitutivo del que hay que ser consciente y un valor que hay que preservar. Cuando este dualismo falta por adoptar el derecho solamente una de sus dos caras, la forma o la sustancia, o bien cuando se pierde la tensión porque ambos lados se confunden y son indistintos, la sociedad está en peligro y, como se ha dicho, el sistema jurídico-político puede transformarse en una máquina letal. En efecto, el derecho con una sola dimensión escapa a cualquier examen, pudiendo convertirse en un instrumento de dominio ciego y acrítico" (ZAGREBELSKY, G., *op. cit.*, p. 22).

[321] ZAGREBELSKY, G., *op. cit.*, p. 22.

[322] *Ibidem*, p. 22.

apresenta-se como método reducionista, representativo do pensamento epistêmico-disjuntivo, que favorece uma "racionalização seletiva", desprovida de autocrítica e posta somente a enxergar, nos institutos jurídicos, os aspectos que propiciem legitimidade ao "eficiente" e "efetivo" direito punitivo estatal – *pseudoefetividade punitiva do direito sancionador*. Nesses moldes, afasta o que se possa apresentar como ameaçador a esse exercício de poder. Qualquer outro juízo de valoração, para o Estado sob a égide patológica da "racionalização seletiva", passa a lhe parecer destoante do sistema jurídico e, destarte, ilegítimo, inválido.[323]

A instituição desregrada do princípio do formalismo moderado no processo administrativo investigativo suplanta a essência de justiça do direito formal em sua função de limitadora do direito substancial. Sim, por outro lado, dá-se a fazer valer este último a todo custo, como se o processo e o devido processo legal apenas se apresentassem no contexto jurídico sob o aspecto de meros institutos "figurantes", da forma pela forma, sem essência de fato, e somente para deferirem o "ar" de legalidade ao direito material aplicado.

Sem sombra de dúvidas, entretanto, assimila-se que o processo é dotado de um aspecto substancial, provido de eficiência e de efetividade, como complexamente sistematizado ao amparo do direito material, e reciprocamente. Sob a óptica do *paradigma da complexidade*,[324] o fenômeno corresponde a um caráter visivelmente constituído pela diversidade dentro da unidade. Essa diversidade, necessária para compor o uno, corresponde à teoria sistêmica da complexidade.[325]

Os fatos da vida submetidos aos contextos das regulações jurídicas, como litígios ou pretensão de o serem, assim como os institutos e as categorias de direito material e de direito processual, interconectam-se de modo bem mais complexo que a simplista análise isolada e temporal de cada elemento de forma estanque, como se os

---

[323] Sob esse aspecto da unidirecionalidade do pensamento científico, sobre o qual podemos dizer aqui que abarca a totalidade do direito material em detrimento do direito processual e de sua teoria, Edgar Morin afirma que "o homem tem dois tipos de delírio. Um evidentemente é muito visível, é o da incoerência absoluta, das onomatopeias, das palavras pronunciadas ao acaso. O outro, bem menos visível, é o delírio da coerência absoluta. Contra esse segundo delírio, o recurso é a autocrítica e o apelo à experiência" (MORIN, E. *Introdução ao pensamento complexo*. 5. ed. Trad. Eliane Lisboa. Porto Alegre: Editora Sulina, 2015. p. 72).

[324] *Ibidem.*

[325] MORIN, E. *O método 6*: ética. 4. ed. Trad. Juremir Machado da Silva. Porto Alegre: Editora Sulina, 2011. p. 61.

excluíssem do contexto litigioso sociocultural e os laborassem em ambiente fictício e artificial, para, em seguida, novamente os reinserir no plexo de coisas do Direito, dando a eles os efeitos sugestionados. Os fatos da vida submetidos aos contextos do Direito são correlacionados de modo complexo, como as inter-relações intersubjetivas do mundo real de fato o são. Assim também ocorre com a instrumentalidade das formas. Ora, como afirmar categoricamente que determinada ilegalidade processual não gerou danos processuais e mesmo materiais ou prejuízos a uma das partes se, pelo contrário, acaso reconhecida a nulidade de que se aproveitasse a parte acusada ou investigada em sede de investigação criminal de efeitos processuais penais, o benefício fosse patente, ao menos em ver a expectativa de direito à prescrição poder se materializar?

Diante do fato de o Estado apresentar-se como responsável pela realização do expediente investigativo,[326] a figurar como parte autora, instrutora – e daí uma patente espécie de imparcialidade subjetiva, para além de um dever de vinculação legal –, é de se aperceber a busca, em muitos casos, imoderada, da conclusão de todo o *iter* procedimental, de modo a não se observar detalhes sensíveis das normas de regência. Nitidamente, há de se aferir que o formalismo moderado e a instrumentalidade das formas são, deveras, medidas subjetivamente extradimensionadas que beneficiam o órgão punitivo responsável pela persecução. Isso se afere, uma vez que a lei comumente se encarrega de estipular as formalidades e o conteúdo, qualificados como elementos e pressupostos dos atos processuais, cujas prescrições se tornam inúteis e "letras mortas" ao olhar da autoridade policial na função de Polícia Judiciária, que busca o fim do processo – e a denúncia e, ao final, a punição do suposto agente autor do ilícito –, sem a aplicação dos direitos e garantias processuais a que faz jus o investigado e o acusado. Malfere-se, destarte, o devido processo legal, em seu aspecto substantivo, ao olvidar que a Constituição Federal de 1988 não o elegeu a direito fundamental desprovido de normatividade, em que a norma processual, essência do princípio em comento, encontra-se, justamente, no dever de reconhecimento (i) das condições de admissibilidade de justa causa da investigação criminal e (ii) dos pressupostos de existência e de validade da investigação,

---

[326] No caso em que nos detemos, o processo administrativo disciplinar, e sem óbices aos demais processos punitivos estatais, a exemplo do penal, do fiscal ou do tributário.

como pressupostos gerais de validade do enfrentamento e da resolução do mérito da persecução pré-contraditorial.

O *processo* e a *justiça por meio do processo* são aplicações concretas da ética,[327] em que, na visão de filósofos contemporâneos,[328] nos contornos da expressão de ética, hão de se identificar dois princípios destacados: o *princípio da inclusão* e o *princípio da exclusão*.[329] A *inclusão* compreende a inserção do "eu" no "nós" – "o todo está na parte e a parte está no todo"[330] – e, consequentemente, a apreensão do todo no centro de si próprio. Trata-se instintivamente da vital necessidade do outro, como, em Aristóteles, a partir da premissa de ser o "homem um animal político [social]",[331] decorrente da interação entre *logos e polis*, entre a razão e a vida em sociedade.[332] Por outro giro, pela óptica do princípio da exclusão, há uma tendenciosa busca de preservação do individualismo, do "eu", em que o outro é um "estranho" e isso, talvez, como vértice aporético [sem um caminho definido, *hodós*, e decorrente da junção dos vocábulos *metá* e *hodós* (método)], representativo de resquícios de visões do modelo jurídico liberal a influenciar o formato neoliberal de Estado. Tal princípio

---

[327] "La sujeción de la acción administrativa a determinadas formalidades, la necesidad de que la acción administrativa se realice a través de los cauces formales de un procedimiento ha sido siempre – y sigue siéndolo – una de las más firmes garantías del interés público. El procedimiento administrativo podrá cumplir otras finalidades – como la garantía de los derechos de los ciudadanos –. Pero es, ante todo, garantía de que la actuación de los administradores va a dirigirse hacia el interés público, y, por tanto, garantía de un comportamiento ético" (PÉREZ, J. G. *Corrupción ética y moral en las administraciones públicas*. 2. ed. Navarra: Civitas, 2014. p. 207-208).

[328] Apesar de não tratar das categorias processo e justiça processual, importante conferir a temática da "exclusão e inclusão por meio da ética" na teoria de Edgar Morin. Cf., por todos, MORIN, E. *O método 6*: ética. ética. 4. ed. Trad. Juremir Machado da Silva. Porto Alegre: Editora Sulina, 2011. Do mesmo modo, mister conferir as formas de abordagem do "princípio da alteridade" na obra de Emmanuel Lévinas, *e.g.*: LÉVINAS, E. *Entre nós*: ensaios sobre a alteridade. Trad. Pergentino Stefano Pivatto (Coord.), Evaldo Antônio Kuiava, José Nedel, Luiz Pedro Wagner e Marcelo Luiz Pelizolli. Petrópolis: Editora Vozes, 2009.

[329] MORIN, Edgar. *O método 6*: ética. 4. ed. Trad. Juremir Machado da Silva. Porto Alegre: Editora Sulina, 2011. p. 19-20.

[330] MORIN, E. *Introdução ao pensamento complexo*. 5. ed. Trad. Eliane Lisboa. Porto Alegre: Editora Sulina, 2015. p. 75.

[331] ARISTÓTELES. *A política*. Trad. Roberto Leal Ferreira. São Paulo: Martins Fontes, 2002.

[332] Cf. KROHLING, A. *Direitos humanos fundamentais*: diálogo intercultural e democracia. São Paulo: Paulus, 2009; _____. Ética e descoberta do outro. Curitiba: CRV, 2010; _____. *A ética da alteridade e da responsabilidade*. Curitiba: Juruá, 2011; _____. *Dialética e direitos humanos*: múltiplo dialético da Grécia à contemporaneidade. Curitiba: Juruá, 2014; e FERREIRA, D. N. A.; KROHLING, A. (Org.). *História da filosofia do direito*: o paradigma do uno e do múltiplo dialético, retórico e erístico. Curitiba: Juruá, 2014.

leva à concorrência e à exclusão[333] entre indivíduos, pondo-se o fenômeno, entretanto, a transpassar a esfera individual, de modo a abarcar as relações intersubjetivas e a permear as instituições jurídicas subjetivas e objetivas, as pessoas jurídicas e o Direito, e, sem embargo, impondo a modulação da forma de *fundamentação* (legislação normativa) e *aplicação*[334] (interpretação e concreção normativa) de suas categorias jurídicas. À vista desses argumentos, identificamos a tendente imposição do direito material, substancial, sobre o direito processual, por vezes compreendido como mero adjetivo instrumental e simplesmente direcionado à concretização do direito substantivo positivado. Identifica-se, dessarte, a imperatividade do princípio da exclusão em toda e qualquer tentativa de menoscabo de princípios e de regras de nulidades processuais, que poderiam favorecer direitos dos investigados e dos acusados. O pensamento do *processo como instituto complexo* há de se harmonizar com o primeiro *princípio da inclusão*, uma vez que intercala, em ações de interdependência, o direito substancial e o direito formal, em que, inclusivamente, um depende do outro, para a busca das possíveis – conquanto realmente inatingíveis dentro de uma concepção ideal – certeza, verdade e justiça do Direito.

5.2.2 A investigação criminal sob os efeitos do princípio do formalismo moderado e da ética da alteridade – para uma Polícia Judiciária consentânea com o atual Estado Democrático e Constitucional de Direito

A *alteridade* também se mostra aplicável a uma distinção ética respeitadora das individualidades dos dois institutos – direito material e direito processual –, a se completarem simultaneamente ao mesmo tempo em que se "desidentificam", para a concepção de conceitos categóricos distintos, porém interdependentes. Não se há de prevalecer,

---

[333] MORIN, E. *O método 6*: ética. 4. ed. Trad. Juremir Machado da Silva. Porto Alegre: Editora Sulina, 2011. p. 19-20.

[334] Vocábulos sobre os juízos de *fundamentação* e de *aplicação* empregados apenas para utilizar o inicial sentido dos conceitos postos por Klaus Günther, sem, contudo, adentrar na teoria da argumentação jurídica. Cf. GÜNTHER, K. *Teoria da argumentação no direito e na moral*: justificação e aplicação. Introdução à edição brasileira de Luiz Moreira. Trad. Claudio Molz. São Paulo: Landy, 2004.

desmesuradamente, incontidamente, um sobre o outro, o material sobre o processual, a direção punitiva sobre a direção defensiva, os vetores de persecução do interesse público sobre os vetores de garantias dos investigados e acusados e, assim também, inversamente recíprocos. A totalidade é forma de injustiça e a indiferença à alteridade e seus contornos aprioristicos, a exemplo de formar uma noção reducionista de identidade entre direito material e processo, para a satisfação de um único fim, o punitivo do Estado, perfaz a arbitrariedade por meio do Direito.[335] Anote-se que nos referimos por meio do conceito de "alteridade" não somente aos *sujeitos* da relação processual ou investigativa, mas também e, no presente caso, aprioristicamente, aos *institutos* de direito material e processual que envolvem os sujeitos da relação jurídica.

A alteridade como deferência entre os sujeitos do litígio administrativo parte da premissa da existência de alteridade dos direitos envolventes do investigador e do investigado, nos mesmos moldes da relação entre direitos da acusação e da defesa, e do reconhecimento dos contornos jurídicos dos institutos de direito material e de direito processual que compõem a essência do processo como relação jurídica em contraditório. Na interação complexa entre direito material e direito processual, há uma relação de "responsabilidade", compreendida, nas palavras de Emanuel Lévinas, como a "assunção do destino do outro"[336] (outro, aqui empregado no sentido multifacetário de direito material e direito processual e de parte autora e parte ré da relação jurídica material e processual). Em que pese Lévinas não se quedar adstrito apenas aos limites da fenomenologia heideggeriana – tendo desenvolvido pensamento para além de Husserl e Heidegger[337] –, permitimo-nos, sem embargo, falar também, nesse sentido de responsabilidade, em "ética do cuidado",[338] sob a concepção, quanto ao que nos propomos estudar neste tópico (relação e interação entre direito material e direito processual), de dever levar realmente em consideração a necessidade de um *devido* processo legal, para a

---

[335] LÉVINAS, E. *Entre nós*: ensaios sobre a alteridade. Trad. Pergentino Stefano Pivatto (Coord.), Evaldo Antônio Kuiava, José Nedel, Luiz Pedro Wagner e Marcelo Luiz Pelizolli. Petrópolis: Editora Vozes, 2009.

[336] *Ibidem*, p. 143.

[337] KROHLING, A. Ética e a descoberta do outro. Curitiba: CRV, 2010. p. 31.

[338] HEIDEGGER, M. *El ser y el tiempo*. Trad. José Gaos. México: Fondo de Cultura Económica, 1993.

persecução investigativa pré-contraditorial penal e a aplicação da sanção decorrente do ilícito.

O processo, sob a luz de todos os seus escopos, deve "cuidar" da justiça da persecução punitiva estatal. Não se fala – entretanto advirta-se – de uma ética aplicada ao exercício moral do Poder Público em medidas executivo-fiscais, ou de regulação econômica ou financeira, e de seus procedimentos de concreção do poder de polícia.[339] Nessas questões envolvendo a Administração e o administrado também há de se apresentarem as faces de uma relação complexa de alteridade. Porém, a ética por ora investigada é aqui aplicada como exteriorização da moral estatal jurisdicional e administrativa processual, para a higidez do aparato normativo de persecução punitiva do Estado.

Em tudo existe uma organização, ou melhor, uma forma ora mais ora menos detalhada de conformação, em que "a separação, dispensação e aniquilação, desencadeiam-se constantemente e simultaneamente (...) e nessa agitação surgem forças de religação",[340] pelo acontecimento de uma *dialógica indissociável* (*tetragrama dialógico*: ordem, desordem, interações de organização e reorganização, em ciclos antagônicos, concorrentes e complementares),[341] para a retomada da ordem natural das coisas. Assim também é o processo e o processo penal, com a sua fase de investigação criminal a cargo da Polícia Judiciária, com suas previsões de nulidades, úteis, e mesmo essenciais, notadamente, como "força de religação" e correção dos rumos do processo, em busca de seus escopos – certeza, verdade e justiça, possíveis.

É no *ato*, no *agir*, que a *intenção* corre o risco de fracassar ou desviar-se de suas finalidades. No Direito, o legislador manifesta a sua vontade inicial, a sua intenção, o que compreendemos como *mens legislatoris*, que, nada obstante, entrega-se evolutivamente, ao se tornar direito-texto, nas mãos dos intérpretes e aplicadores do Direito. Nesse ponto, o ato de "interpretar" e de "aplicar" a norma ao caso concreto corresponde diretamente ao "agir", que hermeneuticamente mal compreendido pode viciar todo o propósito inicial da norma. Essa é uma faceta da incerteza da ética, por obra da moral, a influenciar o

---

[339] Para esse tema, Cf. GROULIER, C. (Dir.). *L'État moralisateur*: regard interdisciplinaire sur les liens contemporains entre la morale et l'action publique. Paris: Mare & Martin, 2014.

[340] MORIN, E. *O método 6*: ética. 4. ed. Trad. Juremir Machado da Silva. Porto Alegre: Editora Sulina, 2011. p. 31.

[341] *Ibidem*, p. 32.

ético no "jogo das *inter-retro-ações*".[342] "Daí a insuficiência de uma moral que ignora o problema dos efeitos e consequência dos seus atos".[343]

O processo administrativo inserido no seio do processo penal, para conformar a investigação criminal constitucionalizada, assim como qualquer processo jurídico, compreende um complexo aberto ao exercício dialético da razão,[344] em franco confronto com a aplicação direta e objetiva do direito material. Nisso há de se repensar o modo como as autoridades administrativas, no caso as autoridades policiais e, sem embargo, as autoridades judiciais, têm encarado os fins, funções e finalidades do processo não só como uma mera forma de ritos, mas sim como, nomeadamente, dotado de substância à concreção de direitos fundamentais.[345]

Todavia, em que pesem todos os argumentos até aqui experimentados, a conclusão a que se chega, mormente ao observarmos as decisões dos Tribunais Superiores brasileiros a chancelar toda espécie de decisionismo administrativa processual, é a de que não há deferência alguma à "processualidade jurídica ampla" a contemplar a senda da Administração Pública, no exercício da Polícia Judiciária e da Investigação Criminal.

Por tudo, queda-se o Estado-Administração-investigador, em seus processos e procedimentos, a um plano subjurídico – quiçá, com um pouco de boa vontade, aos efeitos jurídicos dos atos administrativos isolados em si –, em que sequer de nulidades processuais e de efeitos jurídicos de atos processuais e fases processuais válidas ou inválidas permitem-se falar; tudo isso ao abrigo dos propósitos patologicamente direcionados a que buscam, de modo pré-concebido, os administradores e os órgãos jurisdicionais, pelas vias do "processo" administrativo, de sua "sindicabilidade jurisdicional" e do controle judicial de seus atos – como efeito imediato disso na investigação criminal, a defesa

---

[342] MORIN, E., *op. cit.*, p. 41.

[343] *Ibidem*, p. 41.

[344] BRAGA, L. F. N. Primeiras linhas para os princípios da filosofia do direito processual civil. *Ciência Jurídica*, Belo Horizonte, v. 26, n. 168, p. 253-293, nov./dez. 2012.

[345] Cf. DEZAN, S. L. Prólogo sobre a investigação criminal e sua teoria comum: o inquérito policial como fase do processo criminal. In: ZANOTTI, Bruno Taufner; SANTOS, Cleopas Isaías (Org.). *Temas avançados de polícia judiciária*. Salvador: Juspodivm, 2015. p. 21-34; e DEZAN, S. L. Os contornos jurídicos da cognição no indiciamento do investigado no inquérito policial: breves notas sobre o caráter objetivo e subjetivo-mitigado, limitado e não exauriente do ato de indiciamento. In: ZANOTTI, Bruno Taufner; SANTOS, Cleopas Isaías (Org.). *Temas atuais de polícia judiciária*. Salvador: Juspodivm, 2015. p. 255-276.

do investigado fica alijada de todo e qualquer instrumento normativo, ou seja, de todo e qualquer instituto jurídico que lhe possa abarcar direitos e garantias fundamentais ao exercício de defesa.

Sem qualquer propósito de desqualificar as instituições e a par de eventual má-fé nas fundamentações das decisões administrativas e jurisdicionais declinadas no bojo da investigação criminal ("o problema das falsas justificações"),[346] o que tem transparecido até o momento são autoridades administrativas, autoridades policiais e no exercício da função de investigação criminal, alheias a qualquer noção da importância jurídica das funções que desempenham no processo administrativo como face do processo penal e imprescindível ao desenvolvimento hígido de um devido processo legal afeto à persecução criminal estatal. Encontram-se sem a mínima qualificação ou pré-qualificação – em grau de conhecimento do instrumento jurídico a seu cargo e dos efeitos dele decorrentes para o Estado Democrático de Direito – para o exercício desse múnus público, e, por outro lado, quanto à inafastável jurisdição, os órgãos jurisdicionais,[347] retroalimentados pela doutrina e reciprocamente, portam-se a não reconhecer, de fato, substancialmente, a processualidade administrativa e a consequente *juridicidade* (atuação conforme a *lei* e o *Direito – ciências jurídicas* aplicadas)[348] da investigação criminal como fase pré-contraditorial do processo penal, em que se tutelam direitos fundamentais dos investigados.

Esse é o "estado da arte" da investigação criminal como processo administrativo e como fase processual penal pré-contraditorial do processo penal estrito: uma *pseudoprocessualidade*, entendida apenas como algum encadear de atos (sem qualquer adjetivação de processuais penais e ou administrativos), sem qualquer estudo ou pragmatismo dedicado ao reconhecimento e aprofundamento da *juridicidade* e, assim, das categorias de existência, de validade e nulidades desses atos híbridos, administrativos e processuais penais, da investigação

---

[346] RODRIGUEZ, J. R. *Como decidem as cortes?* – para uma crítica do Direito (brasileiro). Rio de Janeiro: Editora FGV, 2013. p. 22.

[347] FACCINI NETO, O. *Elementos de uma teoria da decisão judicial*: hermenêutica, constituição e resposta corretas em Direito. Porto Alegre: Livraria dos Advogados, 2011. Conferir também: LUIZ, F. V. *Teoria das decisões judiciais*: dos paradigmas de Ricardo Lorenzetti à resposta adequada à Constituição de Lênio Streck. Porto Alegre: Livraria dos Advogados, 2013.

[348] Para estudos da temática da juridicidade administrativa, no sistema da Administração Pública e no sistema do contencioso administrativo, cf. GAUDEMET, Y. *Les méthodes du juge administratif*. Paris: Librairie Générale de Droit et de Jurisprudence, 1972.

criminal como relação jurídica entre o Estado-investigador e o investigado, como um início de relação jurídica em contraditório, concretista de princípio e valores constitucionais do Estado Democrático e Constitucional de Direito.[349]

Sem embargo do paradigma da ética da complexidade e da alteridade, a instrumentalidade das formas processuais em desfavor do investigado também se infirma pela óptica do paradigma do *substancialismo hermenêutico e constitucional*.[350] Este concebe a Constituição dos Estados Nacionais como ordem material de valores a serem realizados pelo intérprete e aplicador do Direito. Dentro desse escopo, age de modo a fazer uso da ponderação de valores[351] e das funções aplicativas dos postulados da proporcionalidade e da razoabilidade, para a afirmação de direitos fundamentais, por meio da utilização imoderada do princípio *pas de nullité sans grief*. Tudo isso, inadvertidamente, em proveito da Administração Pública no processo jurídico estatal punitivo, opera justamente em sentido inverso aos propósitos da teoria jurídica substancial, na medida em que apresenta o condão de afastar esses mesmos direitos constitucionais dos agentes públicos.

Ao contrário de afirmar direitos fundamentais dos investigados em sede de fase pré-contraditorial processual penal, que na essência

---

[349] O que, no caso brasileiro, patologicamente, porém em proporções menores, estende-se aos processos jurisdicionais, mormente o processo penal, consoante assinala Ricardo Jacobsen Gloeckner: (GLOECKNER, R. J., *op cit.*).

[350] Sobre o tema, Cf. STRECK, L. L. *Jurisdição constitucional e hermenêutica*: uma nova crítica do direito. 2. ed. Rio de Janeiro: Forense, 2004; _____. A concretização de direitos e a validade da tese da Constituição dirigente em países de modernidade tardia. In: AVELAS NUNES, A. J.; COUTINHO, J. N. M. (Org.). *Diálogos constitucionais*: Brasil/Portugal. Rio de Janeiro: Renovar, 2004. p. 301-371; _____. *Verdade e consenso*: constituição, hermenêutica e teorias discursivas. 5. ed. São Paulo: Saraiva, 2014; _____. *Hermenêutica jurídica e(m) crise*: uma exploração hermenêutica da construção do Direito. 11. ed. Porto Alegre: Livraria do Advogado, 2014; _____. *Compreender direito*: como o senso comum pode nos enganar. São Paulo: Revista dos Tribunais, 2014. No direito estrangeiro, Cf. CANOTILHO, J. J. G. *Constituição dirigente e vinculação do legislador*: contributo para a compreensão das normas constitucionais programáticas. Coimbra: Coimbra Editora, 1994; VERDÚ, P. L. *Sentimento constitucional*: aproximação ao estudo do sentir constitucional como modo de integração política. Trad. Agassiz A. F. Rio de Janeiro: Forense, 2004; VIEIRA ANDRADE, J. C. *Os direitos fundamentais na Constituição Portuguesa de 1976*. 3. ed. Coimbra: Almedina, 2004; PEREZ-LUÑO, A. E. *Los derechos fundamentales*. 7. ed. Madrid: Tecnos, 1998; e _____. *Derechos humanos, estado de derecho y constitución*. 7. ed. Madrid: Tecnos, 2001. Para uma crítica do comunitarismo, substancialismo ou constitucionalismo dirigente, em favor do procedimentalismo habermasiano, Cf. CRUZ, Á. R. S. *Habermas e o direito brasileiro*. 2. ed. Rio de Janeiro: Lumen Juris, 2008.

[351] DEZAN, S. L. *Fenomenologia e hermenêutica do direito administrativo*: para uma teoria da decisão administrativa. Porto: Juruá Editorial, 2018.

compreende espécie de processo administrativo dedicado a gerar efeitos no processo penal, a não declaração de nulidade, sob a alegação da instrumentalidade e do formalismo moderado, a depender ainda da demonstração de ocorrência de prejuízo à defesa pela própria defesa, parte relacional investigada pela Polícia Judiciária, presta-se a impedir, por meio de uma falsa legitimação do agir administrativo na investigação criminal, a concretização da própria ordem regulatória. *Exempli gratia*, o de somente se ver indiciado o investigado por meio do devido processo legal criminal persecutório à luz do dever do investigador, a autoridade policial, provar a imputação, declinando os indícios da autoria e a prova da materialidade.

A necessidade de demonstração lógica da imputação indiciária na investigação criminal não se sobrepõe ao dever de a autoridade policial utilizar os meios adequados para tal mister e, sem embargo, não autoriza ativismos administrativos ou judiciais às avessas de qualquer forma de concretização do metavalor da dignidade da pessoa humana. Queremos dizer, com essas afirmações, não que a autoridade policial encontra-se impedida de agir de ofício, mas sim que não há que se falar em proatividade decisional a figurar, na essência, como verdadeira função de poder constituinte, para tolher direitos – o agir com juridicidade administrativa, a cargo da autoridade policial na investigação criminal, baliza-se pelos valores, princípios e regras constitucionais,[352] à vista do escopo da investigação em concretizar o interesse público harmonizado com a tutela de direitos fundamentais do investigado. Pelo matiz do *pós-positivismo* e do *neoconstitucionalismo*, empreende-se buscar a superação (ou o avanço de sua teoria hermenêutica) do positivismo legalista, com a aproximação ente direito e moral[353] – sem óbices também e com o auxílio da moral à aproximação do direito à política,[354] sem primazia, porém, desta sobre aquele, como idealiza Jürgen Habermas[355] –, por meio da decisão administrativa ou judicial. Isso somente se justifica

---

[352] DEZAN, S. L., *op. cit.*

[353] STRECK, L. L. *Verdade e consenso*: constituição, hermenêutica e teorias discursivas. 5. ed. São Paulo: Saraiva, 2014; _____. *Hermenêutica jurídica e(m) crise*: uma exploração hermenêutica da construção do direito. 11. ed. Porto Alegre: Livraria do Advogado, 2014.

[354] DWORKIN, R. *Justiça para ouriços*. Trad. Pedro Elói Duarte. Coimbra: Almedina, 2012.

[355] Habermas parte da premissa de uma autonomia pública, firmada na ação comunicativa nos juízos de justificação, concreção legislativa da norma, com a participação da comunidade destinatária da própria norma, adotando, assim, um viés social e político para a legitimação da ordem jurídica e, com efeito, da validade das leis. Nesses termos Cf. HABERMAS, J.

A INTERAÇÃO DE NORMAS MATERIAIS E PROCESSUAIS EM SENTIDO LATO DO DIREITO PUNITIVO E PERSECUTÓRIO ...

para os fins de reconhecimento de direitos fundamentais e não para a satisfação *extra* ou *contra legem* dos interesses persecutórios punitivos do Estado.

O *substancialismo hermenêutico* é comumente criticado *ex vi* das teses discursivo-procedimentais, em especial, da teoria da argumentação jurídica[356] – pelo fato de as decisões jurisdicionais, mormente as proferidas pelas cortes constitucionais, assumirem um papel eminentemente político, a despeito de suas funções estritas de jurisdição, fazendo as vias de verdadeiro poder constituinte e, também, invadindo o espaço funcional reservado ao Poder Legislativo, sendo que essa crítica se dá à vista do ativismo judicial afirmativo de direitos fundamentais.[357] Para os casos em que ora nos detemos, quais sejam, as condutas processuais decisionais a infirmarem direitos fundamentais por meio da indistinta aplicação do princípio *pas de nullité sans grief* com o propósito de célere conclusão procedimental, a crítica se robustece, em face do completo modelo utilitário-solipsista ao arrepio da Constituição, das leis e do Estado Democrático de Direito.[358] [359]

Direito e democracia: entre facticidade e validade. Trad. Flávio Beno Siebeneichiler. Rio de Janeiro: Tempo Brasileiro, 2003. v. 1-2.

[356] Cf. HABERMAS, J. *Direito e democracia*: entre facticidade e validade. Trad. Flávio Beno Siebeneichiler. Rio de Janeiro: Tempo Brasileiro, 2003 v. 1-2; e GÜNTHER, K., *op. cit.*

[357] CRUZ, A. R. S., *op. cit.*

[358] Nesse mesmo sentido, Álvaro Ricardo de Souza Cruz esclarece que "nascida como um mecanismo de tornar a Constituição instrumento de melhoria da qualidade de vida no Brasil, [a filosofia substancialista do texto constitucional como concreção de valores fundamentais] passou a ser empregada na jurisprudência como mecanismo de sonegação de direitos sociais. Pela mesma maneira a 'Jurisprudência de valores', que se viu importada para o país como forma de superação dos limites da *práxis* positivista, se transformou em justificativa dada pelo judiciário, especialmente pelo Supremo Tribunal Federal, para dar suporte a planos econômicos inconstitucionais ou para garantir a inefetividade dos direitos sociais, em razão da 'reserva orçamentária' ou do princípio da 'reserva do possível'" (*Ibidem*, p. 208).

[359] Lênio Luiz Streck, um dos principais defensores do substancialismo hermenêutico constitucional, apesar de criticado por Álvaro Ricardo de Souza Cruz quanto à não aceitação da possibilidade de aplicação em países de modernidade tardia, como é o caso do Brasil, da teoria epistemo-procedimental de Habermas (*op. cit.*), também afirma que o "ativismo judicial" "tem sido praticado às avessas em *terrae brasilis*, contribuindo para a inefetividade dos direitos fundamentais sociais" (STRECK, L. L. *Verdade e consenso*: constituição, hermenêutica e teorias discursivas. 5. ed. São Paulo: Saraiva, 2009, p. 16). Nós acrescentaríamos às observações de Lênio Luiz Streck, sem contrariedade à indução de inefetividade dos direitos fundamentais sociais, também a ineficácia de todo e qualquer direito fundamental e, para a investigação que ora nos detemos, a ineficácia dos direitos fundamentais de defesa dos acusados em processo administrativo, para sobressaltar, com vieses de decisionismo e de discricionariedade arbitrária de uma filosofia da consciência solipsista envolvente do enclausuramento do sujeito-objeto, a supereficácia – inconstitucional, por essência – do poder sancionador do Estado-Administração.

Os princípios da proporcionalidade e da razoabilidade parecem estar na base do fundamento do princípio *pas de nullité sans grief,* na medida em que as autoridades julgadoras, sejam elas administrativas, autoridades policiais no seio da investigação criminal, sejam jurisdicionais, parecem somente reconhecer a ofensa à lei processual ou material ao amparo de demonstração do agravo decorrente do ato processual defeituoso (ato esse, no processo administrativo, editado pela própria Administração, encarregada de dizer se houve ou não edição de ato viciado e, sem embargo, de primar pela higidez da ordem regulatória), em franco juízo de ponderação entre a ofensa à ordem jurídica e a gravidade dos danos dela advindos.

Na essência, não se trata de nenhuma *ponderação de valores,* pois não há de se identificar qualquer valor jurídico, ou moral ou político-moral implícito, positivos no desrespeito à legislação afeta à confecção (i) de atos administrativos ou (ii) de fases processuais. O que se verifica, de fato, é um verdadeiro *desvalor* da ofensiva à ordem normativa e isso não se põe em colisão ou em confronto com a situação de o investigado ver-se responsabilizado por meio de persecução atípica, desrespeitadora da previsibilidade, da estabilidade e da certeza das formas jurídicas, aplicada para a única garantia dos desígnios punitivos do Estado. Há, nesses casos, a concretização de uma categoria de ilícito que podemos denominar de "indevido devido processo legal" – *no due process of law,* ou "indevido processo" – *improper process.*

Por outro vértice, a par da ética da complexidade e da alteridade, assim como do substancialismo da filosofia dos valores, o princípio *pas de nullité sans grief* não se sustenta também pelo olhar da concreção da *justiça do Direito* por meio do exercício analógico da inadmissibilidade das provas ilícitas, aplicado para se considerar inadmissível qualquer forma de ilicitude processual. O processo perfaz instrumento de garantia contra a possibilidade de arbítrio do Estado-sancionador e não em meio simbólico de legitimação da sanção. Nesse arcabouço, não somente as provas ilícitas seriam inadmissíveis no processo, mas também os atos jurídicos ilícitos, assim como os dissonantes das normas reguladoras do processo. Repudia-se qualquer forma de ilicitude empregada para a manutenção dos propósitos repressores do Estado em detrimento dos direitos fundamentais do indivíduo submetido à investigação criminal, como investigado e ou como indiciado.

5.3 O propósito teleológico da Investigação Criminal Conduzida por Delegado de Polícia (ICDP): fim, função e finalidade

O vocábulo "fim" pode ser definido como aquilo que foge ao infinito,[360] no sentido de "termos ou conclusões de episódios temporais".[361] A cronologia de ações leva à conclusão, ao termo, em um sentido de marco inicial a induzir a ocorrência do marco final, em que algo tem um sentido espaço-temporal de começo e de encerramento. As ações da Administração Pública e da Polícia Judiciária como parte da estrutura do Estado-Administração são permeadas por propósitos, por intenções ou fins ditados por lei e pelo conjunto sistêmico da ordem normativa.

Sob essa acepção, o processo e, em especial para os nossos questionamentos, a investigação criminal como fase processual pré-contraditorial do processo penal estrito, perfaz um encadear de atos jurídicos administrativos e de atos da Administração (atos administrativos em sentido estrito e em sentido lato) que, no ambiente processual penal, auferem a natureza jurídica de atos híbridos: administrativo-processuais penais, direcionados à concreção de propósitos que se convencionam denominar de interesse público, como a apuração da autoria e da prova da materialidade delitiva, sem ofensa e, destarte, por meio de tutela de direitos fundamentais do investigado e de toda e qualquer pessoa que venha a se relacionar com o Estado nessas circunstâncias. Sem embargo dessa vinculação de atos administrativos, a investigação criminal também se compreende – por meio desses mesmos atos – como um conjunto de posições jurídicas da Administração e da autoridade policial no bojo do envoltório complexo da relação jurídica processual que tangencia o investigado e, desta monta, tende a experimentar poderes, faculdades, deveres, sujeições e ônus, ao amparo de uma legalidade e, assim, de um regime jurídico representativo do devido processo legal – sob essa óptica, a investigação criminal, constitucionalizada, a ponto de fomentar um início de defesa e de contraditório, aproxima-se, tanto quanto necessário a esse escopo, da fase processual penal estrita.

---

[360] ABBAGNANO, N. *Dicionário de filosofia*. São Paulo: Martins Fontes, 2012. p. 531.

[361] *Ibidem*, p. 531.

Com efeito, apresenta-se como "fim", propósito teleológico, a obtenção de um resultado derradeiro frente a uma demanda da Polícia Judiciária, para casos que envolvem a apuração de indícios de autoria e de prova de materialidade delitivas. A solução – legal, justa, célere, eficiente e eficaz – do "litígio" administrativo investigativo, fornecendo à sociedade respostas ao amparo do que a ordem normativa determina, perfaz o *fim* da investigação criminal.

No que tange à *função* e à *finalidade* da investigação criminal como processo administrativo e como processo penal, assinale-se que a função de algo perpassa pela ideia do seu funcionamento qualitativo sob a compreensão entificada, de "ser", e, assim, "é a operação *própria* da coisa, no sentido de ser aquilo que a coisa faz melhor do que as outras coisas",[362] a considerar-se, "do ponto de vista teleológico, a unidade sintética (...) de operação para um fim, ou capaz de realizar um fim"[363] – "ação dirigida a um fim".[364]

Com efeito, o processo compreende a materialização da relação jurídica formal, a colocar "frente a frente" as partes envolvidas no litígio, que, no caso da investigação criminal, emprega-se para propiciar a dialética processual em um prelibatório, inicial, exercício de defesa e de contraditório pelo investigado e pelo indiciado.

À vista desses argumentos, a função do processo jurídico e, sem embargo, da investigação criminal como processo penal, é a formação, manutenção e conclusão da relação jurídica processual investigativa.[365]

A *finalidade* de algo pode ser compreendida como "a correspondência entre um conjunto de coisas ou de acontecimentos [envolvendo o sentido de função, como operação própria da coisa] e um fim",[366]

---

[362] ABBAGNANO, N., *op. cit.*, p. 548.

[363] *Ibidem*, p. 548.

[364] *Ibidem*, p. 548.

[365] Anote-se que entendemos o processo administrativo-penal de investigação criminal como *relação jurídica* em início de contraditório, a garantir a inicial – sem óbices à natureza investigativa dessa espécie de processo penal – concepção de incidência de ampla defesa ao investigado (BÜLOW, O. V. *La teoría de las excepciones dilatorias y los presupuestos procesuales.* Trad. Santiago Sentis Melendo. Buenos Aires: EJEA, 1964), e não como *situação jurídica* (GOLDSCHMIDT, J. *Principios generales del proceso:* problemas jurídicos y políticos del proceso penal. Buenos Aires: Europa-América, 1935; _____. *Derecho procesal civil.* Trad. de Leonardo Prieto Castro. Madrid: Labor, 1936; _____. *Teoría general del proceso.* Barcelona: Labor, 1936; _____. *Problemi generali del diritto.* Padova: CEDAM, 1950).

[366] ABBAGNANO, N., *op. cit.*, p. 532.

que abarca a concepção de *finalismo*, como elementos e/ou eventos organizados à concreção de um fim.

Sob esse aspecto, considerando o *fim* e a *função* do processo persecutório como um todo e da investigação criminal propriamente dita, a perfilhar a apuração de indícios de autoria e de prova da materialidade, a *finalidade* desse instrumento administrativo-processual penal, em um Estado Democrático de Direito e como veículo de realização da democracia, por vias de um Direito justo, em notada concepção de justiça do Direito, há de ser permeada pelas concreções fáticas de (i) garantias jurídicas gerais, para a autoridade policial (prerrogativas e deveres-poderes), dos investigados (dever de submeter-se a uma investigação criminal constitucionalizada), e, sem embargo, de todo o coletivo social, destinatário dos serviços públicos de controle da criminalidade e de elucidação dos delitos.

Assim, há de haver, ainda, por meio da investigação criminal, (ii) garantias associadas aos direitos fundamentais; (iii) aprimoramento do conteúdo das decisões; (iv) eficácia das decisões; (v) legitimação do poder investigativo da Polícia Judiciária e das prerrogativas para a autoridade policial, no desempenho de seus misteres; (vi) constitucional e legal desempenho das funções; (vii) realização da investigação criminal pela justiça pela e pela Polícia Judiciária; (viii) sistematização da atuação administrativa da investigação criminal e da Polícia Judiciária; (ix) métodos e meios de controle interno e externo da atividade de Polícia Judiciária e de sua investigação criminal; (x) aplicação dos princípios e regras jurídicas, à luz do princípio da juridicidade, à investigação criminal e aos seus atos administrativo-processuais penais de decisão.[367]

(i) As garantias jurídicas gerais, para a autoridade policial (prerrogativas e deveres-poderes), dos investigados (dever de submeter-se a uma investigação criminal constitucionalizada), e, sem embargo, de todo o coletivo social, destinatário dos serviços públicos de controle da criminalidade e de elucidação dos delitos, convertem-se em propósito do Estado garantidor, Estado Democrático e Constitucional de Direito, como ente responsável por propiciar a observância das normas jurídicas, assim como também a elas se submeter para a realização da investigação criminal, encontrando-se

---

[367] MEDAUAR, O. *A processualidade no direito administrativo*. 2. ed. São Paulo: Revista dos Tribunais, 2003. p. 65-74.

esta balizada de seu dever-poder de persecução criminal, dos limites estipulados pela lei e pela ordem jurídica como um todo. A Polícia Judiciária, destarte, possui o dever-poder de persecução criminal ou penal, de instaurar e criar a relação jurídica processual, à vista da notícia de fato criminoso, com o fim de apurar os indícios de autoria e a prova da materialidade delitiva. Isso se dá com escopo delimitado, sob a proibição da arbitrariedade, *aspecto negativo da investigação criminal*, e na proativa deferência a direitos fundamentais e a garantias constitucionais e legais dos investigados, como *aspecto ativo* de garantia e tutela, afeto à Investigação Criminal Conduzida por Delegado de Polícia (ICDP). Nesse viés, perfaz-se eficiente e eficazmente a busca e a realização do interesse público que, em linhas gerais, intersecciona-se com o interesse coletivo, de todo o grupo social.

As garantias gerais de observância da ordem jurídica pela Polícia Judiciária, por meio da investigação criminal como processo, ou seja, com o emprego do devido processo legal e de seus corolários, princípios e regras, realizam, direta e imediatamente, todas (ii) as garantias associadas aos direitos fundamentais. Congloba, destarte, um início de exercício do contraditório e da ampla defesa do investigado, concernente, *e.g.*, ao direito de informação e de manifestação nos autos, ao direito de resposta, de refutação e de petição, sem embargo de tantos outros direitos associados à busca da verdade e da justiça do Direito, por meio do processo como instrumento constitucional de ação estatal ética e moral.[368]

(iii) O aprimoramento do conteúdo das decisões também compreende função do processo e, sem embargo, é essência da investigação criminal (*não se pode atender ao escopo da lei, ou seja, apurar indícios de autoria e prova da materialidade delitiva sem juridicidade, sem juízo de valor jurídico sobre a ocorrência ou não dos elementos do conceito de crime*), e isso se dá do mesmo modo como se afere o fenômeno em ambiente jurisdicional, na medida em que a discussão jurídica, com todos os seus elementos, apresentados pela lei e pelo Direito, e a eventual discussão dialética entre investigador e investigado, malgrado tratar-se, como visto, de fase processual penal pré-contraditorial, em uma relação jurídica linear ou dual (Polícia Judiciária e agente investigado), é levada à exaustão, em cada etapa de realização ou de refutação da *hipótese investigativa*,

---

[368] MORIN, E. *O método 6*: ética. 4. ed. Trad. Juremir Machado da Silva. Porto Alegre: Editora Sulina, 2011.

A INTERAÇÃO DE NORMAS MATERIAIS E PROCESSUAIS EM SENTIDO LATO DO DIREITO PUNITIVO E PERSECUTÓRIO ...

contendo a essência do que se busca com a investigação criminal. Esse contexto de fenômenos jurídicos ocorre na investigação criminal a cargo da autoridade policial, do delegado de polícia como responsável pela condução do feito, de modo a propiciar ampla definição dos conceitos fáticos de interesse do "litígio", fundamental à prolação dos atos decisionais: a par do teor da portaria de instauração, o teor do indiciamento e do relatório final conclusivo da investigação criminal – todos à luz do manejo da lei e do Direito, como instrumentos a serviço do jurista. A conclusão da investigação criminal, destarte, deve-se dar firmada sob um amplo debate jurídico, com oportunidades gerais de diligências e provas variadas, visando a aproximação, o quanto possível, da verdade dos fatos a lastrear a (iv) eficácia das decisões. Há de se encarar a investigação criminal, conjuntamente com instrumento de apuração de delitos, instrumento constitucional de garantias dos investigados, sob o manto da eficácia das decisões administrativo-processuais penais a cargo da autoridade policial, para, não obstante, (v) legitimar o exercício do dever-poder investigatório consentâneo com o atual Estado Democrático e Constitucional de Direito. Não se permite falar em punição de qualquer espécie em um Estado Democrático de Direito, sem que a ela se preceda a realização do devido processo legal, substancialmente levado a efeito com escopo não de atender à necessidade de punição e exemplificação de modo de ação estatal de repressão ao ilícito, mas sim de exercício, em conjunto com os atos investigativos, de atenção aos direitos fundamentais do investigado,[369] em prol de sua futura – senão atual – defesa, contraditório e correlatos valores – daí porque já termos afirmado que o inquérito policial (e qualquer investigação criminal) não é unidirecional, apenas voltado à satisfação dos interesses processuais da acusação.

Como meio de sindicabilidade, de fiscalização do atuar administrativo e análise dos resultados da busca do interesse público,

---

[369] Se nas próprias relações privadas já se admite a incidência das normatividades dos direitos e garantias constitucionais fundamentais (*eficácia* erga omnes *horizontal*, ou *eficácia nas relações privadas*), mormente devem ser aplicados ao serviço público, diante da formação de uma relação processual acusatória e punitiva. Sobre a "vinculação dos particulares aos direitos fundamentais", Cf. SARLET, Ingo Wolfgang. Direitos fundamentais e direito privado: algumas considerações em torno da vinculação dos particulares aos direitos fundamentais. *Revista de Direito dos Tribunais, Doutrinas Essenciais de Direitos Humanos*, vol. 1, p. 383-442, ago. 2011; e ROTHENBURG, W. C. Direitos fundamentais e suas características. *Revista de Direito Constitucional e Internacional*, v. 29, p. 55-64, out. 1999; *Revista de Direito Constitucional e Internacional*, v. 30, p. 146-155, jan. 2000; *Doutrinas Essenciais de Direitos Humanos*, v. 1, p. 1033-1042, ago. 2011.

meio de (x) facilitação do controle administrativo, a investigação criminal, na qualidade de fase pré-contraditorial do processo penal, concretizada consoante a ordem jurídica, propicia o (vi) correto desempenho da função a cargo da Polícia Judiciária, eximindo de responsabilidades os agentes públicos encarregados de suas fases e atos administrativo-processuais penais (a autoridade policial, o delegado de polícia), dando-lhe certa autonomia funcional.

Considerando a pretensão de correção e de certeza pelo Direito, assim como de pretensão de justiça, por meio das normas jurídicas, do direito-texto, e da sua correta interpretação e aplicação, o devido processo legal da investigação criminal leva à (vii) realização, pela Polícia Judiciária, de uma aceitável justiça, aplicável ao caso concreto submetido ao Estado para as possíveis formas de decisões dela decorrentes. Não se afasta a apreciação do Poder Judiciário, como reconhecimento do princípio da ubiquidade ou da inafastabilidade da jurisdição, mas provoca-se a tendência de conformação e satisfação do investigado com o resultado do processo estatal e com o ato administrativo-processual de indiciamento e de conclusão final, descartando o eventual interesse de se buscar o Poder Judiciário em momento pretérito ao seu deslinde, posto não se verificar, *in concreto*, qualquer arbitrariedade do Estado. Esse fenômeno de satisfação e conformação, mesmo diante de um resultado mais gravoso ao investigado, *e.g.* um indiciamento em tipificação penal mais gravosa que a constante na portaria de instauração e na inicial hipótese de investigação levada a efeito *initio processus*, provoca, ao menos indiretamente, a *(viii)* aproximação entre a Polícia Judiciária e o investigado, que passa a ter a possibilidade de moldar e mesmo mudar os resultados dos atos de investigação e do futuro processo em contraditório, *ex vi* da possibilidade, a depender do caso concreto, de realização de *delação premiada*. Na qualidade de investigado e com expectativa de direitos de uma vindoura fase processual penal em contraditório, encontra-se, de fato, inserido na relação processual (em um sentido macro, lato), de modo igualitário e com *direitos-poderes* processuais equânimes aos da Polícia Judiciária, em certa medida, com "paridade de armas jurídicas", atuando também, destarte, como, responsável pelo resultado do curso dessa relação jurídica, que podemos classificar como relação jurídica anômala.

O referido controle dos atos da Administração e a sindicabilidade do seu agir, alinhados à correta aplicação da ordem jurídica sob o amparo das teorias propostas pelas Ciências Jurídicas e, com efeito, à correta aplicação do devido processo legal administrativo-processual penal da investigação criminal e do processo penal como um todo leva à (ix) sistematização da atuação administrativa, faceta do princípio da segurança jurídica, a dar ao administrado a projeção de futuros resultados à vista de determinados fatos procedimentalizados, sem o risco de contradições entre resultados incidentes sobre fatos semelhantes, em casos distintos, consoante a *teoria dos atos próprios*.[370]

Todo esse arcabouço de funções do processo jurídico aplicado à investigação criminal reafirma o princípio da juridicidade administrativa e administrativo-processual penal, com o dever-poder de atuação da autoridade policial e da Polícia Judiciária conforme a *lei* e o *Direito* (*Ciências Jurídicas*), propiciando concretização certa, segura e justa *(x)* dos princípios e das regras que envolvem a atividade investigativa.

5.4 A "dessubstancialização" do princípio *in dubio pro reo*. A vinculação temperada das formas processuais, no sistema administrativo-processual investigativo

Os propósitos teleológicos da investigação criminal como processo e permeada por atos administrativos e processuais penais impõem uma série de concepções de vieses de interpretação para as categorias jurídicas, em razão da necessidade de observâncias de direitos constitucionais e legais dos investigados.

Percebe-se no desenvolver e busca de confirmação da hipótese de investigação e em toda a suposição de teoria da investigação criminal uma procura pela precisão e celeridade, voltadas exclusivamente para os interesses punitivos estatais, sob a argumentação, ao menos implícita na *ratio decidendi* do *ius persequendi* e do *ius puniendi*, de supremacia de certo interesse público punitivo, prevalente sobre os interesses particulares, mormente sobre o exercício dos direitos do investigado – do coletivo social – de um início de contraditório

---

[370] DANTAS JÚNIOR, A. R. *A teoria dos atos próprios*: elementos de identificação e cotejo com institutos assemelhados. 2006. 463 f. Tese (Doutorado em Direito) – Pontifícia Universidade Católica (PUC), São Paulo, 2006; SOUZA, W. M. A. *A teoria dos atos próprios*: esboço de uma teoria do comportamento contraditório aplicada ao direito. 2006. 178 f. Dissertação (Mestrado em Direito) – Faculdade de Direito, Programa de Pós-Graduação em Direito, Universidade Federal da Bahia (UFBA), Salvador, 2006; e ARAGÃO, A. S. Teoria das autolimitações administrativas: atos próprios, confiança legítima e contradição entre órgãos administrativos. *Revista de Doutrina da 4ª Região*, n. 35, abr. 2010.

e de ampla defesa, alinhados a uma ordem normativa que tenha como escopo não somente a aplicação da lei ao caso concreto, mas a concretização da justiça pelas vias do Direito.

Em muitos julgados – quiçá a totalidade deles – parte-se da premissa de que o princípio *pas de nullité sans grief* teria o condão de abarcar a ausência de demonstração do prejuízo pela defesa como presunção de sua não ocorrência. Esse fato, todavia, verte-se, arbitrariamente, a depor contra os direitos fundamentais dos investigados (na fase processual penal pré-contraditorial) acusados (na fase processual penal em contraditório) e, não obstante, também contra os deveres de legalidade, moralidade, de certeza e de justiça do Direito, a serem observados pelo Estado.

Nessa esteira, não se concebe a alegação defensiva – em qualquer fase da persecução penal – prejudicada com decisão em seu desfavor, a suplantar-se à também alegação de incidência de ausência de prejuízos, sob a égide normativa do princípio infraconstitucional da instrumentalidade das formas – *pas de nullité sans grief*. Por óbvio que a inversão do ônus da prova, para a demonstração de prejuízo, com o tumulto ou com a anomalia do devido processo previsto em lei, mormente quando do resultado desse entendimento decorra provimento desfavorável à defesa do processo originário, quer seja a investigação criminal, quer seja o processo penal estrito, à revelia da normatividade plena e direta atribuível ao princípio do devido processo legal, constitucionalmente qualificado, como garantia de óbices aos arbítrios estatais, é medida inconstitucional, eivando de nulidade a decisão assim proferida.

Esse contexto doutrinário e jurisprudencial que envolve os direitos materiais e processuais dos investigados (e dos acusados) nas balizas da investigação criminal demonstra que o cerne do princípio *pas de nullité sans grief* é sustentado pelo dever de a parte acusada provar a ocorrência de prejuízos à defesa, mesmo em casos em que a Administração, ou mesmo o Poder Judiciário, fique em dúvida quanto a sua ocorrência ou não. E, comumente, decide a Administração, e o Judiciário o ratifica quando provocado, pelo dever de a parte ré provar tais prejuízos, sob pena de continuidade do processo e de sua validação, assim como da validação do ato punitivo dele decorrente.

Todavia, há de se mirar o princípio *pas de nullité sans grief*, instrumentalidade das formas e formalismo moderado, por seu flanco "temperado" à luz do caso concreto, para se declarar a nulidade do feito em todos os casos em que houver dúvida acerca da ocorrência ou não de prejuízos aos direitos fundamentais, materiais ou processuais dos investigados em processo persecutório estatal.

Esse é autêntico conteúdo dos princípios *pas de nullité sans grief*, da instrumentalidade das formas e do formalismo moderado, aplicados à investigação criminal conduzida por delegado de polícia, para determinar, *v.g.*, à própria autoridade policial fazer prova de que a alegação de prejuízo fora contornada por outras medidas processuais que chegaram às mesmas consequências buscadas pelo investigado, eventual e futura parte processual penal em contraditório. E, pairando dúvidas sobre a ocorrência ou não de prejuízos a direitos fundamentais do investigado, proceder-se-á à declaração de nulidade do ato administrativo-processual penal que deu azo ao possível prejuízo, ou seja, a partir do ato questionado, sob a égide do princípio do *favor rei* ou do *in dubio pro reo*, desprovido de caráter material, substancial.

Esse fenômeno de retirada da essência estrita material do princípio do *in dubio pro reo*, para percebê-lo também em sede separadamente processual, denominamos de *vinculação temperada das formas processuais, no sistema administrativo-processual*.

5.5 Ato material investigativo ou ato processual investigativo, no bojo da Investigação Criminal Conduzida por Delegado de Polícia (ICDP)? Ato administrativo ou ato processual penal? O ato híbrido administrativo-processual penal da Investigação Criminal Conduzida por Delegado de Polícia (ICDP)

Após essa digressão cumpre indagar, à vista dos propósitos teleológicos da investigação criminal, sobre a natureza jurídica do ato jurídico que compõe a investigação criminal no bojo da procedimentalização processual penal. Trata-se de ato essencialmente material ou de ato de natureza processual? Ou, ainda, quiçá, de um ato *híbrido*, material-processual? Por óbvio, essas indagações já foram respondidas e, assim, foi deixada clara a natureza jurídica desses atos, mas, todavia, imperioso se faz um arremate de abordagem.

Os atos *administrativo-processuais penais da investigação criminal*, quando comparados aos atos administrativos comuns ou aos atos processuais jurisdicionais (submetidos ao contraditório), possuem natureza especial, apresentando-se, simultaneamente, como ato material e processual, na medida em que se regem primeiramente pelo regime jurídico de direito público a que se submete todo e qualquer ato administrativo (à vista do regime jurídico estatutário a que se vincula a autoridade policial) e, não obstante – destinados a exarar efeitos dentro de todo o campo do processo penal –, vinculam-se, nesse segundo momento, ao regime de direito público processual. Afirma-se aqui que há distinção ontológica entre atos administrativos autônomos – o que chamamos de atos materiais – e atos administrativos processuais (atos administrativo-processuais penais da investigação criminal), produzidos inicialmente sob a égide do direito administrativo, todavia, para surtirem efeitos dentro do ambiente processual penal. Ainda há que se apontar a distinção entre esta última espécie de ato jurídico e os atos processuais produzidos na fase em contraditório, no processo penal estrito, pelas partes processuais (membros do Ministério Público ou o querelante, como as partes autoras, e réus). Os atos processuais penais da fase em contraditório são regidos, integralmente, por disposições do próprio Código de Processo Penal e/ou por leis processuais penais especiais, à vista da normatividade da Constituição Federal, ao passo que os atos administrativo-processuais penais da investigação criminal regem-se por "dois mundos" jurídico-epistemológicos distintos, porém complementares, inter-relacionais e complexivos: o direito administrativo e o direito processual penal – daí surge a concepção de hibridismo dos atos administrativo-processuais penais da investigação criminal, na medida em que possuem essências formativas de duas searas epistemológicas do Direito, valendo-se, destarte, de duas teorias distintas para a conformação de sua validade processual final ao amparo do Estado Democrático e Constitucional de Direito.

Os atos administrativos inseridos em ambiente processual sofrem influência, *e.g.*, de princípios constitucionais de direitos fundamentais, na produção de efeitos distintos dos atos administrativos autônomos. Consubstanciam-se, assim, atos administrativos materiais-processuais, de natureza híbrida, portanto; posto que essencialmente se apresenta duplo efeito simultâneo, quais sejam, os efeitos materiais, naturais dos atos de direito material, e os efeitos processuais, naturais do direito processual.

Essa natureza híbrida material-processual dos atos administrativo-processuais penais da investigação criminal importa em reconhecimento de sua complexidade. Esta exprime a necessidade de se pensar em termos de sua nulidade sob o aspecto dos princípios da *dialogicidade*, da *recursão organizacional* e da *hologramaticidade*,[371] que asseveram a natureza singular e conjuntiva dessa espécie de ato administrativo, na medida em que se fazem (i) *importantes singularmente*, enquanto atos administrativos materiais e de efeitos jurídicos próprios, e, sem embargo, também, na mesma medida, (ii) *juridicamente importantes no contexto do conjunto*, produto dos diversos encadeamentos cronológicos de atos individuais – o processo.[372]

A *dialogicidade* se dá na interação entre ato administrativo e a investigação criminal como *processo administrativo e processual penal*, sob o manto de uma relação jurídica em que a nulidade do ato administrativo invalida (ou pode invalidar) o todo, o processo investigativo, da mesma forma que a nulidade do processo, malgrado ser o ato individualmente válido, torna ineficazes e inefetivos os efeitos do ato em si.

Essa cooriginalidade entre a parte e o todo confere *recursividade* à *relação jurídica formada entre ato e processo* (*relacional complexivo* entre ato e processo formado por vários atos), com o caráter de ideia recursiva, de recursão organizacional, a demonstrar que existem inferências singulares e gerais das quais dependem toda a higidez da persecução processual penal. A recursividade se encontra na ação e na retroação, ambas reflexivas, postas em influências de efeitos mútuos, e a esse fenômeno Edgar Morin – sem se referir à seara do Direito, mas a ele plenamente aplicável – refere-se como "causalidade recursiva", caracterizada pela codependência sinalagmática entre a parte e o todo, à vista do que "no processo recursivo, os efeitos e produtos são necessários para o processo que os gera. O produto é produtor do que o produz".[373]

---

[371] Sobre os princípios da *dialogicidade*, da *recursão organizacional* e da *hologramaticidade*, conferir o "paradigma complexo" em MORIN, Edgar. *Introdução ao pensamento complexo*. 5. ed. Trad. Eliane Lisboa. Porto Alegre: Editora Sulina, 2015. p. 57-77.

[372] Sérgio Ferraz e Adilson Abreu Dallari comentam sobre a interação entre ato e processo e a repercussão reflexa do sistema de invalidade dos atos administrativos no processo administrativo, fazendo-se inferir que as invalidades processuais e as invalidades materiais tratam de sistemas autônomos, porém interconexos. Com efeito, há de se considerar a distinção ontológica entre ato material e ato processual no sistema jurídico administrativo. Cf. DALLARI, A. A.; FERRAZ, S. *Processo administrativo*. São Paulo: Malheiros, 2003, p. 192 *et seq.*

[373] MORIN, E. *Introdução ao pensamento complexo*. *Introdução ao pensamento complexo*. 5. ed. Trad. Eliane Lisboa. Porto Alegre: Editora Sulina, 2015, p. 87.

O *princípio holográfico* vem corroborar a dialogicidade e a recursividade, conquanto reforce o fato de que o intérprete aplicador do Direito não deve se ater apenas às partes (os atos administrativos), ou apenas ao todo (o processo), mas sim identificar os efeitos individuais de cada ato, conjugando-os com os efeitos do conjunto de atos do processo, da investigação criminal e do processo penal estrito, e, ainda, aos efeitos do processo como um todo.

Sob essa óptica de submissão aos princípios do paradigma da complexidade, afere-se a natureza híbrida, material-processual, dos atos administrativos do processo de investigação criminal, para a imposição lógica de sopesamento dos elementos e pressupostos de existência e de validade tanto dos atos administrativos individualmente (teoria material das nulidades dos atos administrativos), quanto dos atos administrativos inseridos no ambiente processual (teoria das nulidades processuais à luz da Constituição Federal, de seus princípio e regras), quanto ainda do processo como um todo, decorrente de cada ato e do encadeamento cronológico desses atos.

Inserem-se aqui a necessidade de análise (i) dos elementos e pressupostos dos atos administrativos e (ii) das condições para o exercício da persecução processual penal investigativa e (iii) dos pressupostos de existência, de validade e de desenvolvimento regular do processo investigativo como espécie de relação jurídica formal.

Para o controle da legalidade, diante dessa peculiar característica, aferem-se primeiramente os seus requisitos de existência, validade e eficácia, concernentes ao seu aspecto material, a partir da teoria geral dos atos administrativos (aspecto substantivo dos seus efeitos jurídicos), para, em seguida, aferir-se a validade de seus efeitos processuais, na investigação criminal e no processo penal estrito.

Esse pode ser considerado o primeiro estágio da teoria das nulidades administrativo-processuais, que se dá sob as bases sólidas, ainda, da teoria material. Em um segundo estágio de evolução teórica – e bem percebida essa necessidade de evolução dogmática, verificada com o advento do novo Código de Processo Civil brasileiro –, opera-se, não prescindindo de todo o aporte da teoria substantiva até aqui verificada, por meio da inclusão plena da teoria geral do processo, em ambiente jurídico em que se somam, de modo inter-relacional do ponto de vista dos efeitos jurídicos, (i) a "teoria substantiva" das nulidades dos atos administrativos e (ii) a "teoria geral do processo".

A interação de teorias para a formação de nova teoria, de caráter híbrido e aglutinador, com modulação de certos institutos de uma e de outra teoria originária, dá-se com o escopo de real concretização de direitos fundamentais dos investigados e dos acusados pelo Estado, *exempli gratia*, no que se refere ao atendimento pleno ao contraditório, à ampla defesa, ao devido processo legal, sem se afastar da busca de concretização também da finalidade pública, compreendida, nos processos investigativos e estatal-punitivos, na responsabilização dos autores de ilícitos.

Distinguem-se, assim, *ato administrativo comum* e *ato administrativo-processual penal*, pois o primeiro submete-se somente ao regime jurídico de direito material, ao passo que ao segundo, conquanto inserido em ambiente jurídico-processual, acrescenta-se a submissão também ao regime jurídico processual. O *ato administrativo-processual penal*, na quase totalidade dos casos, é essencialmente editado para exaurir efeitos no bojo de processo penal em uma concepção *ampla* – ou, por exceção, em decorrência do processo e procedimento –, passando a depender, para a produção de efeitos jurídicos válidos, dos "requisitos" de existência e de validade substantivos, materiais, e dos "requisitos" de existência e de validade processuais, compreendidos a partir da premissa da formação da relação jurídico-administrativa-processual penal: relação jurídica formadora da investigação criminal.

Sob essa óptica de submissão a duplo regime jurídico, os *atos administrativo-processuais penais da investigação criminal* – atos jurídicos híbridos –, mais que os atos processuais jurisdicionais, tramitam por "dois mundos": material e processual. Podem ser válidos quanto à sua face material, por terem sido produzidos por autoridade competente, com observância da forma legal, finalidade legal, motivo e objeto em harmonia com a lei,[374] e, todavia, inválidos quanto à sua face processual investigativa. Esta última, em razão de ofensa, por exemplo, ao devido processo legal, ao (i) *início* de contraditório ou à ampla defesa, ou ainda, aos pressupostos de existência e de validade não do ato em si considerado, mas sim da investigação criminal como faceta do processo, como relação jurídica (ii) *final* em contraditório, agora *secundária* a teoria material, sob a óptica da teoria geral do processo.

---

[374] Ou sob as luzes da teoria bipartida desenvolvida por Celso Antônio Bandeira de Mello, atendendo aos (i) Elementos do ato administrativo: conteúdo; forma; e (ii) Pressupostos do ato administrativo: (a) pressupostos de existência: objeto e pertinência do ato ao exercício da função administrativa; (b) pressupostos de validade: pressuposto subjetivo (sujeito), pressuposto objetivo (motivo e requisitos procedimentais), pressuposto teleológico (finalidade), pressuposto lógico (causa), pressuposto formalístico (formalização) e pressuposto volitivo (vontade). Cf. MELLO, C. A. B. *Curso de direito administrativo*. 32. ed. São Paulo: Malheiros, 2015.

Por outro giro, poderão ser inválidos quanto à sua produção material e, assim, necessariamente inválidos quanto aos seus efeitos jurídicos processuais.

Desta feita, há de se concluir que os requisitos materiais de "validade em sentido lato" do *ato administrativo-processual penal da investigação criminal* (existência, validade e eficácia) são pressupostos de validade, também em sentido amplo, do ato de investigação processual por ele representado, mas não exclusivamente determinantes dessa validade sob a óptica processual investigativa e/ou contraditorial posterior.

Todavia, em um primeiro momento da teoria das nulidades dos *atos administrativo-processuais penais da investigação criminal*, verifica-se, na doutrina brasileira e em tímida jurisprudência de nossos tribunais, apenas a necessidade de análise dos clássicos elementos de validade do ato administrativo: sujeito competente, finalidade, forma, motivo e objeto, sob uma óptica, ainda, da possibilidade de convalidação dos atos administrativos que apresentarem defeitos sanáveis[375] e, tudo isso, sob um olhar ainda mais amplo segundo o qual a investigação criminal – e o inquérito policial – é mera peça administrativa de informação do Ministério Público, sua nulidade não tendo o condão de gerar a nulidade do processo penal em sentido estrito.

---

[375] Cf. ALVES, L. S. *Questões relevantes do processo administrativo disciplinar*: parte I. Brasília: CEBRAD, 1998. Apostila; _____. *Interrogatório e confissão no processo administrativo disciplinar*. Brasília: Brasília Jurídica, 2000, p. 55; _____. *Ajustamento de conduta e poder disciplinar*: controle da disciplina sem sindicância e sem processo. Brasília: CEBRAD, 2008. v. 2, p. 41-51; _____. *Curso de processo disciplinar*. Brasília: CEBRAD, 2008. v. 3, p. 141-149; 181-225; _____. *Palestra proferida no VI Curso de Atualização em Procedimentos Disciplinares, Academia Nacional de Polícia, Departamento de Polícia Federal*. Brasília, DF, 2009; CARVALHO, A. C. A. *Manual de processo administrativo disciplinar à luz da jurisprudência e da casuística da Administração Pública*. 2. ed. Belo Horizonte: Fórum, 2011. p. 1157-1167; CAVALCANTE, T. B. *Curso de direito administrativo*. Rio de Janeiro: Livraria Freitas Bastos, 1961; _____. *Tratado de direito administrativo*. Rio de Janeiro: Revista dos Tribunais, 1964, p. 91-117. Suplemento; _____. *Tratado de direito administrativo*. 5. ed. Rio de Janeiro: Revista dos Tribunais, 1964. v. 4; _____. *Tratado de direito administrativo*. Rio de Janeiro: Revista dos Tribunais, 1964. v. 5. Suplemento; COSTA, J. A. *Teoria e prática do processo administrativo disciplinar*. 3. ed. Brasília: Brasília Jurídica, 1999. p. 331-348; _____. *Incidência aparente de infrações disciplinares*. Belo Horizonte: Fórum, 2004. p. 129-139; _____. *Direito disciplinar*: temas substantivos e processuais. Belo Horizonte: Fórum, 2008. p. 45-88; e 545-568; _____. *Direito administrativo disciplinar*. 2. ed. São Paulo: Método, 2009. p. 153-168; _____. *Processo administrativo disciplinar*: teoria e prática. 6. ed. Rio de Janeiro: Forense, 2010. p. 391-404; CRETELLA JUNIOR, J. *Direito administrativo do Brasil*: processo administrativo. São Paulo: Revista dos Tribunais, 1962. v. 5, p. 117-202; _____. *Tratado de direito administrativo*: teoria do direito administrativo., Rio de Janeiro: Forense, 1966. v. 1, p. 185-226; MATTOS, M. R. G. *Tratado de direito administrativo disciplinar*. Rio de Janeiro: América Jurídica, 2008. p. 1033-1062.

CAPÍTULO 6

EXTINÇÃO DOS EFEITOS JURÍDICOS DO ATO ADMINISTRATIVO-PROCESSUAL PENAL DA INVESTIGAÇÃO CRIMINAL: NULIDADES EM RAZÃO DE AUSÊNCIA DE PRESSUPOSTO DE EXISTÊNCIA E DE VALIDADE

A declaração de nulidade dos atos administrativo-processuais da investigação criminal nem sempre afetará o desenvolvimento do processo, não implicando uma simétrica declaração de nulidade da relação processual.

Em muitos casos, a nulidade absoluta do ato jurídico material (do ato administrativo propriamente dito) importa somente à nulidade relativa do processo, ou mesmo em mera irregularidade, visto que nesse ambiente, o ambiente processual, vigora, sobre as nulidades meramente materiais do ato, o princípio do não reconhecimento de nulidade processual sem o efetivo prejuízo para a defesa do investigado ou do acusado. Na investigação criminal, como *fase pré-contraditorial do processo penal*,[376] a exemplo dos demais ramos do direito processual, não há nulidade sem prejuízo.

Todavia, algumas nulidades de atos jurídicos presumem-se absolutamente prejudiciais ao investigado (futuro acusado, réu do processo penal em contraditório), como a ausência dos requisitos da portaria de instauração da investigação criminal ou do ato de

---

[376] Consoante já afirmado, sobre ser a investigação criminal processo penal, Cf. PEREIRA, E. S. *O processo (de investigação) penal*: o "nó górdio" do devido processo. 2018. 603 f. Tese (Doutoramento em Direito) – Escola de Direito de Lisboa, Universidade Católica Portuguesa (UCP), Lisboa, 2018.

indiciamento do investigado, levando a patente prejuízo e, com efeito, ao dever de reconhecimento desses efeitos e à declaração de nulidade da investigação criminal e, sendo o caso, da fase processual penal em contraditório, ou de certas fases delimitadas, atingidas isoladamente pelas ilegalidades.

Como já afirmamos no início da análise das nulidades materiais em espécie, o tema, ainda muito polêmico e pouco enfrentado pela doutrina e pela jurisprudência, instiga ao debate. Todavia, deixamos claro que não pretendemos, de modo algum, dar a última palavra sobre o assunto ou exaurir as discussões, mas sim, de forma muito singela, contribuir para a necessária análise das correlações existentes entre a nulidade material e a nulidade processual dos atos administrativos editados no bojo da investigação criminal, para nesse ambiente, ou seja, no ambiente processual penal, surtirem seus efeitos jurídicos, comportando-se como verdadeiros atos jurídicos híbridos: administrativos e processuais penais.

Os atos jurídicos administrativo-processuais penais da investigação criminal podem ser existentes, válidos e eficazes. Nesse arcabouço, o ato administrativo, quando integrante da investigação criminal, qualifica-se como ato administrativo-processual propriamente dito, exarando efeitos jurídicos próprios, quando válidos e eficazes, não podendo ser revogados, por motivo de oportunidade e conveniência, uma vez que os atos são essencialmente de caráter vinculado e, não obstante, submetidos à disciplina da preclusão procedimental, ambos incompatíveis com o instituto da revogação.

Os atos considerados inexistentes, quando constantes na investigação criminal, dispensam a formal anulação de seus efeitos, bastando, somente, a decisão fundamentada da autoridade competente, que reconheça, a qualquer tempo, a ausência de seus requisitos de existência e, daí decorrendo, os efeitos jurídicos que deles se pretendia irradiar.

À vista disto, os efeitos dessa decisão são *ex tunc*, retroagindo à data da expedição do *pseudo-ato jurídico*, excluindo-o dos autos como se nunca tivesse produzido efeitos.

No que tange aos atos existentes, inválidos e eficazes, compreendem as declarações administrativo-processuais penais aptas a produzirem efeitos e que, porém, sejam eivadas de vícios, ora de nulidades absolutas, ora de nulidades relativas, estas últimas convalidáveis, sob o amparo da possível correção do ato dentro das teorias do direito administrativo.

Conclui-se que o ato administrativo inválido, todavia editado no cerne da investigação criminal, poderá gerar efeitos jurídicos reconhecidos pela Polícia Judiciária, por meio da convalidação, ou ter seus efeitos até então operantes, em face de sua eficácia, extinguidos desde a sua edição, pela anulação. Disso decorre a necessidade de identificação dos atos jurídicos nulos e anuláveis.

Nesse viés, há a necessidade de reconhecimento dos atos nulos, cujos efeitos são tachados de "não jurídicos", em desarmonia com a ordem jurídica. No processo penal como um todo, a envolver a investigação criminal, os atos com tais características são considerados desprovidos de efeitos jurídicos. O ato jurídico existente e eficaz, porém inválido (em desacordo com a ordem normativa), consiste no ato nulo, na medida em que foi produzido em dissonância com a lei, justamente por falta de um (ou de alguns) elemento de validade: competência, finalidade, forma, motivo ou objeto.

A nulidade do ato jurídico da investigação, por mais que seja absoluta, nem sempre produzirá a nulidade da investigação criminal em si, na medida em que imprime somente a necessidade de sua reedição (e dos demais atos dele derivados), sem o comprometimento do processo persecutório pré-contraditorial como um todo.

Para a aferição do alcance da nulidade absoluta dentro do processo persecutório pré-contraditorial, deve-se analisar caso a caso, sob a normatividade do princípio do prejuízo, para considerar toda a investigação criminal como ilegal somente nos casos em que, de fato, do ato eivado de ilicitude tenha resultado prejuízo para o investigado, em sua defesa na própria investigação criminal, ou, em prospectiva, na vindoura fase processual penal em contraditório (o processo penal em sentido estrito), mormente nos casos de ofensa aos elementos de validade previstos ou implícitos pelo ordenamento jurídico para dar garantias e proteções, em patamares de direitos fundamentais, ao investigado.

Com efeito, apenas a título de exemplo, em que pese à ampla aceitação doutrinária e jurisprudencial contrária ao que aqui se expõe, entendemos que a não descrição, o mais precisamente quanto possível – desde que seja esse elemento conhecido e dado na notícia do fato criminoso –, na portaria inaugural da investigação criminal (i) do nome do investigado, pessoa física ou pessoa jurídica, (ii) dos fatos a ele imputados e (iii) da capitulação legal, fere o direito de o investigado ter, desde o início da relação jurídica com a Polícia

Judiciária, as balizas e os contornos firmados como lógicos pela persecução penal, para a imputação inicial.

Definem-se, assim, os motivos iniciais que levaram o Estado-investigador a dar início à persecução penal, delimitando, de plano, a justa causa para essa espécie de ação estatal – ou seja, até mesmo para a investigação criminal há de haver justa causa para o seu nascimento e continuidade.

O ato exordial da investigação criminal desprovido desses elementos é nulo, materialmente por falta dos motivos e, processual-mente, por ofensa à ampla defesa, omitindo-se a justa causa para a ação e elementos que possam identificar a legitimidade do vínculo do investigado à relação jurídica dessa natureza, afetando, em certa medida, os *pressupostos processuais investigativos* de existência e de validade, a dificultar o controle do ato e do próprio processo criminal persecutório pela própria Polícia Judiciária, pelo Ministério Público e pelo Poder Judiciário. Essa nulidade é exemplo de nulidade absoluta que compromete toda a investigação criminal.

Por outra óptica, também são constatados na investigação criminal os atos administrativo-processuais penais *anuláveis*. A convalidação do ato jurídico é a manutenção de seus efeitos por meio da edição de um novo ato, diante de uma comprovada nulidade do ato anterior, desde que essa nulidade seja considerada relativa e, assim, o ato seja considerado anulável e não absolutamente nulo.[377]

Nesses casos, diante do princípio da economia processual e da segurança jurídica, apresenta-se o dever de convalidação do ato pela Polícia Judiciária, evitando a anulação do ato e o provável comprometimento para a marcha processual.

Não somente os atos administrativos comuns, mas também os atos administrativo-processuais penais da investigação criminal corrompidos com ilegalidades de cunho relativo são convalidáveis, desde que feita a sua correção tempestivamente pela Administração, com vistas à solução da ilicitude e antes da impugnação do vício pelo interessado, no caso, o investigado ou o seu defensor.[378]

---

[377] *Cf.* CRETELLA JÚNIOR, J. *Direito administrativo do Brasil*: atos e contratos administrativos. São Paulo: Revista dos Tribunais, 1961. v. 3, p. 77; DI PIETRO, M. S. Z. *Direito administrativo*. Rio de Janeiro: Forense, 2017; NOHARA, I. P. *Direito administrativo*. 4. ed. São Paulo: Atlas, 2014; ENTERRÍA, E. G., FERNÁNDEZ, T-R. *Curso de derecho administrativo*. 16. ed. Madrid: Civitas, 2013. v. 2; e _____. *Hacia una nueva justicia administrativa*. 2. ed. Madrid: Civitas, 1992.

[378] Aqui se declina a importância da participação ativa do advogado na fase de investigação criminal.

Para a convalidação dos atos administrativo-processuais penais da investigação criminal, devem-se levar em consideração os elementos de validade do ato, quais sejam: a competência e a capacidade do sujeito, a finalidade, a forma, o motivo e o objeto, ao amparo do caso concreto, identificando, assim, as suas nulidades relativas.

Quanto à competência do sujeito para a prática do ato, não são passíveis de convalidação em sede investigação criminal os vícios de *competência exclusiva* nos quais não caiba a possibilidade de delegação ou de avocação. Desse modo, se existe a possibilidade de delegação ou de avocação da competência para terceiros, os atos praticados por esses sem a formal delegação podem ser convalidados pelo detentor originário da competência.[379]

Distingue-se, assim, na investigação criminal, a competência privativa, delegável e, portanto, convalidável, da competência exclusiva, indelegável e não convalidável.

Quanto aos vícios de forma, os atos administrativo-processuais penais da investigação criminal, geralmente compostos de formas rígidas para servirem de garantia ao investigado e de sindicabilidade e controle pelo Ministério Público e pelo Poder Judiciário, não permitem a convalidação. Todavia, mister a detida análise do caso concreto.

Os vícios quanto ao motivo, à finalidade e ao objeto não permitem a convalidação em sede de investigação criminal, devendo os atos assim produzidos serem anulados pela autoridade competente. No entanto, com relação ao objeto ou ao conteúdo dos atos administrativo-processuais penais da investigação criminal, o ato com vício de objeto pode ser substituído por outro ato distinto, o que se denomina *conversão*, "definido como o ato administrativo pelo qual a Administração transforma um ato inválido em ato de outra categoria, com efeitos retroativos à data do ato original".[380]

A ausência de eficácia do ato administrativo material, quando transportada para o ambiente processual, pode gerar a anulação de todos os atos decorrentes do ato ineficaz, a exemplo da falta de

---

[379] No exemplo de Di Pietro, "o artigo 84 da Constituição Federal define as matérias de competência privativa do presidente da República e, no parágrafo único, permite que ele delegue as atribuições mencionadas nos incisos VI, XII e XXV aos Ministros de Estado, ao Procurador-geral da República ou ao Advogado Geral da União; se estas autoridades praticarem um desses atos, sem que haja delegação, o presidente da República poderá ratificá-los; nas outras hipóteses não terá essa faculdade" (*op. cit.*, p. 237).

[380] CRETELLA JÚNIOR, J. *Direito administrativo do Brasil*: atos e contratos administrativos. São Paulo: Revista dos Tribunais, 1961. v. 3, p. 102.

publicação da portaria de nomeação de autoridade policial para ocupar a função pública ou a falta de publicação do ato de sua remoção para determinada localidade, para exercício das atividades de Polícia Judiciária, pois a não publicação gera a sua ineficácia ao ato administrativo material e, destarte, leva à conclusão de ser o ato, no estado em que se encontra, inapropriado à produção de seus efeitos, quais sejam, a de dar competência para a atuação na investigação criminal por ventura que lhe tenha sido atribuída após esses fatos. A ineficácia atinge diretamente o objeto ou conteúdo do ato administrativo, impedindo-o de produzir os efeitos jurídicos que lhe são próprios (ato jurídico existente, válido, porém ineficaz).[381]

---

[381] Ressalte-se, outrossim, a independência complexiva e reacional entre atos administrativos processuais e o próprio processo. Nesses termos, à vista de uma conjunção complexa, pode-se afirmar, na mesma linha de Maciel e Moura, que "o procedimento administrativo surge, na interpretação aqui adotada, não como um elemento da estrutura do ato administrativo propriamente dito, mas como uma exigência ou pressuposto necessário à prática de qualquer ato que resulte do exercício da função administrativa. Assim, cada momento do procedimento administrativo influencia o ato administrativo final sem todavia coincidir com ele" (MACIEL, Ana Paula Magalhães; MOURA, N. T. Forma e formalidades: a superação da centralidade do ato administrativo na administração pública contemporânea. *Revista Digital de Direito Administrativo*, v. 3, n. 1, p. 126, 2016).

CONSIDERAÇÕES FINAIS

Diante de todo o exposto, após termos realizado uma análise detida da formação (e de sua localização epistemológica) da Investigação Criminal Conduzida por Delegado de Polícia (ICDP) e da identificação e detalhamento dos contornos jurídicos funcional-estruturantes do referido cargo como essenciais e centrais à atividade da Polícia Judiciária, podemos descrever o *direito administrativo de Polícia Judiciária* como o sub-ramo do *direito de Polícia Judiciária* que trata das normas, valores axiomáticos, princípios e regras que regulam (i) o funcionamento da Polícia Judiciária, definindo as atribuições *administrativas* e *processuais penais* de seus agentes públicos, assim como (ii) os efeitos e as características dos atos jurídicos que compõem a investigação criminal a cargo da Polícia Judiciária.

Quebra-se, com isso, um falso paradigma de que o inquérito policial e as demais espécies de investigação criminal afetas ao Poder Executivo submetem-se, sem contrapartida do direito administrativo, ao direito processual penal. Não se pode falar em ramo do Direito que detenha a exclusividade dos efeitos jurídicos de atos estatais quando à luz de uma Constituição Federal verdadeiramente normativa, e isso se buscou demonstrar com a aproximação natural entre os ramos do Direito referidos, a trabalharem em conjunto para a regulação constitucionalmente adequada dos vieses complexos de uma função do Estado, a função investigativa, que lida com o reconhecimento e a restrição de direitos fundamentais.

Não se constata, assim, qualquer *isolacionismo* epistêmico que pretenda dar exclusividade ao direito processual penal para figurar como ramo regente das atividades do delegado de polícia e da investigação criminal (fase pré-contraditorial do processo penal). Direito administrativo e direito processual penal se inter-relacionam de modo complexivo e sob um vértice de alteridade, para darem roupagem à investigação criminal sob o amparo de atos materiais-formais (*atos jurídicos de natureza híbrida*: atos administrativo-processuais penais, a formarem a Investigação Criminal Conduzida por Delegado de Polícia), cujo escopo compreende a elucidação do delito em um juízo *prelibatório* (inicial e formativo do futuro processo penal em contraditório), destinando-se a exaurirem efeitos no processo penal como um todo.

Com efeito, chegamos à conclusão de que o *Direito Administrativo de Polícia Judiciária* (DAPJ) possui duas frentes de estudos que se inter-relacionam: o (a) *Regime Jurídico-Administrativo da Investigação Criminal Conduzida por Delegado de Polícia* (RJAIC) e (b) o *Regime Jurídico-Administrativo do Cargo de Delegado de Polícia* (RJADP).

Nesse arcabouço, imprescindível constatar que atos, procedimentos e processo, cargos e funções se moldam decorrentes de deveres-poderes dedicados à persecução de um interesse público notadamente qualificado pelo mister incontornável de reconhecimento e de concretização de direitos fundamentais. Nisso, fala-se em investigação – e em uma Polícia Judiciária – submetida, em todos os seus aspectos de competência e de atribuições, aos preceitos constitucionais.

O interesse público em jogo sob a temática da "investigação criminal" confunde-se com observância e concretização de direitos fundamentais, com vistas ao reconhecimento de uma Polícia Judiciária e de uma investigação criminal entre balizas do atual Estado de Direito: um Estado Democrático e Constitucional de Direito.

REFERÊNCIAS

ABBAGNANO, Nicola. *Dicionário de filosofia*. São Paulo: Martins Fontes, 2012.

ABRÃO, Guilherme Rodrigues; RIEGER, Renata Jardim da Cunha. Nulidades no processo penal brasileiro: regras gerais do Código de Processo Penal e do Projeto 156 – a necessária leitura do sistema de invalidades à luz das categorias próprias do processo penal. *Revista Bonijuris*, v. 22, n. 556, p. 18-25, mar. 2010.

AGABIN, Pacifico A. Towards a Definition of Administrative Due Process in Regulatory Proceedings. *Philippine Law Journal – PLJ*, v. 61, p. 363-381, fourth quarter, 1986.

ALBORNOZ, Antonio Ortega Carrillo de. *Derecho privado romano*. Málaga: Ediciones Del Genal, 2010.

ALBUQUERQUE JÚNIOR, Raimundo Parente de. *Juridicidade* contra legem *no processo administrativo*: limites à possibilidade à luz dos postulados da razoabilidade e da proporcionalidade. Porto Alegre: Livraria dos Advogados Editora, 2010.

ALBUQUERQUE, Paulo Pinto de. *Comentários do código de processo penal*: à luz da Constituição da República e da Convenção Europeia dos Direitos do Homem. Lisboa: Universidade Católica Editora, 2011.

ALEXY, Robert. *Teoría de los derechos fundamentales*. Madrid: Centro de Estudios Políticos y Constitucionales, 2002.

ALEXY, Robert. *Teoria dos direitos fundamentais*. 2. ed, 4. tiragem. São Paulo: Malheiros, 2015.

ALVES, Léo da Silva. *Ajustamento de conduta e poder disciplinar*: controle da disciplina sem sindicância e sem processo. Brasília: CEBRAD, 2008. v. 2.

ALVES, Léo da Silva. *Curso de processo disciplinar*. Brasília: CEBRAD, 2008. v. 3.

ALVES, Léo da Silva. *Interrogatório e confissão no processo administrativo disciplinar*. Brasília: Brasília Jurídica, 2000.

ALVES, Léo da Silva. *Palestra proferida no VI Curso de Atualização em Procedimentos Disciplinares, Academia Nacional de Polícia, Departamento de Polícia Federal*. Brasília, DF, 2009.

ALVES, Léo da Silva. *Questões relevantes do processo administrativo disciplinar*: parte I. Brasília: CEBRAD, 1998. Apostila.

ANTUNES, Luís Filipe Colaço. *A ciência jurídica administrativa*. Coimbra: Almedina, 2013.

ANTUNES, Luís Filipe Colaço. *A teoria do acto e da justiça administrativa*: o novo contrato natural. Coimbra: Almedina, 2015.

ARAGÃO, Alexandre Santos de. Teoria das autolimitações administrativas: atos próprios, confiança legítima e contradição entre órgãos administrativos. *Revista de Doutrina da 4ª Região*, n. 35, abr. 2010.

ARAÚJO, Edmir Netto de. *Convalidação do ato administrativo*. São Paulo: LTr, 1999.

ARISTÓTELES. *A política*. Trad. Roberto Leal Ferreira. São Paulo: Martins Fontes, 2002.

ARISTÓTELES. Ética a *Eudemo*. Trad. Edson Bini. São Paulo: Edipro, 2015.

ARISTÓTELES. Ética a *Nicômaco*. Trad. Antônio de Castro Caiero. São Paulo: Atlas, 2009.

ARISTÓTELES. *The Works of Aristotle: Magna Moralia, Ethica Eudemia and De Virtutibus et Vitiis*. Translated into English under the Editorship of W. D. Ross. Oxford: At the Clarendon Press, 1915.

AUSTIN, J. L. *How to Do Things with Words*. Oxford: Clarendon Press, 1982.

BADARÓ, Gustavo Henrique Righi Ivahy. *Direito processual penal*. Rio de Janeiro: Elsevier, 2008. t. 1.

BARBOSA MOREIRA, José Carlos. *Comentários ao Código de Processo Civil*. 7. ed. São Paulo: Forense, 1998. v. 5.

BARROS, Marco Antonio Loschiavo Leme de. Processo, precedentes e as novas formas de justificação da Administração Pública brasileira. *Revista Digital de Direito Administrativo*. v. 3, n. 1, p. 133-149, 2016.

BARROSO, Luís Roberto. *Curso de direito constitucional contemporâneo*. 6. ed. São Paulo: Saraiva, 2017.

BECK, Ulrich. *Sociedade de risco*: rumo a uma outra modernidade. 2. ed. São Paulo: Editora 34, 2011.

BEDAQUE, José Roberto dos Santos. *Direito e processo*: influência do direito material sobre o processo. São Paulo: Malheiros, 2003.

BELLO, Angela Ales. *Introdução à fenomenologia*. Trad. Ir. Jacinta Turolo Garcia e Miguel Mahfout. Bauru: EDUSC, 2006.

BENESSIANO, William. *Légalité pénale et droits fondamentaux*. Marseille: Universitaires D'Aix-Marseille, 2011.

BERGEL, Jean-Louis. *Théorie générale du droit*. Paris: Dalloz, 2003.

BINDER, Aberto M. La fuerza de la Inquisición y la debilidad de la República. *Ciencias Penales*, São José da Costa Rica, v. 17, n. 23, 2005.

BITENCOURT, Cezar Roberto. *Tratado de direito penal*. 2. ed. São Paulo: Saraiva, 2006. v. 1.

BOBBIO, Norberto. *A era dos direitos*. 8 ed. Rio de Janeiro: Campus, 1992.

BOBBIO, Norberto. *O positivismo jurídico*: lições de filosofia do direito. São Paulo: Editora Ícone, 2006.

BOBBIO, Norberto. *Teoria da norma jurídica*. Trad. Ariani Bueno Sudatti. São Paulo: Edipro, 2014.

BOBBIO, Norberto. *Teoria do ordenamento jurídico*. Trad. Ariani Bueno Sudatti. São Paulo: Edipro, 2014.

BRAGA, Luiz Felipe Nobre. Primeiras linhas para os princípios da filosofia do direito processual civil. *Ciência Jurídica*, Belo Horizonte, v. 26, n. 168, p. 253-293, nov./dez. 2012.

REFERÊNCIAS | 207

BRAIBANT, Guy *et al. Les grands arrêts de la jurisprudence administrative*. 19. ed. Paris: Dallos, 2013.

BÜLOW, Oskar von. *La teoría de las excepciones dilatorias y los presupuestos procesuales*. Trad. Santiago Sentis Melendo. Buenos Aires: EJEA, 1964.

CAETANO, Marcello. *Princípios fundamentais do direito administrativo*. Rio de Janeiro: Forense, 1977.

CAMBI, Eduardo. *Neoconstitucionalismo e neoprocessualismo*. São Paulo: Revista dos Tribunais, 2009.

CANARIS, Claus-Wilhelm. *Pensamento sistemático e conceito de sistema na ciência do direito*. 5. ed. Trad. A. Menezes Cordeiro. Lisboa: Fundação Calouste Gulbenkian, 2012.

CANOTILHO, José Joaquim Gomes. *Constituição dirigente e vinculação do legislador*: contributo para a compreensão das normas constitucionais programáticas. Coimbra: Coimbra Editora, 1994.

CARMONA, Paulo Afonso Cavichioli. *Das normas gerais*: alcance e extensão da competência legislativa concorrente. Belo Horizonte: Editora Fórum, 2010.

CARRARA, Francesco. *Programa do curso de direito criminal*: parte geral. São Paulo: Saraiva, 1957. v. 2.

CARVALHO FILHO, José dos Santos. *Manual de direito administrativo*. Rio de Janeiro: Lumen Juris, 2004.

CARVALHO NETTO, Menelick de. A interpretação das leis: um problema metajurídico ou uma questão essencial do direito? – De Hans Kelsen a Ronald Dworkin. *Caderno da Escola do Legislativo*, Belo Horizonte, v. 3, n. 5, p. 27-71, jan./jun. 1997.

CARVALHO, Antonio Carlos Alencar. *Manual de processo administrativo disciplinar à luz da jurisprudência e da casuística da Administração Pública*. 2. ed. Belo Horizonte: Fórum, 2011.

CARVALHO, Paulo Barros. *Curso de direito tributário*. São Paulo: Saraiva, 1999.

CASARA, Rubens R. R. *Mitologia processual penal*. São Paulo: Saraiva, 2015.

CASTILLO, Jaime Alonso Zetién *et al*. El injusto en el derecho disciplinario. *Revista Derecho Penal y Criminología*, v. 34, n. 97, p. 159-174, jul./dez. 2013.

CASTRO, Carlos Roberto Siqueira. *A constituição aberta e os direitos fundamentais*: ensaios sobre o constitucionalismo pós-moderno e comunitário. 2. ed. Rio de Janeiro: Editora Forense, 2010.

CASTRO, Carlos Roberto Siqueira. *O devido processo legal e os princípios da razoabilidade e da proporcionalidade*. 5. ed. Rio de Janeiro: Editora Forense, 2010.

CAVALCANTE, Themistocles Brandão. *Curso de direito administrativo*. Rio de Janeiro: Livraria Freitas Bastos, 1961.

CAVALCANTE, Themistocles Brandão. *Tratado de direito administrativo*. Rio de Janeiro: Revista dos Tribunais, 1964. Suplemento.

CAVALCANTE, Themistocles Brandão. *Tratado de direito administrativo*. 5. ed. Rio de Janeiro: Revista dos Tribunais, 1964. v. 4.

CAVALCANTE, Themistocles Brandão. *Tratado de direito administrativo*. Rio de Janeiro: Revista dos Tribunais, 1964. v. 5. Suplemento.

CHAINAIS, Cécile; FENOUILLET, Dominique; GUERLIN, Gaëtan. *Les sanctions en droit contemporain*: la sanction, entre technique et politique. Paris: Dallos, 2012. v. 1.

CHAINAIS, Cécile; FENOUILLET, Dominique; GUERLIN, Gaëtan. *Les sanctions en droit contemporain*: la motivation des sanctions prononcées en justice. Paris: Dallos, 2013. v. 2.

CHICOSKI, Davi. A legalidade administrativa e a crise do positivismo jurídico. *Revista Digital de Direito Administrativo*, v. 3, n. 1, p. 133-149, 2016.

CINTRA, Antônio Carlos de Araújo; GRINOVER, Ada Pellegrini; DINAMARCO, Cândido Rangel. *Teoria geral do processo*. 19. ed. São Paulo: Malheiros, 2003.

COELHO, Inocêncio Mártires. *Da hermenêutica filosófica à hermenêutica jurídica*: fragmentos. São Paulo: Saraiva, 2010.

COELHO, Inocêncio Mártires. *Interpretação constitucional*. 4. ed. São Paulo: Saraiva, 2011.

CORREIA, Sérvulo. *Direito do contencioso administrativo*. Lisboa: Lex Editora, 2005. v. 1.

COSTA, José Armando da. *Direito administrativo disciplinar*. 2. ed. São Paulo: Método, 2009.

COSTA, José Armando da. *Direito disciplinar*: temas substantivos e processuais. Belo Horizonte: Fórum, 2008.

COSTA, José Armando da. *Incidência aparente de infrações disciplinares*. Belo Horizonte: Fórum, 2004.

COSTA, José Armando da. *Processo administrativo disciplinar*: teoria e prática. 6. ed. Rio de Janeiro: Forense, 2010.

COSTA, José Armando da. *Teoria e prática do processo administrativo disciplinar*. 3. ed. Brasília: Brasília Jurídica, 1999.

COURA, Alexandre de Castro; AZEVEDO, Silvagner Andrade de. Indeterminação do Direito e discricionariedade judicial: pensando a crise do positivismo jurídico a partir de Kelsen, Hart e Dworkin. In: COURA, Alexandre de Castro; BUSSINGER, Elda Coelho de Azevedo (Org.). *Direito, Política e Constituição*: reflexões acerca da tensão entre constitucionalismo e democracia à luz do paradigma do Estado Democrático de Direito. Curitiba: Editora CRV, 2014. p. 101-142.

COURA, Alexandre de Castro; FREIRE JÚNIOR, Américo Bede. Existe uma resposta correta sobre o problema da resposta correta no Direito? *Revista de Derecho de la Pontificia Universidad Católica de Valparaíso*, Valparaíso, Chile, v. 45, p. 681-695, 2º semestre 2013.

COUTINHO, Jacinto Nelson de Miranda. Da autonomia funcional e institucional da Polícia Judiciária. *Revista de Direito de Polícia Judiciária*, Brasília, v. 1, n. 1, p. 13-23, jan.-jul. 2017.

CRETELLA JÚNIOR, José. *Curso de direito administrativo*. 6. ed. Rio de Janeiro: Editora Forense, 1981.

CRETELLA JÚNIOR, José. *Direito administrativo do Brasil*: atos e contratos administrativos. São Paulo: Revista dos Tribunais, 1961. v. 3.

CRETELLA JÚNIOR, José. *Direito administrativo do Brasil*: processo administrativo. São Paulo: Revista dos Tribunais, 1962. v. 5.

REFERÊNCIAS | 209

CRETELLA JÚNIOR, José. *Direito administrativo do Brasil*: regime jurídico dos funcionários públicos. São Paulo: RT, 1964.

CRETELLA JUNIOR, José. *Tratado de direito administrativo*: teoria do direito administrativo. Rio de Janeiro: Forense, 1966. v. 1.

CRUZ, Álvaro Ricardo de Souza. *Habermas e o direito brasileiro*. 2. ed. Rio de Janeiro: Lumen Juris, 2008.

CUNHA, Ricarlos Almagro Vitoriano. Ética e decisão judicial: o papel da prudência na concretização do direito. Curitiba: CRV, 2015.

CUNHA, Ricarlos Almagro Vitoriano. Fenomenologia e ciências naturais: a origem comum dos pensamentos de Husserl e Heidegger. *Cadernos da EMARF, Fenomenologia e Direito*, Rio de Janeiro, v. 5, n. 2, p. 77-96, out. 2012/mar. 2013.

CUNHA, Ricarlos Almagro Vitoriano. *Hermenêutica e argumentação no direito*. Curitiba: CRV, 2014.

CUNHA, Ricarlos Almagro Vitoriano. *Segurança jurídica e crise no direito*. Belo horizonte: Arraes Editores, 2011.

CUNHA, Ricarlos Almagro Vitoriano. Técnica, liberdade e direito. *Cadernos da EMARF, Fenomenologia e Direito*, Rio de Janeiro, v. 4, n. 1, p. 49-63, abr./set. 2011.

DALLARI, Adilson Abreu; FERRAZ, Sérgio. *Processo administrativo*. São Paulo: Malheiros, 2003.

DANTAS JÚNIOR, Aldemiro Rezende. *A teoria dos atos próprios*: elementos de identificação e cotejo com institutos assemelhados. 2006. 463 f. Tese (Doutorado em Direito) – Pontifícia Universidade Católica (PUC), São Paulo, 2006.

DASCAL, Marcelo. *Interpretação e compreensão*. Trad. Márcia Heloisa Lima da Rocha. São Leopoldo: Editora Unisinos, 2006

DELEUZE, Gilles; GUATTARI Félix. *Mil platôs*: capitalismo e esquizofrenia. Trad. Aurélio Guerra Neto e Célia Pinto Costa. Rio de Janeiro: Editora 34, 2009. v. 1.

DELGADO, José Augusto. A evolução conceitual dos direitos fundamentais e a democracia. *Revista do Instituto dos Advogados de São Paulo*, v. 3, n. 5, p. 11-31, jan./jun. 2000. *Doutrinas Essenciais de Direitos Humanos*, vol. 1, p. 521-42, ago. 2011.

DELLIS, Georges. *Droit pénal et droit administratif*: l'influence des principes du droit pénal sur le droit administratif répressif. Paris: Librairie Générale de Droit et Jurisprudence; E.J.A, 1997.

DEZAN, Sandro Lúcio. *Fenomenologia e hermenêutica do direito administrativo*: para uma teoria da decisão administrativa. Porto: Juruá Editorial, 2018.

DEZAN, Sandro Lúcio. *Nulidades no processo administrativo disciplinar*. Curitiba: Juruá, 2016.

DEZAN, Sandro Lúcio. Os contornos jurídicos da cognição no indiciamento do investigado no inquérito policial: breves notas sobre o caráter objetivo e subjetivo-mitigado, limitado e não exauriente do ato de indiciamento. In: ZANOTTI, Bruno Taufner; SANTOS, Cleopas Isaías (Org.). *Temas atuais de polícia judiciária*. Salvador: Juspodivm, 2015. p. 255-276.

DEZAN, Sandro Lúcio. Prólogo sobre a investigação criminal e sua teoria comum: o inquérito policial como fase do processo criminal. In: ZANOTTI, Bruno Taufner; SANTOS, Cleopas Isaías (Org.). *Temas avançados de polícia judiciária*. Salvador: Juspodivm, 2015. p. 21-34.

DI PIETRO, Maria Sylvia Zanella. *Direito administrativo*. 12. ed. São Paulo: Atlas, 1999.

DI PIETRO, Maria Sylvia Zanella. *Direito administrativo*. 15. ed. São Paulo: Atlas, 2003.

DI PIETRO, Maria Sylvia Zanella. *Direito administrativo*. Rio de Janeiro: Forense, 2017.

DINAMARCO, Cândido Rangel. *A instrumentalidade do processo*. 12 ed. São Paulo: Malheiros, 2005.

DINAMARCO, Cândido Rangel. *Nova era do processo civil*. São Paulo: Malheiros, 2003.

DINAMARCO, Cândido Rangel. *A instrumentalidade do processo*. 12 ed. São Paulo: Malheiros, 2005.

DWORKIN, Ronald. *Justiça para ouriços*. Trad. Pedro Elói Duarte. Coimbra: Almedina, 2012.

DWORKIN, Ronald. *Levando os direitos a sério*. São Paulo: Martins Fontes, 2010.

DWORKIN, Ronald. *O império do Direito*. São Paulo: Martins Fontes, 2007.

DWORKIN, Ronald. *Uma questão de princípios*. 2. ed. São Paulo: Martins Fontes, 2005.

EBERHARD, Schmidt. *Los fundamentos teóricos y constitucionales del derecho procesal penal*. Córdoba: Lerner, 2006.

EBERLE, Edward J. Procedural Due Process: The Original Understanding. *Constitutional Commentary*, v. 4, p. 339-362, 1987.

ENTERRÍA, Eduardo García de. *Reflexiones sobre la ley y los principios generales del derecho*. Madrid: Editorial Civitas, 1996.

ENTERRÍA, Eduardo García e FERNÁNDEZ, Tomás-Ramón. *Curso de derecho administrativo*. 16. ed. Madrid: Civitas, 2013. v. 1.

ENTERRÍA, Eduardo García e FERNÁNDEZ, Tomás-Ramón. *Curso de derecho administrativo*. 13. ed. Madrid: Civitas, 2013. v. 1-2.

ENTERRÍA, Eduardo García, FERNÁNDEZ, Tomás-Ramón. *Hacia una nueva justicia administrativa*. 2. ed. Madrid: Civitas, 1992.

EVANGELISTA, Fermín Camacho. *Derecho público romano*. Granada: Facultad de Derecho de la Universidad de Granada, 2005.

FACCINI NETO, Orlando. *Elementos de uma teoria da decisão judicial*: hermenêutica, constituição e resposta corretas em Direito. Porto Alegre: Livraria dos Advogados, 2011.

FERRAJOLI, Luigi. *Direito e razão*: teoria do garantismo penal. São Paulo: RT, 2002.

FERRAZ JR., Tercio Sampaio. *A ciência do direito*. São Paulo: Editora Atlas, 2010.

FERREIRA FILHO, Manoel Caetano. *Comentários ao Código de Processo Civil*. São Paulo: Revista dos Tribunais, 2001. v. 7.

FERREIRA, Dirce Nazaré de Andrade; KROHLING, Aloísio (Org.). *História da filosofia do direito*: o paradigma do uno e do múltiplo dialético, retórico e erístico. Curitiba: Juruá, 2014.

FIORAVANTI, Maurizio. *Constitución*: de la antigüedad a nuestros días. Trad. Manuel Martínez Neira. Madrid: Editorial Trotta, 2001.

FIORAVANTI, Maurizio. Stato di diritto e Stato amministrativo nell'opera giuridica di Santi Romano. In: MAZZACANE, Aldo (Org.) *I giuristi e la crisi dello Stato liberale in Italia*. Napoli: Liguori, 1986. p. 309-346.

REFERÊNCIAS | 211

FRANCO SOBRINHO, Manoel de Oliveira. *Comentários à reforma administrativa federal*. São Paulo: Saraiva, 1983.

FREITAS DO AMARAL, Diogo. *Curso de direito administrativo*. 4. ed. Coimbra: Almedina, 2015. v. 1.

FREITAS DO AMARAL, Diogo. *Curso de direito administrativo*. 3. ed. Coimbra: Almedina, 2016. v. 2.

GADAMER, Hans-Georg. *Verdade e método*. Petrópolis: Vozes, 2014. v. 1-2.

GAUDEMET, Yves. *Les méthodes du juge administratif*. Paris: Librairie Générale de Droit et de Jurisprudence, 1972.

GLOECKNER, Ricardo Jacobsen. *Uma nova teoria das nulidades*: processo penal e instrumentalidade constitucional. 2010. 637 f. Tese (Doutorado em Direito) – Faculdade de Direito, Setor de Ciências Jurídicas, Universidade Federal do Paraná (UFPR), Curitiba, 2010.

GOFFI, Ana Maria; SCARTEZZINI, Flaquer. *O princípio da continuidade do serviço público*. São Paulo: Malheiros, 2006.

GOLDSCHMIDT, James *Derecho procesal civil*. Trad. de Leonardo Prieto Castro. Madrid: Labor, 1936.

GOLDSCHMIDT, James *Problemi generali del diritto*. Padova: CEDAM, 1950.

GOLDSCHMIDT, James *Teoría general del proceso*. Barcelona: Labor, 1936.

GOLDSCHMIDT, James. *Principios generales del proceso:* problemas jurídicos y políticos del proceso penal. Buenos Aires: Europa-América, 1935.

GÖSSEL, Karl Heinz. *El derecho procesal penal en el Estado de Derecho*. Buenos Aires: Rubinzal, 2007. p. 20 *et seq*

GRINOVER, Ada Pellegrini; FERNANDES, Antonio Scarance; GOMES FILHO, Antonio Magalhães. *As nulidades no processo penal*. 10 ed. São Paulo: Revista dos Tribunais, 2008.

GROULIER, Cédric (Dir.). *L'État moralisateur*: regard interdisciplinaire sur les liens contemporains entre la morale et l'action publique. Paris: Mare & Martin, 2014.

GUARDIA, Gregório Edoardo Raphael Selingardi. Princípios processuais no direito administrativo sancionador: um estudo à luz das garantias constitucionais. *Revista da Faculdade de Direito de São Paulo*, v. 109, p. 773-793, jan./ dez. 2014.

GUIBOURG, Ricardo *et al.. Introducción al conocimiento científico*. Buenos Aires: Eudeba, 1993.

GÜNTHER, Klaus. *Teoria da argumentação no direito e na moral*: justificação e aplicação. Introdução à edição brasileira de Luiz Moreira. Trad. Claudio Molz. São Paulo: Landy, 2004.

HAARSCHER, Guy. *Filosofia dos direitos do homem*. Trad. Armando Pereira da Silva. Lisboa: Instituto Piaget, 1997.

HABERMAS, Jürgen. *Direito e democracia*: entre facticidade e validade. Trad. Flávio Beno Siebeneichiler. Rio de Janeiro: Tempo Brasileiro, 2003. v. 1-2.

HABERMAS, Jürgen. *Direito e democracia*: entre facticidade e validade. 2. ed. Rio de Janeiro: Edições Tempo Brasileiro, 2012. v. 1.

HABERMAS, Jürgen. *Verdade e justificação*: ensaios filosóficos. Trad. Milton Camargo Mota. São Paulo: Landy, 2004.

HART, Herbert. L. A. *O conceito de direito*. São Paulo: Martins Fontes, 2012.

HAURIOU, André. A utilização em direito administrativo das regras e princípios do direito privado. Trad. Paulo da Mata Machado. *Revista de Direito Administrativo*, v. 1, fasc. 2, 1945.

HAURIOU, Maurice. *La gestion administrative*: étude théorique de droit administratif. Paris: Éditions Dalloz, 2010.

HAURIOU, Maurice. *La gestion administrative*: étude théorique de droit administratif. Paris: Éditions Dalloz, 2010.

HAURIOU, Maurice. *Précis de droit administratif et droit public*. Paris: Éditions Dalloz, 2002.

HAURIOU, Maurice. *Principes de droit public*. Paris: Éditions Dalloz, 2010.

HAURIOU, Maurice. *La gestion administrative*: étude théorique de droit administratif. Paris: Éditions Dalloz, 2012.

HEIDEGGER, Martin. *El ser y el tiempo*. Trad. José Gaos. México: Fondo de Cultura Económica, 1993.

HOBBES, Thomas. *Leviatã*. São Paulo: Martin Claret, 2006.

JONAS, Hans. *O princípio responsabilidade*: ensaios de uma ética para a civilização tecnológica. Rio de Janeiro: Contraponto; PUC – Rio, 2006.

JUSTEN FILHO, Marçal. *Curso de direito administrativo*. 12. ed. São Paulo: Saraiva, 2016.

KELSEN, Hans. *Teoria pura do Direito*. Trad. João Batista Machado. São Paulo: Martins Fontes, 1999.

KROHLING, Aloísio. *A ética da alteridade e da responsabilidade*. Curitiba: Juruá, 2011.

KROHLING, Aloísio. *Dialética e direitos humanos*: múltiplo dialético da Grécia à contemporaneidade. Curitiba: Juruá, 2014.

KROHLING, Aloísio. *Direitos humanos fundamentais*: diálogo intercultural e democracia. São Paulo: Paulus, 2009.

KROHLING, Aloísio. Ética e descoberta do outro. Curitiba: CRV, 2010.

LÉVINAS, Emmanuel. *Entre nós*: ensaios sobre a alteridade. Trad. Pergentino Stefano Pivatto (Coord.), Evaldo Antônio Kuiava, José Nedel, Luiz Pedro Wagner e Marcelo Luiz Pelizolli. Petrópolis: Editora Vozes, 2009.

LIMA, Raimundo Márcio Ribeiro. *Administração Pública dialógica*. Curitiba: Juruá, 2013.

LIMA, Ruy Cirne. *Princípios de direito administrativo*. São Paulo: Malheiros, 2007.

LLOBREGAT, José Garberí. *Derecho administrativo sancionador práctico*. Barcelona: Editorial Boch, 2012. v. 1-2.

LOCKE, John. *Dois tratados sobre o governo*. São Paulo: Martins Fontes, 2006.

LONG, Marceau *et al*. *Les grands arrêts de la jurisprudence administrative*. 19. ed. Paris: Éditions Dalloz, 2013.

LOPES JÚNIOR, Aury. *Direito processual penal e sua conformidade constitucional*. Rio de Janeiro: Lumen Juris, 2009. v. 2.

LUHMANN, Niklas. *Introducción a la teoría de sistemas*. Mexico: Universidad Iberoamericana, 1980.

LUISI, Luiz. Direitos humanos: repercussões penais. *Revista Brasileira de Ciências Criminais*, v. 21, p. 75-79, jan. 1998.

LUIZ, Fernando Vieira. *Teoria das decisões judiciais*: dos paradigmas de Ricardo Lorenzetti à resposta adequada à Constituição de Lênio Streck. Porto Alegre: Livraria dos Advogados, 2013.

MACCORMICK, Neil. *Argumentação jurídica e teoria do Direito*. Trad. Waldéia Barcellos. São Paulo: Martins Fontes, 2006.

MACCORMICK, Neil. *Retórica e o Estado de Direito*. Trad. Conrado Hübner Mendes e Marcos Paulo Veríssimo. Rio de Janeiro: Elsevier, 2008.

MACIEL, Ana Paula Magalhães; MOURA, Natalia Torquete. Forma e formalidades: a superação da centralidade do ato administrativo na Administração Pública contemporânea. *Revista Digital de Direito Administrativo*, v. 3, n. 1, p. 133-149, 2016.

MAGRA, Salvatore. *Principio di conservazione del provvedimento amministrativo fra nullità, annullabilità e inesistenza*. Roma: Overlex, 2006.

MARQUES, José Frederico. *Instituições de direito privado civil*. Campinas: Millennium, 2000. v. 2.

MARQUES, José Frederico. *Manual de direito processual civil*. Campinas: Millennium, 1998. v. 1.

MARTEL, Letícia de Campos Velho. Hierarquização de direitos fundamentais: a doutrina da posição preferencial na jurisprudência da suprema corte norte-americana. *Revista de Direito Constitucional e Internacional*, v. 51, p. 346-361, abr. 2005.

MATTOS, Mauro Roberto Gomes de. *Tratado de direito administrativo disciplinar*. Rio de Janeiro: América Jurídica, 2008.

MAURER, Hartmut. *Direito administrativo geral*. Trad. Luiz Afonso Heck. 14. ed. São Paulo: Manole, 2006.

MAYER, Otto. *Derecho administrativo alemán*: parte geral. Trad. Horacio H. Heredia y Ernesto Krotoschin. Buenos Aires: Editorial Depalma, 1949. t 1.

MEDAUAR, Odete. *A processualidade no direito administrativo*. 2. ed. São Paulo: Revista dos Tribunais, 2003.

MEDAUAR, Odete. *Direito administrativo moderno*. São Paulo: Revista dos Tribunais, 2013.

MEDAUAR, Odete. *O direito administrativo em evolução*. São Paulo: Revista dos Tribunais, 2003.

MEIRELLES, Hely Lopes. *Direito administrativo brasileiro*. 24. ed. São Paulo: Malheiros Editores, 1999.

MELLO, Celso Antônio Bandeira de. *Curso de direito administrativo*. 10. ed. São Paulo: Malheiros, 1997.

MELLO, Celso Antônio Bandeira de. *Curso de direito administrativo*. 12. ed. São Paulo: Malheiros, 1999.

MELLO, Celso Antônio Bandeira de. *Curso de direito administrativo*. 32. ed. São Paulo: Malheiros, 2015.

MELLO, Celso Antônio Bandeira de. *Discricionariedade e controle jurisdicional*. 2. ed. São Paulo: Malheiros, 2000.

MELLO, Celso Antônio Bandeira de. *Grandes temas de direito administrativo*. São Paulo Malheiros, 2010. t. 1-2.

MELLO, Oswaldo Aranha Bandeira de. *Princípios de direito administrativo*. 3. ed. São Paulo: Malheiros, 2007. v. 1.

MELLO, Oswaldo Aranha Bandeira de. *Princípios gerais de direito administrativo*. Rio de Janeiro: Forense, 1979. v. 2.

MELO, Milena Petters. *Le nuove tendenze del diritto costituzionale nell'America Latina*: neocostituzionalismo? Napoli: Centro di Ricerca sulle Istituzioni Europee (CRIE); Università Suor Orsola Benincasa di Napoli, 2010.

MENEGALE, J. Guimarães. *O estatuto dos funcionários*. São Paulo: Forense, 1962. v. 1-2.

MIRANDA, Sandra Julien. *Do ato administrativo complexo*. São Paulo: Malheiros, 1998.

MONCADA, Luís S. Cabral de. *A relação jurídica administrativa*: para um novo paradigma de compreensão da actividade, da organização e do contencioso administrativo. Coimbra: Coimbra Editora, 2009.

MONTERO AROCA, Juan. *Proceso penal y libertad*: ensayo polémico sobre el nuevo proceso penal. Madrid: Civitas, 2008.

MONTESQUIEU, Charles de Secondat Baron de. *O espírito das leis*. São Paulo: Marins Fontes, 1993.

MORIN, Edgar; LE MOIGNE, Jean-Louis. *A inteligência da complexidade*. São Paulo: Petrópolis, 2000.

MORIN, Edgar. A inteligência da complexidade. *Ensaios Thot, Associação Palas Athena*, São Paulo, n. 67, p. 12-19, 1998.

MORIN, Edgar. *Da necessidade de um pensamento complexo*: para navegar no século XXI – tecnologias do imaginário e cibercultura. Porto Alegre: Sulina, 2003.

MORIN, Edgar. *Introdução ao pensamento complexo*. 5. ed. Trad. Eliane Lisboa. Porto Alegre: Editora Sulina, 2015.

MORIN, Edgar. *O método 6*: ética. 4. ed. Trad. Juremir Machado da Silva. Porto Alegre: Editora Sulina, 2011.

MOTTA, Otávio Verdi. *Justificação da decisão judicial*: a elaboração da motivação e a formatação de precedentes. São Paulo: Revista dos Tribunais, 2015.

MOURA, José Souto de. Inquérito e instrução. In: CENTRO DE ESTUDOS JUDICIÁRIOS. *Jornadas de direito processual penal*: o novo código de processo penal. Coimbra: Almedina, 1995. p. 83-145.

REFERÊNCIAS | 215

MOURA, Paulo Veiga e. *Estatuto disciplinar dos trabalhadores da administração pública*. 2. ed. Coimbra: Coimbra Editora, 2011.

NEVES, António Castanheira. *Curso de metodologia jurídica*. Rio de Janeiro: Universidade Federal do Rio de Janeiro, 1994.

NEVES, António Castanheira. *Metodologia jurídica*: problemas fundamentais. Coimbra: Coimbra Editora, 1993.

NEVES, António Castanheira. *O actual problema metodológico da interpretação jurídica*: 1. Coimbra: Coimbra Editora, 2003.

NIETO, Alejandro. *Derecho administrativo sancionador*. 5. ed. Madrid: Tecnos, 2012.

NOHARA, Irene Patrícia. *Direito administrativo*. 4. ed. São Paulo: Atlas, 2014.

OLIVEIRA, Regis Fernandes de. *Infrações e sanções administrativas*. 2. ed. São Paulo: RT, 2005.

OTERO, Paulo. *Legalidade e administração pública*: o sentido da vinculação administrativa à juridicidade. Coimbra: Almedina, 2011.

PEDRA, Adriano Sant'Ana. Processo e pressupostos processuais. *Revista da Advocacia Geral da União – AGU*, n. 68, p. 1-20, set. 2007.

PEREIRA, Eliomar da Silva. *Introdução ao Direito de Polícia Judiciária*. Belo Horizonte: Fórum, 2019.

PEREIRA, Eliomar da Silva. *Introdução às ciências policiais*: a polícia entre ciência e política. Lisboa: Almedina, 2015.

PEREIRA, Eliomar da Silva. Introdução: investigação criminal, inquérito policial e Polícia Judiciária. In: PEREIRA, Eliomar da Silva; DEZAN, Sandro Lúcio. *Investigação Criminal conduzida por Delegado de Polícia*: comentários à Lei 12.830/2013. Porto Alegre: Juruá, 2013. p. 21-34.

PEREIRA, Eliomar da Silva. *Investigação, verdade e justiça*: a investigação criminal como ciência na lógica do Estado de Direito. Porto Alegre: Núria Fabris, 2014.

PEREIRA, Eliomar da Silva. *O processo (de investigação) penal*: o "nó górdio" do devido processo. 2018. 603 f. Tese (Doutoramento em Direito) – Escola de Direito de Lisboa, Universidade Católica Portuguesa (UCP), Lisboa, 2018.

PEREIRA, Eliomar da Silva. *Teoria da investigação criminal*: uma introdução jurídico-científica. Lisboa: Almedina, 2010.

PEREIRA, Jane Reis Gonçalves. As restrições de direitos fundamentais nas relações especiais de sujeição. In: SARMENTO, Daniel; GALDINO, Flavio (Org.) *Direitos fundamentais*: estudos em homenagem ao professor Ricardo Lobo Torres. Rio de Janeiro: Renovar, 2006. p. 603-657.

PEREIRA, Ruitemberg Nunes. *O princípio do devido processo legal substantivo*. Rio de Janeiro: Editora Renovar, 2005.

PEREZ-LUÑO, Antonio Enrique. *Derechos humanos, estado de derecho y constitución*. 7. ed. Madrid: Tecnos, 2001.

PEREZ-LUÑO, Antonio Enrique. *Los derechos fundamentales*. 7. ed. Madrid: Tecnos, 1998.

PÉREZ, Jesús González. *Corrupción ética y moral en las administraciones públicas*. 2. ed. Navarra: Civitas, 2014.

PIAZZA, Valmor Júnior Cella. A natureza jurídica do processo: relação jurídica, situação jurídica e a navegação na epistemologia da incerteza. *Revista da ESMESC*, v. 18, n. 24, p. 596-634, 2011.

PORTO NETO, Benedicto. Pressupostos do ato administrativo nas leis de procedimento administrativo. In: MUÑOZ, Guillermo Andrés; SUNDFELD, Caros Ari (Coord.). *As leis de processo administrativo*: lei federal 9.784/99 e lei 10.177/98. São Paulo: Malheiros, 2000. p. 109-125.

RADBRUCH, Gustav. *Introducción a la ciencia del derecho*. Trad. Recanses Siches. Madrid: Librería General de Victoriano Suárez, 1930.

REALE, Miguel. *Estudos de filosofia e ciência do direito*. São Paulo: Saraiva, 1978.

REIS, Palhares Moreira. *Processo disciplinar*. Brasília: Consulex, 1999.

RESTREPO, Sebastián Betancourt. *Filosofía del derecho procesal*. Medellín: Universidad Autónoma Latinoamericana; Facultad de Derecho; Teoría General del Proceso, 2008.

RICCIO, Giuseppe. *La procedura penale*. Napoli: Editoriale Scientifica, 2010.

RIVERO, Jean. *Droit administratif*. Paris: Éditions Dallos, 2011.

ROCHA, Cármen Lúcia Antunes. Princípios constitucionais do processo administrativo no direito brasileiro. *Revista de Direito Administrativo FGV*, Rio de Janeiro, v. 209, 189-222, jul./set. 1997.

RÓDENAS, Ángeles. *Los intersticios del derecho*: indeterminación, validez y positivismo jurídico. Madrid: Marcial Pons, 2012.

RODRIGUEZ, José Rodrigo. *Como decidem as cortes?* – para uma crítica do Direito (brasileiro). Rio de Janeiro: Editora FGV, 2013.

ROTHENBURG, Walter Claudius. Direitos fundamentais e suas características. *Revista de Direito Constitucional e Internacional*, v. 29, p. 55-64, out. 1999; *Revista de Direito Constitucional e Internacional*, v. 30, p. 146-155, jan. 2000; *Doutrinas Essenciais de Direitos Humanos*, v. 1, p. 1033-1042, ago. 2011.

ROUSSEAU, Jean-Jacques. *Do contrato social*: princípios do direito político. 2. ed. São Paulo: Revista dos Tribunais, 2010.

SANCHÍS, Luis Pietro. *Ideología e interpretación jurídica*. Madrid: Tecnos, 1993.

SANCHÍS, Luis Pietro. *Sobre principios y normas*: problemas del razonamiento jurídico. Madrid: Centro de Estudios Constitucionales, 1992.

SANTOS, Célio Jacinto. *Investigação criminal especial*: seu regime no marco do Estado Democrático de Direito. Porto Alegre: Núria Fabris, 2013.

SANTOS, Cleopas Isaías (Org.). *Temas avançados de Polícia Judiciária*. Salvador: Juspodivm, 2015. p. 21-34.

SARLET, Ingo Wolfgang. *A eficácia dos direitos fundamentais*: uma teoria geral dos direitos fundamentais na perspectiva constitucional. 13. ed. Porto Alegre: Livraria do Advogado, 2018.

SARLET, Ingo Wolfgang. Direitos fundamentais e direito privado: algumas considerações em torno da vinculação dos particulares aos direitos fundamentais. *Revista de Direito dos Tribunais, Doutrinas Essenciais de Direitos Humanos*, v. 1, p. 383-442, ago. 2011.

SEABRA FAGUNDES, Miguel. *O controle dos atos administrativos pelo poder judiciário*. 2. ed. Rio de Janeiro: José Konfino Editor, 1946.

SILVA, Germano Marques. *Processo penal preliminar*. Lisboa: Universidade Católica Portuguesa, 1990.

SILVA, Vasco Manuel Pascoal Dias Pereira da. *Em busca do acto administrativo perdido*. Coimbra: Almedina, 2003. (Coleção Teses).

SIQUEIRA, Galdino. *Tratado de direito penal*: parte geral. Rio de Janeiro: José Konfino Editor, 1947. t. 1.

SOUSA, Rui Correia de. *Lei geral do trabalho em funções públicas*. Porto: Vida Económica, 2014.

SOUZA, Wagner Mota Alves de. *A teoria dos atos próprios*: esboço de uma teoria do comportamento contraditório aplicada ao direito. 2006. 178 f. Dissertação (Mestrado em Direito) – Faculdade de Direito, Programa de Pós-Graduação em Direito, Universidade Federal da Bahia (UFBA), Salvador, 2006.

STRAUSS, Leo. *Direito natural e história*. Lisboa: Edições 70, 2009.

STRECK, Lênio Luiz. A concretização de direitos e a validade da tese da Constituição dirigente em países de modernidade tardia. In: AVELAS NUNES, António José; COUTINHO, Jacinto Nelson de Miranda (Org.). *Diálogos constitucionais*: Brasil/Portugal. Rio de Janeiro: Renovar, 2004. p. 301-371.

STRECK, Lênio Luiz. *Compreender direito*: como o senso comum pode nos enganar. São Paulo: Revista dos Tribunais, 2014.

STRECK, Lênio Luiz. *Hermenêutica jurídica e(m) crise*: uma exploração hermenêutica da construção do Direito. 11. ed. Porto Alegre: Livraria do Advogado, 2014.

STRECK, Lênio Luiz. *Jurisdição constitucional e hermenêutica*: uma nova crítica do direito. 2. ed. Rio de Janeiro: Forense, 2004.

STRECK, Lênio Luiz. *Verdade e consenso*: constituição, hermenêutica e teorias discursivas. 5. ed. São Paulo: Saraiva, 2014.

SUNDFELD, Carlos Ari. *Direito administrativo para céticos*. 2. ed. São Paulo: Malheiros, 2014.

TÁCITO, Caio. *Direito administrativo*. São Paulo: Saraiva, 1975.

TÁCITO, Caio. Transformações do direito administrativo. *Revista de Direito Administrativo FGV*, Rio de Janeiro, v. 214, p. 27-34, out./dez. 1998.

TÁCITO, Caio. Voto relator na apelação cível nº 1.422. *Revista de Direito Administrativo*, São Paulo, v. 14, 1948.

TOURINHO FILHO, Fernando da Costa. *Manual de processo penal*. 16. ed. São Paulo: Saraiva, 2013.

TUCCI, Rogério Lauria. *Teoria do direito processual penal*: jurisdição, ação e processo penal (estudo sistemático). São Paulo: Editora Revista dos Tribunais, 2002.

VALENTE, Manuel Monteiro Guedes. *Processo penal*. 2. ed. Coimbra: Almedina, 2009. t. 1.

VARELLA, Marcelo Dias. *Direito internacional público*. 4. ed. São Paulo: Saraiva, 2012.

VASAK, Karel. *Las dimensiones internacionales de los derechos humanos*. Barcelona: Serbal; Unesco, 1984. v. 1-3.

VERDÚ, Pablo Lucas. *Sentimento constitucional*: aproximação ao estudo do sentir constitucional como modo de integração política. Trad. Agassiz A. F. Rio de Janeiro: Forense, 2004.

VICO, Giambattista. *Ciência nova*. Trad. de José Vaz de Carvalho. Lisboa: Calouste Gulbenkian, 2005.

VIEIRA ANDRADE, José Carlos. *Os direitos fundamentais na Constituição Portuguesa de 1976*. 3. ed. Coimbra: Almedina, 2004.

VIENIRA DE ANDRADE, José Carlos. *A justiça administrativa*: lições. 12. ed. Lisboa: Almedina, 2012.

VIENIRA DE ANDRADE, José Carlos. *O dever da fundamentação expressa de actos administrativos*. Coimbra: Almedina, 2007.

VILAJOSANA, Josep M. *Identificación y justificación del derecho*. Madrid: Marcial Pons, 2007.

VILANOVA, Lourival. *As estruturas lógicas e o sistema do direito positivo*. 2 ed. São Paulo: Max Limonad, 1997.

VILANOVA, Lourival. *Causalidade e relação no direito*. 4. ed. São Paulo: Revista dos Tribunais, 2000.

VILANOVA, Lourival. *Escritos jurídicos e filosóficos*. São Paulo: AXIS MVNDI IBEST, 2003. v. 1.

VILANOVA, Lourival. *Escritos jurídicos e filosóficos*. São Paulo: AXIS MVNDI IBEST, 2003. v. 2.

WOLKMER, Antonio Carlos. Introdução aos fundamentos de uma teoria dos "novos direitos". *Revista Jurídica*, Curitiba, v. 2, n. 31, p. 121-148, 2013.

ZAGREBELSKY, Gustavo. *La ley y su justicia*: tres capítulos de justicia constitucional. Madrid: Editorial Trotta, 2008.

ZANCANER, Weida. *Da convalidação e da invalidação dos atos administrativos*. 2. ed. São Paulo: Malheiros, 2001. (Coleção Temas de Direito Administrativo).

ZANOTTI, Bruno Taufner; COURA, Alexandre de Castro. (Pós) positivismo jurídico e a teoria do direito como integridade de Ronald Dworkin. In: COURA, Alexandre de Castro; BUSSINGER, Elda Coelho de Azevedo (Org.). *Direito, Política e Constituição*: reflexões acerca da tensão entre constitucionalismo e democracia à luz do paradigma do Estado Democrático de Direito. Curitiba: Editora CRV, 2014. p. 27-40.